D1698080

Antje Mues

Cottbus
Architektur und Städtebau 1871 bis 1918

Berlin / Bonn 2007

Diese Arbeit wurde 2006 als Dissertation der Fakultät
Architektur, Bauingenieurwesen und Stadtplanung der
Brandenburgischen Technischen Universität Cottbus
angenommen.

Bibliografische Information der Deutschen Nationalibliothek
Die Deutsche Nationalbliothek verzeichnet diese Publikation in
der Deutschen Nationalbibliografie; detaillierte bibliografische
Daten sind im Internet über http://dnb.d-nb.de abrufbar.

ISBN 978-3-929592-99-3

© Antje Mues
Lehrstuhl Denkmalpflege, BTU Cottbus
Postfach 10 13 44
03013 Cottbus
http://www-1.tu-cottbus.de/IBK/dmp/index.html

Westkreuz-Verlag GmbH
Berlin / Bonn
Bühlenstraße 10-14
53902 Bad Münstereifel
http://www.westkreuz.de

Printed in Germany
Westkreuz-Druckerei Ahrens KG
Berlin / Bonn

Satz & Layout: Christian Reher
Cover- und Layoutentwurf: Julian Mertel

Antje Mues

Cottbus

Architektur und Städtebau 1871 bis 1918

2007

Inhalt

Einleitung   7

Grundlagen des städtischen Wachstums

    Infrastrukturentwicklung als Impuls für die kommunale Wirtschaft   9

    Synergieeffekte nach 1871. Die Cottbuser Wirtschaft im Aufschwung   10

Staatliche Rahmenbedingungen kommunaler Planung

    Preußische Kommunalverfassung und Dreiklassenwahlrecht   13

    Der Umgang mit dem Bestand und der Einfluss der Denkmalpflege   14

Einwohnerzahlen und Sozialstruktur als Vergleichskriterien   31

Die städtebaulichen Planungen im historischen Kontext

    Preußisches Fluchtliniengesetz und kommunale Selbstverwaltung   35

    Der Bebauungsplan von 1894   35

    Der Bebauungsplan von 1911: Ergänzungen und Abänderungen   48

Die Grünflächenplanungen im historischen Kontext   53

    Planungen des städtischen Gartenamtes   54

    Die Cottbuser Grünflächengestaltung im Vergleich   62

Die Architekturentwicklung im historischen Kontext

Rahmenbedingungen „Bauordnung" und „Bauwirtschaft"   65

Rahmenbedingung „Wohnfunktionen"   68

Rahmenbedingung „Stilentwicklung und ideeller Hintergrund"   71

Institutionen und Personen

Die Kommune als Bauherrin   91

Oberbürgermeister Paul Werner (1892-1914)   104

Die Cottbuser Freimaurerloge „Zum Brunnen in der Wüste"   108

Die Genossenschaften und ihre Bauprojekte   112

Zusammenfassung   121

Anhang

Anmerkungen   125

Literaturverzeichnis   144

Archivverzeichnis   151

Abbildungsnachweis   151

Dank   151

Einleitung

Die vorliegende Arbeit befasst sich mit der städtebaulichen und architektonischen Entwicklung von Cottbus zwischen der Reichsgründung 1871 und dem Ende des Ersten Weltkrieges 1918. Diese auch als Kaiserzeit bezeichnete Phase prägt das Cottbuser Stadtbild bis heute: Neben architektonisch interessanten Stadterweiterungen finden sich weitläufige Grünanlagen und überaus zahlreiche öffentliche Bauten. Zu großen Teilen sind diese Strukturen noch in ihrem bauzeitlichen Zustand erhalten. Dieser außergewöhnlich dichte originale Bestand und der Mitte der 1990er Jahre noch völlig unzureichende Forschungsstand waren ausschlaggebend für die Wahl des Themas.

FORSCHUNGSSTAND UND QUELLENLAGE

Die städtebauliche und architektonische Entwicklung von Cottbus während der Kaiserzeit wurde bislang nicht wissenschaftlich untersucht. Im Rahmen von stadtgeschichtlichen Gesamtdarstellungen, wie der 1995 erschienenen „Geschichte der Stadt Cottbus", ist zwar auch der Kaiserzeit ein Kapitel von dreißig Seiten gewidmet. Auf die Architektur- und Stadtbaugeschichte wird hier jedoch nur am Rande eingegangen. Darüber hinaus finden sich einzelne Aufsätze zu herausragenden Einzelbauten in der Cottbuser Zeitung, der Publikationsreihe des Heimatvereins, bzw. in den von den Stadtgeschichtlichen Sammlungen herausgegebenen Cottbuser Blättern.[1] Zu den wichtigsten Einzeldarstellungen gehört die 1994 eingereichte Magisterarbeit von Ralph Berndt zum Cottbuser Stadttheater. In der stilgeschichtlichen Einordnung dieses innovativen Gebäudes komme ich jedoch – auch bedingt durch den Fortschritt der Forschungen – zu neuen Erkenntnissen, so dass im Rahmen der vorliegenden Arbeit noch einmal eigens auf das Cottbuser Stadttheater ein-

gegangen wird; zum einen, um seine Bedeutung im Rahmen der kommunalen Entwicklung darzustellen, aber auch um weitere Aspekte bei der Bewertung im überregionalen Kontext aufzuzeigen.

Zu meinen Hauptquellen gehörten die Bestände der Stadtgeschichtlichen Sammlungen Cottbus: Die Kommunalakten der Kaiserzeit weisen infolge von Kriegsverlusten jedoch große Lücken auf. Der Großteil der eingesehenen Bauakten stammt aus dem Firmenarchiv des Baugeschäftes „Hermann Pabel & Co.", dem größten kaiserzeitlichen Bauunternehmen in Cottbus. Die unterschiedlichen Signaturen in den Quellenangaben sind bedingt durch eine Neuordnung der Bestände, die während der Entstehung dieser Arbeit erfolgte. Darüber hinaus wurden Bestände des Brandenburgischen Landeshauptarchivs, der Gebäudewirtschaft Cottbus und der Superintendentur Cottbus gesichtet. Wichtige Quellen sowohl für die lokalen Entwicklungen als auch für die überregionalen Einflüsse waren zeitgenössische Zeitschriften und Publikationen. Die Darstellung des allgemeiner gefassten historischen Kontextes basiert auf Sekundärliteratur, vor allem zur Entwicklung von Städtebau und Architektur der Kaiserzeit, aber auch zur Verwaltungs-, Wirtschafts- und Sozialgeschichte dieser Zeit.

Grundlagen dieser Arbeit bildeten Bereichsdokumentationen zur westlichen Stadterweiterung und zum Gewerbegebiet „Ostrower Damm/Parzellenstraße", die ich Ende der 1990er Jahre für das Brandenburgische Landesamt erarbeitete. Teilergebnisse dieser Arbeiten wurden 2001 im ersten Band der Denkmaltopographie Cottbus publiziert, der sich mit den städtebaulichen Strukturen und dem Denkmalbestand der Cottbuser Innenstadt befasst.

ZIEL UND INHALT DER ARBEIT

Ziel der vorliegenden Arbeit ist, charakteristische Strukturen des städtebaulichen und architektonischen Entwicklungsprozesses von Cottbus darzustellen und im Rahmen des historischen Kontextes zu bewerten. Dabei stand nicht die Untersuchung von Einzelgebäuden und Stadträumen im Vordergrund, die ja bereits im Rahmen der Vorarbeiten für die Denkmaltopographie erfolgt war, sondern die Darstellung von Entstehungsbedingungen, von Entwicklungslinien und Zusammenhängen, die zur Ausprägung dieser Strukturen geführt haben. Vor diesem Hintergrund fiel auch die Entscheidung, die Darstellung der stilistischen Entwicklung auf die stadtbildprägende Miethausarchitektur zu beschränken, da andere Architekturgattungen eine stärker auf das Einzelobjekt ausgerichtete Betrachtung erfordert hätten, was inhaltliche Überschneidungen mit der Denkmaltopographie zur Folge gehabt hätte.

Die Arbeit beginnt mit der Vorstellung der infrastrukturellen und wirtschaftlichen Voraussetzungen des Cottbuser Urbanisierungsprozesses. Außerdem werden die staatlichen Rahmenbedingungen kommunaler Planung vorgestellt, dazu gehören die preußische Kommunalverfassung aber auch denkmalrechtliche Auflagen des preußischen Staates. Inwieweit letztere die Entscheidungen der Kommunalverwaltung bzw. der Kirchengemeinden beeinflusst haben, wird an Einzelbeispielen vorgestellt.

Einen Schwerpunkt der Arbeit bilden die Kapitel zu den städtebaulichen und den Grünflächenplanungen. Hier erwies es sich als Vorteil, dass die Entwicklung von Cottbus, das 1871 erst zwanzigtausend Einwohner hatte, überschaubar blieb. Hier wurde vor allem der Frage nachgegangen, wie die Kommunalverwaltung ihre Grünflächen- und Bebauungsplanung gestaltete: Wo sind die daraus entstandenen Strukturen zeittypisch, wo finden sich Besonderheiten? Um hier Unterschiede und Gemeinsamkeiten aufzeigen zu können, wurden Vergleichsstädte mit ähnlichen Entwicklungsparametern in die Untersuchung miteinbezogen. Zudem sollten Wechselwirkungen zwischen städtebaulichen und architektonischen Entwicklungen aufgezeigt werden, die, obwohl evident, in vielen Untersuchungen zur Architektur der Kaiserzeit zu kurz kommen. Die Einordnung und Bewertung innerhalb des historischen Kontextes war vor allem dort schwierig, wo die zeitgenössische Diskussion von den Problemen der Großstädte bestimmt wurde. Diese hatten jedoch, mit ihren extremen Zuwachsraten und Bodenpreisen, andere Probleme als die Mittelstädte. Dabei lohnt sich die Betrachtung der aufstrebenden Mittelstädte durchaus, da deren Verwaltungen in ihren Planungen oft größere gestalterische Spielräume hatten.

Ein weiteres zentrales Kapitel der Arbeit befasst sich mit der dynamischen Stilentwicklung der Kaiserzeit und beleuchtet ihre Hintergründe. Vor allem in der westlichen Stadterweiterung finden sich qualitätvolle Architekturbeispiele, an denen sich die Entwicklung vom Historismus über den Jugendstil bis hin zur Architekturreform nachvollziehen lässt. Auch zur innovativsten Cottbuser Architektur der Kaiserzeit, dem 1908 fertiggestellten Stadttheater von Bernhard Sehring, stellt die Arbeit neue Erkenntnisse vor. In diesem Zusammenhang wird auch die Frage erörtert, womit ein Phänomen zusammenhängt, das sich gerade in der Architektur aufstrebender Städte dieser Zeit beobachten lässt: Der Mut zur architektonischen Innovation, zum planerisch Unkonventionellen.

Abschließend werden Personen und Institutionen vorgestellt, die das Cottbuser Baugeschehen beeinflusst haben. Dazu gehört vor allem die Kommune als Bauherrin und die Frage nach dem Innovationsgrad ihrer Planungen. Ein eigenes Kapitel wurde dem engagierten und kunstverständigen Oberbürgermeister Paul Werner gewidmet, in dessen Amtszeit von 1892 bis 1914 die Hauptwachstumsphase der Stadt lag. Darüber hinaus wurden die Freimaurerloge und die Genossenschaften untersucht, da diese nicht nur unter dem Aspekt ihrer Bauprojekte von Interesse sind. Mit diesen spezielleren Aspekten rundet das letzte Kapitel die vorangehenden Darstellungen ab.

Nicht zuletzt soll diese Arbeit auch etwas von der Sichtweise der Zeitgenossen auf die geschilderten Planungen und Entwicklungen vermitteln. Hierfür wurde, teils auch etwas ausführlicher, aus dem umfangreich gesichteten und bislang nicht publizierten Quellenmaterial zitiert, um Handlungsmotive und Einstellungen der am Planungsprozess Beteiligten unmittelbar nachvollziehen zu können.

Grundlagen des städtischen Wachstums

Die wilhelminische Kaiserzeit ist für die Stadtentwicklung eine der prägendsten Phasen der deutschen Geschichte. Nach der Reichsgründung 1871 beschleunigten sich Industrialisierung und Urbanisierung, um nach einem 1874 einsetzenden Konjunktureinbruch in den 1880er Jahren in einen weitgehend stabilen Aufschwung überzugehen. Auch die regionale Wirtschaft wurde – abhängig von ihrer Struktur – von diesen externen Entwicklungen beeinflusst. Für Cottbus relevante Einflüsse werden nachfolgend in einem kurzen Überblick vorgestellt.

Infrastrukturentwicklung als Impuls für die kommunale Wirtschaft

Die Industrialisierung der Provinz Brandenburg konzentrierte sich auf einige wenige Bereiche und Städte. Dazu gehörte vor allem Berlin und sein Umland; darüber hinaus einzelne Städte, darunter auch die Textilstädte der Niederlausitz. Neben Cottbus waren Forst und Guben die wichtigsten.[2] Bereits in vorindustrieller Zeit, teils bereits im Mittelalter durch Privilegien befördert, hatte sich hier das Textilgewerbe als wichtigster Wirtschaftsfaktor etabliert.[3] 1815, am Ende der Napoleonischen Zeit, als der Kreis Cottbus zusammen mit der Niederlausitz zu Preußen kam, war auch der seit dem 15. Jahrhundert bestehende Sonderstatus von Cottbus als brandenburgische Exklave in sächsischem Gebiet aufgehoben.[4]

Als neu hinzugekommenes Gebiet erfuhr die Niederlausitz besondere Förderung durch die preußische Regierung.[5] 1816 bzw. 1818 gingen in Guben und Cottbus Spinnmaschinen mit Dampfantrieb in Betrieb. Ihre Einführung war auf Initiative der

preußischen Regierung durch die belgische Industriellenfamilie Cockerill erfolgt.[6] Trotz der großen Produktionssteigerung – eine an der Spinnmaschine eingesetzte Arbeitskraft produzierte das 500fache eines Handspinners[7] – setzte sich die neue Technik in Cottbus nur langsam durch.[8] Vor allem die unzureichende Erschließung der Niederlausitz durch überregionale Chausseen war ein entwicklungshemmender Faktor.[9] Denn bereits in der ersten Hälfte des 19. Jahrhunderts erfolgte eine zunehmende Erschließung internationaler Märkte. So arbeitete die durch den Wasserweg Neiße infrastrukturell begünstigte Forster Textilindustrie seit den 1840er Jahren fast ausschließlich für den nordamerikanischen Markt.[10]

1846, als wirtschaftlich ähnlich strukturierte Städte wie Guben und Sommerfeld bereits über einen Eisenbahnanschluss verfügten, fiel Cottbus aufgrund unzureichender Exportmöglichkeiten in der Entwicklung zurück.[11] Auch Maßnahmen wie der 1852 begonnene Chausseebau nach Guben konnten die Situation nicht verbessern.[12] Ohne Verbindung zu den expandierenden Braunkohletagebauen konnten die Cottbuser Unternehmer auch in der technischen Entwicklung nicht mithalten. Seitdem die Kohle durch das günstige Transportmittel Eisenbahn und die Einführung der Brikettfabrikation zum überregionalen Exportartikel geworden war, kamen an anderen Textilstandorten zunehmend Dampfmaschinen zum Einsatz.[13]

Es sah somit bis in die 1860er Jahre so aus, als ob die industrielle Entwicklung der Niederlausitz an Cottbus vorbei gehen würde. Hier fehlte nicht nur die Anbindung an das Eisenbahnnetz, sondern auch an gut schiffbare Wasserstraßen.[14] Ein Anschluss an die großen Eisenbahnlinien, die Cottbus weiträumig umfuhren, schien so ungewiss, dass die Cottbuser

Gewerbetreibenden auf Initiative von Heinrich Albert Liersch 1844 die Cottbus-Schwielochsee-Pferdeeisenbahn-Gesellschaft gründeten.[15] Ziel war die Einrichtung einer Verbindung zwischen Cottbus und dem 32 km entfernten Schwielochsee. Vom dortigen Handelshafen Goyatz konnten dann Waren über die Spree transportiert werden. Diese 1846 in Betrieb genommene Pferdebahn war jedoch kein adäquater Ersatz zu den großen Eisenbahnlinien.[16] Erst 1866/67 erfolgte mit der Eröffnung der Strecke Berlin-Cottbus-Görlitz der lang ersehnte Anschluss an das Eisenbahnnetz. Dem Projekt waren langwierige Verhandlungen vorausgegangen. In den nächsten Jahren folgten weitere Strecken, so dass Cottbus sich bis 1875 zu einem Verkehrsknotenpunkt des damals wichtigsten Verkehrsmittels entwickelt hatte.[17] Von Standortnachteilen konnte nun nicht mehr die Rede sein, im Gegenteil.

Synergieeffekte nach 1871.
Die Cottbuser Wirtschaft im Aufschwung

Der durch den Eisenbahnanschluss ausgelöste Entwicklungsschub – vor allem in der exportorientierten Cottbuser Tuchindustrie – sollte sich durch die veränderten wirtschaftlichen Rahmenbedingungen nach der Reichsgründung noch beschleunigen.[18] Wirtschaftliche Impulse ergaben sich aus der Angleichung und Vereinheitlichung gesetzlicher Rahmenbedingungen. Hinzu kam die Einführung einer einheitlichen Währung.[19] Steigende Geburtenzahlen und ein stagnierendes Arbeitsangebot auf dem Land führten zur Abwanderung in die Städte, so dass der wachsenden Industrie ausreichend günstige Arbeitskräfte zur Verfügung standen.[20] Nach der Reichsgründung herrschte Aufbruchstimmung. Die Investitionsbereitschaft war groß. Anfang der 1870er Jahre flossen 24 Prozent der deutschen Nettoinvestitionen in den Eisenbahnbau.[21] Dessen Finanzierung erfolgte zu großen Teilen über Kapitalgesellschaften.[22] Dass hier nicht nur privates Kapital eingesetzt wurde, zeigte sich auch in Cottbus, als die Stadt „200.000 Taler Stammaktien" für die Berlin-Görlitzer Eisenbahn zeichnete und auch den Bau der Halle-Sorauer-Eisenbahn mit 50.000 Talern unterstützte.[23]

Die Aufstellung dieser Finanzierungskonzepte für die Anbindung von Cottbus an weitere Linien erfolgte in den Jahren des stärksten wirtschaftlichen Booms zwischen 1871 und 1873.

Damit war in einer entscheidenden Phase die Basis für die Entwicklung der Stadt geschaffen worden. Bereits 1873 beendeten zahlreiche Konkurse und der Zusammenbruch der spekulativen Aktienmärkte diese Hochkonjunkturphase. Erst in den späten 1880ern sollte sich die Konjunktur langsam wieder erholen.

Auch das Cottbuser Textilgewerbe expandierte in den frühen 1870er Jahren stark (Abb. 1). Die Produktion stieg zwischen 1870 und 1874 um fast ein Drittel von 100.000 auf 130.000 Stück Tuch, nachdem sie sich in den 1860er Jahren bereits mehr als verdoppelt hatte.[24] Der nach 1874 einsetzende allgemeine wirtschaftliche Niedergang, verbunden mit massiver Deflation, machte sich erst leicht zeitversetzt bemerkbar. Ab 1875 gingen die Produktionszahlen zurück. 1878 wurden nur noch 80.000 Stück Tuch hergestellt. Bemerkenswert ist, dass sich das Cottbuser Textilgewerbe bereits Anfang der 1880er Jahre wieder erholt hatte, obwohl die Auslandsnachfrage gesunken war und die Konkurrenz auf dem Inlandsmarkt stark war.[25]

Die Handelskammerberichte des Kreises Cottbus verzeichnen bereits in den frühen 1880er Jahren Neugründungen bestehender Betriebe, vor allem aber Erweiterungen durch „größere Dampfmaschinen und Kessel". „Neue Etablissements" entstanden dagegen nur vereinzelt. 1884 waren in Cottbus 93 Firmen an der Tuchproduktion beteiligt. Auch die Mechanisierung war beträchtlich vorangeschritten: 1872 kamen auf 609 Handwebstühle erst 397 mechanische Stühle.[26] 1884 hatte sich die Zahl der mechanischen Webstühle durch einen Anstieg auf 1.220 Stück fast verdreifacht. Von den 609 Handwebstühlen waren dagegen nur noch 51 übriggeblieben.[27]

Anfang der 1890er Jahre ebbte die Konjunktur wieder ab. Da keine Aufträge vorlagen, musste etwa jeder vierte der damals vorhandenen 1.870 Webstühle außer Betrieb gesetzt werden.[28] 1895 lief das Geschäft dann wieder so gut, dass die Beschäftigtenzahl mit 5.928 Personen einen Höchststand erreichte. Der Cottbuser Handelskammerbericht von 1896 verweist auf „Arbeitermangel". Im gleichen Jahr erschütterte ein zweimonatiger Streik das Gewerbe.[29] Als eine der Ursachen machte die Handelskammer Wohnungsmangel aus:

Da sich gezeigt hatte, daß zur Zeit des stärksten Bedarfs ausreichend Arbeitskräfte deshalb nicht hatten herangezogen werden können, weil es an geeigneten Wohnungen für sie fehlte, trat, unterstützt von den städtischen Behörden und dem hiesigen Fabrikantenverein, ein „Bau- und Sparverein" mit der

Aufgabe ins Leben, gute und billige Arbeiterwohnungen zu beschaffen." [30]

Nach 1900 setzte im Textilgewerbe eine stabile Produktionssteigerung ein. In Verbindung damit stand ein weiterer Anstieg der Beschäftigtenzahl. Bauliche Erweiterungen erfolgten nach den Berichten der Handelskammer nicht. Die Zahl der Betriebe ging sogar noch weiter zurück. 1912/13 produzierten noch 61 Textilbetriebe, die Zahl der Beschäftigten hatte sich auf 7.814 erhöht.[31] Von der Mitte der 1890er Jahre bis zum Ersten Weltkrieg zeigte sich im gesamten Deutschen Reich ein relativ stabiles Wirtschaftswachstum.[32] Neben der Schwerindustrie verzeichneten nun auch Branchen, wie die Chemie- und Elektroindustrie, überdurchschnittliche Wachstumsraten. Deutschland befand sich auf dem Weg zur führenden europäischen Wirtschaftsmacht und sollte nach 1900 an wirtschaftlicher Kraft das bis dahin führende Großbritannien einholen. Die Textilindustrie, die in der frühindustriellen Phase Träger der wirtschaftlichen Entwicklung war, stieß zu dieser Zeit an die Kapazitätsgrenzen des Marktes. Ihr Anteil an den Beschäftigten aller Branchen betrug 1900 im Deutschen Kaiserreich nur noch 3,67 Prozent.[33] In den Zentren der Textilproduktion stiegen die Beschäftigtenzahlen jedoch weiterhin und lagen damit so hoch, dass das wirtschaftliche Überleben dieser Städte davon abhing. Den höchsten Anteil an in der Textilindustrie Beschäftigten im

1   Blick auf die Fabriken am Ostrower Damm (Aufnahme um 1900, Stadtgeschichtliche Sammlungen Cottbus)

Deutschen Reich hatte um die Jahrhundertwende Forst. Hier arbeitete 1900 über die Hälfte aller Beschäftigten in der Textilindustrie.[34] In Cottbus hatte sich das Arbeitsplatzangebot etwas differenzierter entwickelt, so dass die Stadt nicht wie Guben oder Forst zur Gruppe der Industriestädte zählte, sondern zu den multifunktionalen Städten mit einem stärkeren Anteil des tertiären Sektors. Schwerpunkt des industriellen Sektors war allerdings auch hier nach wie vor die Textilindustrie.[35]

Obwohl es zunehmend schwieriger wurde, Absatzmärkte für die steigende Textilproduktion zu finden, profitierte das Textilgewerbe als Konsumgüterindustrie jedoch auch vom allgemeinen Aufschwung und steigender Inlandsnachfrage. Allerdings minderte laut Handelskammerbericht von 1909 die starke Konkurrenz die Gewinnspannen.[36] Hinzu kamen Lohnsteigerungen und Arbeitszeitverkürzungen; so wird 1911 die Wochenarbeitszeit der Arbeiter von 62 auf 59 Stunden reduziert.[37] Auch wenn die manchmal etwas düster gezeichneten Berichte der Cottbuser Handelskammer dieser Zeit einen anderen Eindruck vermitteln: Letztendlich stiegen Produktion und Beschäftigtenzahl und Cottbus sollte sich in der weiteren Entwicklung bis zum Ersten Weltkrieg neben dem führenden Forst als zweitwichtigste Textilstadt der Niederlausitz behaupten.

Staatliche Rahmenbedingungen kommunaler Planung

Kommunale Planung ist eingebunden in übergeordnete rechtliche und institutionelle Strukturen. In diesem Kapitel werden Rahmenbedingungen der Cottbuser Stadtentwicklung vorgestellt, um die Voraussetzungen, aber auch die Grenzen und Beschränkungen, der kommunalen Entscheidungen aufzuzeigen: Auf welchen für die bauliche Entwicklung relevanten Gebieten musste sich die Kommune mit übergeordneten staatlichen Instanzen abstimmen? Wo schränkte die Gesetzeslage kommunalen Handlungsspielraum ein?

Preußische Kommunalverfassung und Dreiklassenwahlrecht

Mit dem Deutschen Reich war 1871 unter föderalen Vorzeichen ein Nationalstaat entstanden, in dessen Verfassung sich „die prävalenten monarchisch-autoritären Züge mit föderalistischen, parlamentarischen und parteienstaatlichen Elementen" verbanden.[39] Dieser Zusammenschluss von 22 deutschen Staaten und drei Freien Städten unter der Führung Preußens war unter der Voraussetzung erfolgt, dass die einzelnen Mitgliedsländer in weiten Teilen ihre Autonomie behielten.[40]

Für die Kommunen des Deutschen Reiches waren damit die in den jeweiligen Einzelstaaten bestehenden gesetzlichen Rahmenbedingungen von Bedeutung.[41] Cottbus gehörte zu Preußen, dem größten und bevölkerungsreichsten Teilstaat des Reichsgebietes. Preußen unterteilte sich in verschiedene Provinzen. Cottbus lag in der Provinz Brandenburg, die neben der Reichshauptstadt Berlin die Regierungsbezirke Potsdam und Frankfurt an der Oder umfasste.[42] Die Regierungsbezirke waren in Land- und Stadtkreise unterteilt. Bis 1886 war Cottbus als kreisgebundene Stadt an die Entscheidungen des Kreises gebunden.[43] 1886 erhielt es dann den Status eines eigenständigen Stadtkreises. Angesichts der Einwohnerzahl von etwa 29.000 Personen war dieser Schritt zum damaligen Zeitpunkt ein Glücksfall für Cottbus. Zwar forderte die 1872 erlassene preußische Kreisordnung für die Gemeinden in den östlichen Provinzen Preußens als Voraussetzung für die Bildung eines neuen Stadtkreises nur eine Mindesteinwohnerzahl von 25.000 Einwohnern. Dieses Größenkriterium allein sollte jedoch oft nicht genügen. Das Ausscheiden von Städten aus dem Landkreis wurde häufig wesentlich restriktiver geregelt.[44] Für die seit 1886 kreisfreie Stadt Cottbus war die übergeordnete Verwaltungs- und Kontrollinstanz das Regierungspräsidium in Frankfurt an der Oder, dem neben dem Provinzialrat die Kommunalaufsicht oblag.[45] Dazu gehörte z.B. die Genehmigung von Kommunalgesetzen oder weitreichenden Finanzaktionen, wie der Erhebung von Kommunalsteuern oder der Ausgabe städtischer Anleihen. Aber auch die von den Stadtverordneten gewählten Oberbürgermeister bzw. die führenden Kommunalbeamten konnten ihr Amt nicht ohne staatliche Zustimmung antreten.[46]

Wesentlich für die Strukturen und Entscheidungen im kommunalen Bereich war die Kommunalverfassung, auch Städte- bzw. Gemeindeordnung genannt. In Preußen bestand kein einheitliches Kommunalverfassungsrecht. Landgemeinden erhielten nicht die gleichen Rechte wie Stadtgemeinden. Außerdem differierte die Gesetzgebung in den einzelnen Provinzen.[47] Wesentlich für die Richtung der Stadtpolitik war die Zusammensetzung der kommunalen Legislative, der Stadtverordnetenversammlung, die in Preußen seit 1850 über das Dreiklassenwahlrecht bestimmt wurde.[48] Bei diesem Wahlverfahren entschieden das Einkommen und das Steueraufkommen über die Gewichtung der einzelnen Stimmen. Hinzu kam eine starke Einschränkung der Wahlberechtigung.[49] Dies hatte zur Folge, dass in Cottbus neben den ohnehin nicht wahlberechtigten Frauen auch etwa zwei Drittel der Männer, die große Gruppe der Geringstverdiener, gar nicht zur Wahl zugelassen wurden.[50] Die verbleibenden Wahlberechtigten wurden in drei Klassen unterteilt. Damit wurde erreicht, dass die Wähler der Klasse I, die in Cottbus mit 119 Personen nur 1,73 Prozent der Wahlberechtigten umfassten (Stand 1907), genauso viele Stadtverordnete in die Stadtverordnetenversammlung wählen konnten, wie die Wahlberechtigten der Klasse III, obwohl diese 85,22 Prozent der Wahlberechtigten umfassten.[51] Dadurch bildeten die vermögenden Gruppen der städtischen Gesellschaft, die in den Klassen I und II zusammengefasst und zusammen nur 14,77 Prozent der Wahlberechtigten umfassten, die Mehrheit in der Stadtverordnetenversammlung. Hinzu kam, dass die Städteordnung von 1853 vorschrieb, dass mindestens fünfzig Prozent der Stadtverordneten Hauseigentümer sein mussten.[52] In Cottbus waren 1907 sogar 77 Prozent der Stadtverordneten Haus- und Grundeigentümer.[53] Über das Wahlrecht und die daraus resultierenden Stimmverhältnisse in der Stadtverordnetenversammlung war somit festgelegt, dass die Haus- und Grundbesitzer ihre Interessen in der Kommunalpolitik durchsetzen, bzw. ihnen nicht genehme baupolitische Planungsvorlagen, wie z.B. die Baufreiheit einschränkende Bauordnungen, verhindern konnten.[54]

Die Ausgestaltung des grundlegenden, auf Brand- und Gesundheitsschutz ausgerichteten Baurechts erfolgte im Rahmen von Bauordnungen, die in Preußen, im Gegensatz zu anderen deutschen Staaten, nicht als Landesgesetze, sondern von den Provinzen und Regierungsbezirken oder den Städten erlassen wurden.[55] In ihren städtebaulichen Planungen waren die preußischen Kommunen somit weitgehend unabhängig, denn das 1875 erlassene Preußische Fluchtliniengesetz beschränkte sich darauf, Mindestanforderungen festzulegen und bestimmte Planungsinstrumentarien wie Enteignung, Umlegung etc. gesetzlich zu regeln. Mit derartig weit gefassten gesetzlichen Rahmenbedingungen hatten die preußischen Städte außergewöhnliche Planungsfreiheiten, diese lagen – bedingt durch das Dreiklassenwahlrecht – in den Händen etablierter Entscheidungsträger, wodurch in der Tendenz eine eher konservative Politik gemacht wurde.

Der Umgang mit dem Bestand und der Einfluss der Denkmalpflege

In den sich verdichtenden Stadträumen des 19. Jahrhunderts setzte mit Industrialisierung und Urbanisierung ein Überformungsprozess ein, der mit dem Verlust zahlreicher historischer Bauten verbunden war. Davon betroffen waren vor allem die funktionslos gewordenen Stadtbefestigungen und -tore, aber auch andere öffentliche Bauten, deren Struktur nicht den damaligen Nutzungsanforderungen entsprach.[56] Auf die zunehmenden Verluste reagierte der preußische Staat mit dem Erlass von Gesetzen und der Schaffung von Verwaltungsstrukturen. Um den rechtlich-strukturellen Hintergrund der nachfolgend vorgestellten Cottbuser Beispiele verstehen zu können, erfolgt vorab ein kurzer Einblick in die Anfangsphase einer sich damals erst etablierenden staatlichen Denkmalpflege.

Bereits 1794 wurden mit dem Allgemeinen Preußischen Landrecht, das bis in die Kaiserzeit Gültigkeit hatte, Bestimmungen erlassen, die festlegten, dass „Gebäude in den Städten, die an Straßen oder öffentliche Plätze stoßen", nicht ohne staatliche Erlaubnis „zerstört oder vernichtet werden" dürfen.[57] Eine derart weitreichende staatliche Genehmigungspflicht war jedoch ohne entsprechende Verwaltungseinrichtungen nicht umzusetzen. Dementsprechend wirkungslos blieb das Gesetz. Ein Vorstoß in Richtung Institutionalisierung des Denkmalschutzes erfolgte 1809, als im Rahmen der preußischen Verwaltungsreform in der Oberbaudeputation die Stelle eines Oberbaurates geschaffen wurde, zu dessen Aufgaben neben dem „ästhetischen Teil der Baukunst" auch Gutachten über die „Erhaltung der öffentlichen Denkmäler und Überreste alter Kunst" gehörten.[58] Da die Bestandsinventarisation als auch die Bestimmung des Verfahrensweges noch unzureichend waren, hing es letztendlich vom persönlichen Engagement des Stelleninhabers ab, wo er fachlich beratend tätig wurde.[59]

Mit der „Allerhöchsten Kabinettsorder vom 5. Oktober 1815" wurde dann „jede wesentliche Veränderung an öffentlichen Gebäuden oder Denkmälern, die eine Staatsbehörde vorzunehmen gedachte" vom „Einvernehmen der Oberbaudeputation" abhängig gemacht. Im Konfliktfall behielt sich der Monarch selbst die Entscheidung vor.[60] Um sich daraus ergebende Abstimmungsprobleme zwischen den verschiedenen Verwaltungseinheiten auszuräumen, betraute Friedrich Wilhelm III. 1835 das Ministerium der geistlichen, Unterrichts- und Medizinal-Angelegenheiten mit der „Sorge für die Conservation der Bau-Denkmale und Ruinen" in Preußen. Zugleich behielt er sich vor:

„Ich werde aber in den vorkommenden Fällen die Notwendigkeit der darauf zu verwendenden Kosten beurteilen und die diesfälligen einzelnen Anträge erwarten." [61]

Zur fachlichen Unterstützung des Ministeriums wurde dann 1843 die Stelle eines „Conservators der Alterthümer" geschaffen, der für den gesamten Denkmalbestand in Preußen zuständig war. Von 1843-1876 hatte Freiherr Ferdinand von Quast (1807-1877) diese Stelle inne, der sich gegen Ende seiner Amtszeit auch für den Erhalt des Cottbuser Schlossturmes einsetzte.

Schwierig gestaltete sich Quasts Arbeit durch die immer noch völlig unzureichende Dokumentation des Denkmalbestandes, vor allem aber durch die enge Begrenzung seines Handlungsspielraums, denn auch er durfte nur beratend bzw. gutachterlich tätig werden.[62] Die endgültige Entscheidung über vorzunehmende Maßnahmen lag nach wie vor beim Minister bzw. beim König, wobei letzterer auch weiterhin über einmalige Gnadenbewilligungen aus Mitteln des „Allerhöchsten Dispositionsfonds" verfügen konnte, um Instandhaltungsmaßnahmen zu unterstützen, die nicht über die Etats der jeweils zuständigen Ministerien finanziert werden konnten.[63]

Die Zielrichtung der Beratungsarbeit des preußischen Conservators der Alterthümer zeigt eine Zirkularverfügung des Innenministers von 1844:

„Sehr häufig ist der Fall vorgekommen, dass den Ortsbehörden, den Korporationen usw. eine genügende Kenntnis des artistischen oder monumentalen Wertes der ihrer Obhut untergebenen Denkmäler fehlt und daß sie sich zu Veränderungen derselben veranlasst finden, die oft, selbst wenn es wohlmeinende Restaurationen sind, diesen Wert sehr beeinträchtigen oder ihn gänzlich aufheben." [64]

Die öffentlichen Planungen fachlich zu beraten und eventuell auch Alternativvorschläge zu unterbreiten, bildete damit einen Schwerpunkt der Arbeit Quasts.[65]

Angesichts dieser im Rahmen der preußischen Ämterhierarchie eher schwachen Stellung des ersten preußischen Konservators der Altertümer sind die Umstände interessant, die im Einzelfall die Entscheidung über Abriss oder Erhaltung beeinflusst haben.

ZUR DISKUSSION UM ABRISS ODER ERHALT DES SCHLOSSTURMES

An der jahrzehntelangen Diskussion über Erhalt oder Abriss des Cottbuser Schlossturmes waren sämtliche oben genannten Instanzen der preußischen Denkmalpflege beteiligt. Beispielhaft zeigt dieser Fall typische Interessenskonflikte, die Wichtigkeit anschaulicher und zielgruppenorientierter Denkmalwertbegründungen und den Einfluss öffentlicher Meinung auf Entscheidungsträger.

Zum Verständnis der kaiserzeitlichen Denkmalwertbegründung erfolgt anfangs eine kurze Einführung in die Baugeschichte des Schlossberges: Der sogenannte Schlossberg ist eine künstliche Erhebung, die auf einen Ringwall aus dem 10. Jahrhundert zurückgeht. Solche Befestigungen waren typisch für die slawisch besiedelten Gebiete. Sie dienten als Rückzugsmöglichkeit für die Bewohner angrenzender Siedlungen und wohl auch als Herrschaftssitz.[66] Auch im Kontext des Cottbuser Ringwalls wurde eine slawische Siedlung nachgewiesen. Deren Bewohner profitierten von der strategisch günstigen Lage in unmittelbarer Nähe einer Spreefurt, die Teil einer überregionalen Verbindung war. Die in die slawischen Gebiete vorstoßenden Eroberungsfeldzüge unter dem deutschen König Heinrich I. erreichten Anfang des 10. Jahrhunderts auch die Niederlausitz. Unter den veränderten Herrschaftsverhältnissen wurden an strategisch wichtigen Punkten Burgwarde angelegt. In Cottbus wurde der Ringwall zum Sitz einer solchen Burggrafschaft. Später wurde die Burg Sitz der lokalen Adelsdynastie, die in der Mitte des 15. Jahrhunderts die Herrschaft Cottbus an die Hohenzollern, die Kurfürsten von Brandenburg, verkaufte.[67] Auch die von den Hohenzollern mit der Verwaltung des Amtes Cottbus beauftragten Landvögte und Amtshauptleute hatten ihren Sitz auf dem Schlossberg. Verwaltungsreformen um die Mitte des 18. Jahrhunderts beendeten diese Nutzung. Das Schloss stand nun weitgehend leer. Zahlreiche Nutzungsvarianten wurden in Erwägung gezogen, aber nicht umgesetzt.[68] Erst 1818 war mit Cockerills „Wollspinn-Anstalt" eine Nutzung gefunden worden.[69] 1857 zerstörte dann ein Brand weite Teile der Schlossanlage. Das Fürstenhaus brannte komplett aus und auch der Bergfried verlor seinen Abschluss. Der damalige Eigentümer, der Rittergutsbesitzer Leutnant a.D. von Seydel, konnte den Turm jedoch nicht einfach abtragen, da der Vertrag zwischen der Königlichen Regierung und Cockerill zur Überlassung des Turmes einen Passus enthielt, der den Abriss des Turmes, aber auch Veränderungen des Turmäußeren untersagte. Trotzdem beantragte von Seydel am 16. Dezember 1857 eine Abrissgenehmigung bei der Regierung in Frankfurt an der Oder, da die „Ruine des Turmes keine architektonische Schönheit" mehr darbiete. Daraufhin wurden Gutachten beim Königlichen Rentamt, beim Königlichen Bauinspektor und bei der Stadt eingeholt. Während der Königliche Bauinspektor den Abriss befürwortete und auf die Gefährdung durch den ruinösen Zustand hinwies, forderte das Königliche Rentamt den Erhalt mit der Bemerkung, dass „der Turm mit der Zeit eine schöne großartige Ruine bilden werde." Auch Stadtverwaltung und Stadtverordnete unterstützten mit ihrem Gutachten vom 24. Februar 1858 den Erhalt. Auf der Grundlage dieser Gutachten lehnte die Regierung in Frankfurt an der Oder am 18. März 1858 den Abrissantrag von Seydels ab. Dies erfolgte mit dem Hinweis, dass der bauliche Zustand unbedenklich sei:

„ … der eigentliche Thurm, in einer Höhe von 80-100 Fuß altes, starkes Gemäuer, ist stehen geblieben. Nur die oberste Aufmauerung, anscheinend aus späterer Zeit herrührend, möchte vom Feuer bröckelig geworden und daher mit der Zeit einer Reparatur bedürfen, so daß nicht einzusehen ist, warum der Turm nicht füglich stehen bleiben könnte.[70]

Man verwies auch darauf, dass er wohl „ohne architektonische Schönheit" sei, zugleich aber „der Stadt ein entschieden schönes Aussehen" verleihe, so dass „mit seinem Falle Cottbus seine beste Zier für den äußeren Anblick verlieren würde". Deswegen wolle die Königliche Regierung an der bereits vertraglich festgehaltenen Vereinbarung festhalten, auch wenn man nicht behaupten wolle „daß der Staat verpflichtet sei, Communen zu Hülfe zu kommen, um ihren Städten ein schönes Äußeres zu schaffen", aber man könne auch nicht eine bereits bestehende Auflage „zum lediglichen Vorteil eines Einzelnen" wieder rückgängig machen.[71] Nachfolgend die Begründung der Ablehnung des Abrissantrages:

„Das alte Schloß war ursprünglich eine Wohnung unseres hohen Königshauses. Wenn dasselbe auch aus Staats-Rücksichten einem ganz niederen Zwecke geopfert wurde, so wollte man doch ein einziges Denkmal erhalten, daß das erlauchte Haus Hohenzollern hier einen Sitz gehabt. Ein Monument sollte wenigstens bleiben, um nicht den materiellen Interessen gegenüber, alle historische Erinnerung, welche das Herz der Unterthanen an seine Herrscherfamilie fesselt, zu vernichten. … Dieser Grund ist auch jetzt der entscheidendste. Das alte Schloß ist vollständig weg und bald wird der Platz nichts mehr zeigen, was irgend an das hohe Herrscherhaus erinnert, wenn das letzte Zeichen, dieser Turm, weggenommen wird, und hierdurch dürfte allein schon eine Bitte, den Herrn Seydel abschläglich zu bescheiden, begründet sein." [72]

Als auch ein zweiter, 1861 gestellter Abrissantrag abgelehnt wurde, verkaufte Seydel. Auch der neue Eigentümer, der Brauereibesitzer Gustav Rückert, der im Fürstenhaus eine Brauerei eingerichtet hatte, stellte 1866 und 1867 Abrissanträge und begründete dies mit der Baufälligkeit des Turmes. Dieser Argumentation schlossen sich die zuständigen Behörden nach einer Besichtigung des Turmes nicht an.[73] Stattdessen beschlossen „Fiskus, Kreis und Stadt" die Instandsetzung und die Teilung der entstehenden Kosten. Rückert forderte für seine Zustimmung die Erteilung der Schankkonzession. Die von ihm eingereichten Pläne für die Instandsetzung des Turmes wurden jedoch vom Kultusministerium abgelehnt, da eine erneute Zerstörung des Turmes durch Brand befürchtet wurde. In den nächsten Jahren ruhte die Angelegenheit. 1870 geriet Rückert in Zahlungsschwierigkeiten, das Grundstück wurde versteigert. Den Zuschlag erhielt das Justizministerium, das anfangs plante, das brandgeschädigte Fürstenhaus für die Justizverwaltung auszubauen.[74]

Im gleichen Jahr hatte sich ein Verein für den Erhalt des Schlossturmes gegründet, dessen erster Vorsitzender Kreisgerichtsdirektor Sturm war.[75] Ehrenpräsident war Fürst Pückler.[76] Eine weitere treibende Kraft dieses „Schloßthurmbau-Vereins aus Männern der Stadt und des Landes Kottbus" war Albrecht Liersch. Man veranstaltete Sammlungen, um die Erneuerung des Turmabschlusses finanzieren zu können. Durch den Deutsch-Französischen Krieg 1870/71 wurde die Umsetzung dieser Planungen jedoch verhindert. Nach Kriegsende und Reichsgründung änderte das Justizministerium seine Pläne: Nun sollte das Fürstenhaus abgerissen werden, um dort ein Kreis-Gerichts-Gebäude errichten zu können. Die Turmerneuerung wurde erneut vertagt, obwohl der Kaiser am 29. Mai 1874 auf ein Immediatgesuch hin eine „Allergnädigste Zuwendung von 1.500 Mark" bewilligt hatte.[77] Nach der Fertigstellung des Gerichts wollte der Schlossturmbauverein nun endlich seine langjährigen Planungen umsetzen:

„*Nunmehr sollte der Ausbau des alten Schloßthurmes folgen, wozu inzwischen alle Vorbereitungen getroffen waren, so daß nicht allein die nötigen Gelder dazu bereit liegen, sondern auch die Bauzeichnung genehmigt, die Baupläne geprüft und die Bauarbeiten zur Übernahme geführt worden sind, als ganz unerwartet ein Aufschub verfügt und von Seiten der Justizbehörden das Bemühen hervorgetreten ist, den alten ehrwürdigen Schloßthurm niederreißen zu lassen.*"[78]

Dieser Meinungswechsel wurde im Justizministerium damit begründet, dass der Schlossturm „einen Teil des neuen Gerichtsgebäudes verfinstere und die mittlere Schauseite desselben verdecke."[79] (Abb. 2). Im Widerspruch zu seinen bisherigen Entscheidungen ist das Kultusministerium nun bereit, die Abrissfrage zu erörtern. Auch in den Reihen des Schlossturmbauvereins machte sich der Meinungswechsel bemerkbar. Schmidt schreibt, dass bei einer Mitgliederabstimmung im November 1876 „sämtliche Herren des Kreisgerichts", immerhin acht der neunzehn Mitglieder, nun den Abbruch des Turmes befürworteten. Nach Schmidt sollen es Äußerungen des Cottbuser Oberbürgermeisters Jahr gewesen sein, die den Justizminister dazu brachten, vom Abriss des Turmes abzusehen.[80] Aus einer bislang unbekannten Korrespondenz des Schloßturmbauvereins geht jedoch ein vollkommen anderer Ablauf der Ereignisse hervor. Hier zeigt sich, dass es der Einflussnahme einer wesentlich höheren Ebene bedurfte, um den Justizminister von seinem Vorhaben abzubringen. So hatte sich Albert Liersch als Vertreter des Schlossturmbauvereins Ende 1876, also wohl kurz nach der entmutigenden Abstimmung und der für den Schlossturmbauverein wenig aussichtsreichen Situation gegenüber einer staatlichen Behörde, an die erste Instanz der Denkmalpflege in Preußen, den geheimen Oberregierungsrat und königlichen Conservator der Alterthümer, Freiherr von Quast, gewandt.[81] Der fast siebzigjährige Quast befand sich damals wegen seiner angegriffenen Gesundheit auf seinem Rittergut Radensleben bei Neuruppin. Nur wenige Monate später, nach dem Tode Quasts im März 1877, hätte es für den Schlossturmbauverein an dieser Stelle keinen offiziellen Ansprechpartner mehr gegeben, da das Amt des Konservators erst nach mehreren Jahren wieder besetzt wurde.[82] Von Radensleben aus antwortete Quast auf die Anfrage des Schlossturmbauvereins:

„*Doch so sehr ich bedaure, dass meine Kraft und Wirksamkeit auch nur eine sehr beschränkte ist, und ich daher rathen müßte,*

2   *Bergfried verdeckt Landgerichtsfassade: Erhaltung dank hoheitlicher Fürsprache (Aufnahme 2003, Roland Wieczorek)*

sich an eine stärkere Hilfe zu wenden, das ist nun, nach meiner Erfahrung, S. Kaiserliche und Königliche Hoheit der Kronprinz, der gern für die bedrohten Denkmäler eintritt, und viele derselben gerettet hat, wo sonst keine Hilfe war."[83]

Bedenken Lierschs, sich an die Öffentlichkeit zu wenden, zerstreute Quast:

„*…, das wird es meistens wert sein, wenn sie recht viele Unterschriften bringt, um als Ausdruck der gesamten Stadtbevölkerung zu stimmen.*"[84]

Von Fürst Pückler schrieb Quast, dass er sich aus malerischen Gründen für den Erhalt des Turmes einsetze. Pückler ging es wohl vor allem um den Erhalt der Stadtsilhouette, die bis nach Schloss Branitz sichtbar war.[85] Aus der Korrespondenz wird deutlich, dass Quast sich nicht nur bei seinem Vorgesetzten, dem Kultusminister Dr. Falk, für den Cottbuser Schlossturm

eingesetzt hatte, sondern sich auch direkt mit dem Justizmi-
nisterium in Verbindung gesetzt hatte.[86] Den Empfehlungen
Quasts folgend, formulierte der Schlossturmbauverein ein
Schreiben an Wilhelm I.:

*„Allerdurchlauchtigster Großmächtigster Kaiser, Allergnädigster
Kaiser und Herr!*

*Die allerunterthänigst unterzeichnenden Mitglieder des Cott-
buser Schloßthurmbau-Vereins gestatten sich Ew. Kaiserlichen Majestät das nachstehende ehrfurchtsvolle Gesuch
allerunterthänigst zu unterbreiten.*

*Der Kreis und die Stadt Kottbus haben es sich stets zur beson-
deren Ehre angerechnet, zu den ältesten Besitzungen des Er-
lauchten Hauses Hohenzollern in der Mark Brandenburg zu
gehören. In früherer Zeit rings von Sächsischen Landen um-
geben hat sich im Kreise Kottbus eine Eigenart ausgebildet,
die sich traditionell auf Kinder und Enkel vererbte und in dem
Gefühle gipfelte, dass es in dem weiten Vaterlande nirgends
treuere Unterthanen, nirgends unverzagtere Soldaten gebe
als in der unseren Heimath.*

*Das alte Stammschloß der ehemaligen Dynasten von Kottbus
mit seinem mächtigen Turm stand am Ufer der Spree als ein
Wahrzeichen dieser Eigenart. Viele Sagen des zum großen
Theil wendischen Landvolkes knüpfen sich an den fast durch
den ganzen Kreis sichtbaren Schloßthurm. ... Die allerunterthänigst unterzeichnenden Mitglieder des Bauvereins sind der
Ansicht, dass der Thurm das neue Gerichtsgebäude in keiner
Weise beeinträchtige, vielmehr der vollendete Ausbau, wie ihn
die genehmigte schöne Zeichnung projectiert, mit dem Style
des Gerichtsgebäudes in Einklang stehe und diesem sowohl,
wie der ganzen Stadt zur Zierde gereichen werde. In Erwägung, daß auch die Stadtbehörden - Magistrat und Stadtverordnete - von der hohen Königlichen Regierung zu Frankfurt/
Oder veranlasst, sich für die Erhaltung und den Ausbau des
Thurmes ausgesprochen haben, wenden sich die allerunterthänigst Unterzeichneten mit der Bitte an das huldvolle Herz
Ew. Kaiserlichen Majestät.*

*Ew. Kaiserliche Majestät wolle geruhen die Entscheidung
dahin zu treffen, daß der Ausbau des Thurmes begonnen
werde. Nur daß das Fortbestehen dieses in seinem mächtigen Unterbau uralten Schloßthurmes zu Cottbus gesichert
bleibe.*

In tiefster Ehrfurcht verharren wir allerunterthänigst.“[87]

Die Verfasser des Schreibens sind in der Abschrift nicht aufgeführt. Mit dieser an historischen, volkskundlichen als auch
städtebaulichen Aspekten orientierten Erhaltungsbegründung
formulierte der Schlossturmverein eine vielschichtige Denkmalwertbegründung. Der vom Schlossturmbauverein vertretene Er-
haltungswunsch ist umso beachtlicher, da er sich über die ästhetischen Vorstellungen der Zeit hinwegsetzte. Zum damaligen
städtebaulichen Ideal gehörte die Inszenierung der Fassade als
regelmäßig gestaltete Schauseite. Mit dem ruinösen Stumpf
des von Brandspuren gekennzeichneten Bergfrieds unmittelbar vor der symmetrischen Fassade des Landgerichtes ließ sich
dieses Gestaltungsideal nicht umsetzen. Umso erstaunlicher,
dass sich der Schlossturmverein trotzdem durchsetzen konnte (Abb. 2). Dass es letztendlich die Fürsprache des Kronprinzen
war, die den Abriss verhinderte, zeigt ein im September 1879
aufgesetztes Dankschreiben.[88]

"Durchlauchtigster Prinz, Gnädigster Prinz und Herr!

*Die allerunterthänigst unterzeichnenden Mitglieder des Cott-
buser Schloßthurmbau-Vereins hatten sich erlaubt im Dezember 1876 für Kaiserlich Königliche Hoheit ein Schreiben zu über-
senden und darin die Bitte auszusprechen Eure Kaiserlich
Königliche Hoheit wolle geruhen, sich der Förderung des damals verzögerten Ausbaues des hiesigen Schloßthurmes gnä-
digst anzunehmen.*

*Seitdem ist zur Freude der Einwohner der Stadt und des ganzen
Kreises Cottbus der Ausbau des Thurmes erfolgt und dass dies
geschehen ist, das danken wir der huldvollen und gnädigen
Vermittlung Eurer Kaiserlich Königlichen Hoheit!*

*Gestatten Euer Kaiserlich Königliche Hoheit uns hiermit un-
seren tiefgefühltesten verbindlichsten und untertänigsten Dank
dafür auszusprechen. ... Unterzeichnet Oberbürgermeister Jahr
und Commerzienrath Albert Liersch."*[89]

1877 erhielt der Turm dann den neuen Abschluss. Die Entwürfe lieferten Baumeister Mannsdorf, bzw. Regierungs- und
Baurat von Monstein, möglicherweise orientierten sie sich an
vom Königlichen Hofbauinspektor von Arnim verfassten Skiz-
zen, die dieser bereits 1858 in Verbindung mit einem Gutachten
erstellt hatte. Nach Schmidt sollen sie große Ähnlichkeit mit
dem heutigen Abschluss gehabt haben.[90] Mit 15.000 Mark übernahm der Staat den Großteil der Kosten für die Erneuerung des
Turmabschlusses, der Schlossturmbauverein trug 7.640 Mark,
die Stadt 2.100 Mark bei.[91] Mit der Wiederherstellung und In-

3 Der Schlossberg von Süden vor
dem Abriss des verbliebenen Teils
der alten Burganlage
(Aufnahme um 1900, Stadtgeschichtliche Sammlungen Cottbus)

Cottbus   Landgericht, Amtsgericht u. Elektrizitätswerk

4 Der Schlossberg von Südwesten
nach dem Neubau des Amtsgerichtes
(Aufnahme kurz nach 1905, Stadtgeschichtliche Sammlungen Cottbus)

standsetzung des Bergfriedes war ein Teil der mittelalterlichen Bausubstanz des Schlossberges gesichert. Auch die räumliche Situation des früheren Burghofes mit dem zentralen freistehenden Turm war nahezu unverändert, da das Landgerichtsgebäude auf den Fundamenten des Vorgängergebäudes, des sogenannten Fürstenhauses, errichtet worden war.[92]

Mit dem Bau des Landgerichtes war die Überformung des Schlossberges jedoch noch nicht abgeschlossen. Neben dem Turm war noch ein Gebäude der alten Schlossanlage erhalten, das 1602 nach einem Brand wiederaufgebaut und Mitte des 19. Jahrhunderts zum Gerichtsgefängnis umgebaut worden war (Abb. 3). Zusammen mit dem alten Amtsgericht von 1823 wurde es 1905 für den Neubau von Amtsgericht und Gerichtsgefängnis abgerissen. Hier scheint die Justizverwaltung auf keine Widerstände gestoßen zu sein.[93] Der Entwurf war dem städtebaulichen Ansatz der Jahrhundertwende verpflichtet und orientierte sich an den gegebenen Strukturen des Burgberges (Abb. 4). So hat sich trotz der umfassenden baulichen Veränderungen am Schlossberg die Erschließung der mittelalterlichen Burganlage erhalten. Die heutige Gerichtsstraße entspricht dem Verlauf des ursprünglichen Burgzuganges, der früher durch eine Toranlage mit Brücke gesichert war. Auf diese Kontinuität der städtebaulichen Struktur geht der „Burghofcharakter" zurück, der das Plateau des Schlossberges mit seinem freistehenden Bergfried nach wie vor bestimmt.

DER UMGANG MIT DER STADTBEFESTIGUNG

Wie in vielen anderen Städten gehörte auch in Cottbus die mittelalterliche Stadtbefestigung zu den ersten Strukturen, die dem Stadtwachstum im Wege standen.[94] Die engen mittelalterlichen Stadteingänge behinderten den Verkehr. Die Stadtmauer mit der vorgelagerten Wall-Graben-Struktur trennte die Altstadt von den Stadterweiterungsgebieten.[95] Den Abrissplänen der Kommunen stand jedoch entgegen, dass auch die Befestigungsanlagen unter die Bestimmungen des 1794 erlassenen „Allgemeinen Landrechts für die preussischen Staaten" fielen.[96] Als „Sachen des allgemeinen Wohls" konnte ihre Zerstörung durch den Staat untersagt werden. Abriss oder Veränderung bedurften der Genehmigung der Regierung. Zur Unterstreichung dieses Anspruchs wurde am 20. Juni 1830 eine allgemein formulierte Allerhöchste Kabinettsordre zur Erhaltung der Stadtbefestigungen erlassen, die am 31. Oktober 1830 durch eine ministerielle Circularverfügung an die Königlichen Regierungen spezifiziert wurde. Die Königliche Regierung in Frankfurt an der Oder wandte sich dann ihrerseits am 16. November 1830 mit einer Circularverfügung an die Magistrate.[97]

Darin wurden die Stadtverwaltungen verpflichtet, dafür zu sorgen,

„..., dass die Mauern, Thore, Thürme und andere sowohl zum Verschluß, als auch zur Verteidigung der Städte, desgleichen Denkmale alter Baukunst und Monumente, welche ein historisches Interesse haben, nicht öffentlich oder heimlich deterioriert werden, um durch Vorbereitung ihres Einsturzes die Einwilligung der Behörden zu ihrer Abtragung oder Veränderung zu erzwingen."[98]

Der Text lässt die nach wie vor aktuellen Probleme der Denkmalerhaltung deutlich werden. So forderte die Regierung Gutachten, die im Falle eines ungenehmigten Abrisses aufgrund der akuten Gefährdung der öffentlichen Sicherheit nachwiesen, dass dieser Zustand durch den „nicht leicht zu befürchtenden Fall", wie „Naturereignisse oder durch sonstige unvorhergesehene Umstände unerwartet" eingetreten war. Es wurde auch darauf hingewiesen, dass Reparaturen „zeitig" zu erfolgen haben, „damit nicht durch Vergrößerung der Schadhaftigkeit die Herstellungskosten unnöthigerweise vermehrt werden."[99]

In Cottbus erfolgten erste Veränderungen der spätmittelalterlichen Stadtmauer im Zusammenhang mit dem Bau der Neustadt ab 1726 südlich der Altstadt. Hier wurden erstmals Wallbereiche eingeebnet. Seit den 1820er Jahren erfolgten Veränderungen im Bereich der Stadttore. Für das Sandower und Berliner Tor sind Abbruch und Wiederaufbau dokumentiert. Wahrscheinlich erfolgten hier Erweiterungen der engen mittelalterlichen Torstrukturen.[100] In Verbindung mit den Unterhaltungskosten wurden 1848 Abrissplanungen aktenkundig. 1862 stürzten im Norden erste Mauerteile ein. Daraufhin wandte sich der Magistrat an die Königliche Regierung in Frankfurt an der Oder:

„Der Magistrat wünscht vor allem die Beibehaltung der Schlacht- und Mahlsteuer, aber die schleunige Niederreißung der Gefahr drohenden Stellen und unter keinen Umständen die Einführung der Klassensteuer. In Erwägung, daß die Mauer überall sehr verwittert ist, an verschiedenen Stellen einzustürzen droht und die Kosten der Wiederherstellung sehr erheblich sein werden,

5   Die Bastei: „Höchst unförmlich
und unschön" oder „eigenthümlich
und malerisch"?
(Aufnahme 1878, Stadtgeschichtliche Sammlungen Cottbus)

außerdem eine derartige mittelalterliche Umschließung nicht mehr zeitgemäß erscheinen dürfte, können wir uns zwar nicht für eine Reparatur derselben aussprechen, verhehlen uns aber auch nicht, daß durch die Niederlegung der Mauer die Kontrolle ungemein erschwert werden wird und solche bei vermehrtem Aufsichtspersonal nur dann mit einigem Erfolg und Nachdruck wird gehandhabt werden können, wenn die gegenwärtig noch zum äußeren Stadtbezirk gehörenden, unmittelbar an die Stadt angrenzenden Dörfer (Vorstädte) außerhalb der jetzt noch bestehenden Ringmauer mit zum engeren Bezirk geschlagen und der Mahl- und Schlachtsteuer somit unterworfen werden. Inwiefern die Bewohner der Vorstädte sich hierzu etwa bereit finden lassen möchten, müssen wir gegenwärtig noch dahingestellt lassen, da uns hierüber jede Kenntnis abgeht, glauben aber voraussetzen zu können, daß sie hierzu nicht große Bereitwilligkeit zeigen werden."[101]

Noch im gleichen Jahr begutachtete ein „Ober-Regierungs-Rath" die Stadtmauer. Im „Extract aus den Reisebemerkungen" findet sich folgende Zustandsbeschreibung:

„Die Besichtigung der Stadtmauer ergab, daß nicht nur ein Stück von etwa 50 Schritt Länge ganz weggenommen worden

war, sondern auch an vielen Stellen die Mauer höchst schadhaft sich vorstellte, so daß solche repariert oder abgebrochen werden muß. Nach dem Augenschein kann dieses etwa ein Drittel der ganzen Mauer treffen, wogegen zwei Drittel noch für haltbar angesprochen werden können."[102]

Unter diesen Umständen beantragte der Magistrat die „Beseitigung der Ringmauer" und sprach sich für die „Erweiterung des schlacht- und mahlsteuerpflichtigen Bezirkes durch Hinzunahme der Vorstädte" aus. Der Abbruchantrag des Magistrats wurde 1862 von der Regierung in Frankfurt an der Oder unter der Bedingung genehmigt, dass Spremberger Turm, Bastei, Münzturm und Teile des Stockhauses erhalten bleiben. 1863 wurden Teile der Nordseite auf Abbruch verkauft. 1865 begann der komplette Abbruch der Südseite.[103] Nord- und Westseite blieben in Teilen erhalten, da hier entlang der Stadtmauer Wohnbebauung entstanden war. Fast zeitgleich wurden 1865/66 das Berliner und Sandower Tor abgerissen, 1875 folgte das Spremberger Tor. Diskussionen um den Erhalt gab es zum Abrissantrag der vor dem Spremberger Tor liegenden Bastei aus dem 16. Jahrhundert (Abb. 5). Hier erhielt die Stadt von der Regierung in Frankfurt an der Oder eine Erhaltungsauflage. Als der Magistrat aufgrund

6   Der Spremberger Turm: Von geschleiftem „adonischem Wuchs" und einer
Wiedererrichtung in den Jahren 1823-1825
(Aufnahme 2003, Roland Wieczorek)

der „sich fast täglich wiederholenden Verkehrsstockungen" erneut eine Abrissgenehmigung beantragte, wurde ein Gutachten
des Kreisbaumeisters Frick eingeholt:
„Da das Gebäude mit alleiniger Ausnahme des sehr baufälligen
Nordgiebels wegen seines unförmlichen, höchst unschönen,
zum Gebäude nicht passenden Daches einen widerwärtigen
Eindruck macht und wegen seiner großen Baufälligkeit sein Bestehen nur noch eine Frage der Zeit ist, dürfte, um ferneren Un-

glücksfällen, die bei einem Zusammensturz desselben von den
weitragendsten Folgen sein könnten, vorzubeugen, es wohl geraten erscheinen, möglichst bald mit dem Abbruche des Gebäudes vorzugehen." [104]

Im Mai 1878 genehmigte das Ministerium der geistlichen,
Unterrichts- und Medizinal-Angelegenheiten der Königlichen
Regierung in Frankfurt an der Oder den Abriss mit der Feststellung:
„Daß die Bastei am Spremberger Thor zu Cottbus zwar nicht zu
den Bauwerken von sehr hervorragender Bedeutung zu rech-
nen, der projektierte Abbruch derselben aber insofern bedauer-
lich ist, als die gesamte Bauanlage manches Interessante bietet und selbst das unförmliche Mansardendach dem Bauwerk
ein eigenthümliches Gepräge und eine gewisse malerische Wirkung verleiht. Auch würde sich vielleicht bei gutem Willen der
Stadtgemeinde ein Ausweg finden lassen, um der durch die
Lage der Bastei herbeigeführten Störung der Verkehrsverhält-
nisse abzuhelfen. Da jedoch die Erhaltung des Bauwerks die
Aufwendung nicht unerheblicher Kosten erforderlich machen
würde, so will ich vom Standpunkte meines Ressorts aus dem
von der Stadtgemeinde gewünschten Abbruch des Gebäudes
nicht entgegentreten. Gelingt es daher der Königlichen Regierung nicht, Mittel und Wege zu finden, die zur Erhaltung
der Bastei führen, so ist dieselbe ermächtigt, den Abbruch zu
genehmigen. Für diesen Fall wolle die Königliche Regierung
aber dafür Sorge tragen, bzw. an die Ertheilung der Genehmigung zum Abbruch die Bedingung knüpfen, daß Photographien des Gebäudes von verschiedenen Seiten aufgenommen
und mehrere Exemplare zur Aufbewahrung bei den städtischen
Behörden vorgelegt werden." [105]

Interessant ist die unterschiedliche Bewertung des Gebäudes durch die verschiedenen Institutionen. 1879 wird die Bastei nach photographischer und zeichnerischer Dokumentation
abgerissen.[106] Der von der Königlichen Regierung in Frankfurt
an der Oder als erhaltenswert eingestufte Spremberger Torturm
(Abb. 6) hat eine ungewöhnliche Vorgeschichte.[107] Bisher wurde die Erneuerung der Spitze Anfang des 19. Jahrhunderts mit
einer Schadensbehebung an der Turmhaube in Verbindung gebracht.[108] Es gibt jedoch Hinweise, dass 1810/11, während der
napoleonischen Zeit, als Cottbus unter sächsischer Verwaltung
stand, nicht nur die Abtragung der schadhaften Turmhaube
sondern eine Schleifung des Turmes geplant war. Die bereits

begonnene Abtragung scheint dann auf einen öffentlichen Protest hin eingestellt worden zu sein. So findet sich in den täglich erscheinenden „Erzählungen zum Nutzen und Vergnügen" am 13. Januar 1811 unter dem Titel „Abschiedsrede an meinen sterbenden Nachbar Stadt-Thor-Turm" ein Artikel, der mit dem Hinweis „Eingesendet" veröffentlicht wurde:

„Preiswürdiger, hoher, lieber Nachbar!
... Ach! lieber Nachbar, zu gut nur weißt du, wie selten der Wille der Menschen in ihrer Hand liegt, wie hart oft das Schicksal ihn zügelt; und dem Schicksal, das deinen Tod beschloß, zu widerstehen, welcher Sterbliche vermags?" ... Dein glänzender Scheitel, deine erhabene Stirn, dein adonischer Wuchs, gewährten mir von meiner Tage Beginnen einen lieblichen Anblick, und erfüllten mit Ehrfurcht gegen dich meine Brust. Nie weigerten deine herkulischen Schenkel mir den Durchgang, ... und jüngst noch sträubtest du dich nicht, als ich öffnete Deines Fusses eichene Schlagader, um in Freundes Begeleitung in deinem Inneren hinanzusteigen. ... Und wahrlich, der dich schuf, theurer Greis, schuf für Jahrhunderte dich, und wähnte stolz deinem Körper die Dauer der Welt angezaubert zu haben. ... Der Vogel der Weisheit, die nächtliche Eule, die du liebreich in deinem Busen hegtest, ist aus ihrem Traume geweckt und in ihren philosophischen Betrachtungen, vielleicht über die vielfachen Gestalten der Aufklärung, vielleicht über Luxus und Freiheitsdrang gestört. Im schmutzigen Negligee schlug diese hochgelahrte Dame, beim Erwachen ein paar übergroße Augen auf, schüttelte dann ihr träges Gefieder und erhob sich voll bitterm Unwillen über das so wenig sie achtende Menschengeschlecht, und voll Mißmuth über die ihrem Gedächtnis entfallenen Staatsprojekte, und über ihr und dein Unglück flatternd von dannen." [109]

Erst vor dem Hintergrund der politischen Ereignisse erklären sich diese Äußerungen, in welchen die Hilflosigkeit angesichts veränderter politischer Konstellationen zum Ausdruck kommt. Auch die anonyme Veröffentlichung verdeutlicht die Brisanz des Themas. Der Wiederaufbau, bereits 1818 geplant und dann in den Jahren 1823 bis 1825 umgesetzt, war somit auch der Versuch, Folgen der napoleonischen Herrschaft vergessen zu machen. [110] Die fast zeitgleich beginnenden Abrisse von Stadttoren belegen, dass es nicht immer die Objekte selbst sind, die den Wunsch nach Erhaltung hervorrufen, häufig sind es auch damit verbundene Ereignisse und Erinnerungen, welche eine besondere Wertschätzung zur Folge haben.

MASSNAHMEN AN KIRCHLICHEN DENKMALEN: ZUM UMGANG MIT OBER- UND KLOSTERKIRCHE

Zu Beginn der Kaiserzeit war die preußische Denkmalpflege organisatorisch und strukturell effizienter gestaltet worden. Mit dem Gesetz über die Dotation der Provinzialverbände vom 8. Juli 1875 erfolgte eine schon lange fällige Dezentralisierung der Zuständigkeit. Nun wurden auch die Provinzialregierungen zur denkmalpflegerischen Instanz. Zuständig waren die Provinzialkommissionen, die seit 1891 von Provinzialkonservatoren unterstützt wurden, die mit ihrer gutachterlichen und beratenden Tätigkeit den für ganz Preußen zuständigen Landeskonservator entlasten sollten. [111] Auf die veränderten Verhältnisse reagierte auch das Zuständigkeitsgesetz von 1883, das die Gemeinden verpflichtete, die Genehmigung des Regierungspräsidenten einzuholen, wenn ein Denkmal verändert oder verkauft werden sollte. [112] In Verbindung mit dem Dotationsgesetz stand auch die Einrichtung staatlicher Fonds, mit denen Unterhaltungs- und Inventarisationsmaßnahmen von Denkmalen in den Provinzen finanziert werden konnten. Den weitaus größten Posten bildeten hier die Mittel zur „Erhaltung kirchlicher Denkmäler", die neben den öffentlichen Bauten die Hauptgruppe der Denkmale ausmachten. [113] Die Umstrukturierung erwies sich als erfolgreich:

"Mit der Neuorganisation hat in der preußischen Denkmalpflege eine neue Ära begonnen. Seitdem den Provinzialbehörden die Verpflichtung zur Erhaltung der Denkmäler übertragen worden ist, haben die Provinzen ein viel lebhafteres Interesse für ihre Denkmäler gewonnen." [114]

Auch in Cottbus setzten die großen Instandsetzungs- und Erneuerungsprojekte an Ober- und Klosterkirche erst nach diesen Umstrukturierungen ein. An der Oberkirche, dem bedeutendsten mittelalterlichen Denkmal der Stadt, erfolgten in den Jahren 1891/92 erste umfassende Instandsetzungs- und Erneuerungsmaßnahmen. [115] Die Leitung hatte der Königliche Baurat Beutler, betreut wurden sie vom Provinzialkonservator Ludwig Persius. [116] Die damals erfolgten Maßnahmen konzentrierten sich im wesentlichen auf die Erneuerung der Innenausstattung. In seiner Rede zur Wiedereröffnung verwies Superintendent Büchsel auf die „hässlichen Einbauten", welche die Oberkirche im Laufe der Zeit „verunstaltet" hätten und nun alle verschwunden seien. [117] Bereits zwanzig Jahre später wurden genau

7   Die Oberkirche vor den Instandsetzungsmaßnahmen von 1910/11
(Aufnahme um 1900, Stadtgeschichtliche Sammlungen Cottbus)

diese Maßnahmen jedoch überaus kritisch beurteilt. So heißt es im Geschäftsbericht der Brandenburgischen Provinzialkommission für Denkmalpflege und des Provinzialkonservators von 1911-1913:

„Vom äußeren und inneren Bestande der Kirche vor dem Umbau von 1891/92 sind photographische Aufnahmen vorhanden. Auf einer Innenaufnahme ist eine eingemauerte steinerne Predella eines gotischen Altars erkennbar. Das seltene Stück ist untergegangen, zusammen mit den Emporen der Renaissancezeit, der Orgel des 18. Jahrhunderts und wohl auch manch anderem wertvollen Gegenstande. Nur ein kleiner Teil der Emporenbrüstungen ist und wird auf dem Soldatenchor verwahrt. In jenen Jahren wurde die Kirche durch den Einbau neugotischer Emporen, Windfänge, Türen, Gestühle und eines entsprechenden Orgelgehäuses – alles in rostbrauner Farbe – empfindlich geschädigt. Die rechteckigen Blankverglasungen wurden an allen Fenstern durch schlechte Buntverglasungen ersetzt."[118]

So wurden Jahrhunderte alte Ausstattungsstücke einer neugotischen Neufassung geopfert, welche die Gemeinde dann schon nach zwei Jahrzehnten gerne wieder verändert hätte, wenn es die finanziellen Mittel erlaubt hätten.[119] Die zweite Baumaßnahme an der Oberkirche erfolgte 1910/11 unter der Leitung des Regierungsbaumeisters Witt und des Charlottenburger Architekten Arthur Mäckelt. Aus finanziellen Gründen musste man sich „trotz des großen Opfermutes seitens der Gemeinde und der von Staat und Stadt gewährleisteten Beiträge" auf die „Sicherung und Ergänzung des äußeren Bestandes" beschränken.[120] Am Mauerwerk wurden umfangreiche Schäden beseitigt und die sich im „Zustande völligen Verfalls" befindlichen barocken Dächer wurden unter Wiederverwendung noch brauchbarer Teile erneuert. Auch hier kamen – wie die Fotos zeigen (Abb. 7 und 8) – zu den dringend notwendigen Instandsetzungsarbeiten einige Ergänzungen. Solche Maßnahmen wurden dann auch fachlich diskutiert, wie die Geschäftsberichte der Provinzialkommission zeigen. Umstritten war z.B. die von Mäckelt geplante Wiederherstellung des Putzfrieses am Mittelschiff, der durch die Erneuerung der Seitenschiffdächer mit einer flacheren Dachneigung wieder freigelegt worden war.[121] Bereits in der Planungsphase wurde im Geschäftsbericht der brandenburgischen Provinzialkommission von 1908-1910 eine Kritik veröffentlicht, wonach die von Mäckelt geplante „Wiederherstellung des Frieses geschichtlich kaum zu begründen sei."[122] Mit Bestandsbeobachtungen und konstruktiven Argumenten konnte Mäckelt seine Rekonstruktionsentscheidung jedoch fachlich untermauern, die dann auch zur Ausführung kam. Auch in anderen Punkten zeigt der Bericht Mäckelts das Anliegen, seine Veränderungsmaßnahmen aus dem Bestand heraus zu begründen:

„Die Steinhelme dieser [Bibliothek, Anm. d. Verf.] und der Nordkapelle wurden teilweise neu verputzt und hell getönt. Um ihren Fuß herum wurden Zierzinnen errichtet, die einst vorhanden oder geplant gewesen sein dürften, da man sonst die Steinhelme wohl dicht über der Mauerkante aufgesetzt hätte."[123]

In der „freien Rekonstruktion" der ausgeführten Zierzinnen zeigt sich dann ein zeitbezogener Gestaltungsanspruch (Abb. 8). Der gleiche Ansatz findet sich auch bei der Wiederherstellung der Ziergiebel von Sakristei und südlichem Anbau. Hier orientierte man sich bei der Ergänzung an den noch erhaltenen Gliederungsprofilen. In der Ausführung der Abschlüsse mit umfangreichem Krabbenbesatz und Wetterfähnchen zeigt sich dann jedoch auch hier eine Neuinterpretation gotischer Formen, die sich nicht über historische Formvorbilder begründen ließ.

Im Vergleich zeigen die beiden Baumaßnahmen an der Oberkirche die Fortschritte der Kaiserzeit im Umgang mit Denkmalen. Die Maßnahmen von 1891 waren im wesentlichen ästhetisch motiviert. Das vorrangige Ziel war, einen dem Geschmack der Zeit entsprechenden, stilistisch einheitlichen, neugotischen Innenraum zu schaffen. Nicht ins Bild passende Elemente, auch wertvolle Ausstattungsstücke früherer Zeit, wurden dabei zerstört. Die Grundlage für die Instandsetzungsmaßnahmen von 1911/12 bildete nicht mehr das – ohnehin zeitabhängige – ästhetische Urteil, sondern die fachliche Auseinandersetzung mit der Bausubstanz. Auf der Grundlage vergleichender Bauforschung konnten die aus verschiedenen Zeiten stammenden Bauteile auf ihre jeweilige historische Bedeutung hin bewertet werden. Erst diese differenzierte Betrachtung erlaubte eine al-

8 Oberkirche: Rekonstruktionen und kleine Veränderungen im Rahmen der Instandsetzungsmaßnahmen von 1910/11
(Aufnahme 2003, Roland Wieczorek)

len Teilen des Denkmals gerecht werdende Planung. Der Bericht Mäckelts, der auch eine umfangreiche Bauanalyse enthält, zeigt diesen nach Objektivität strebenden Planungsansatz.

Wie kompliziert sich Maßnahmen am Denkmal gestalten können, verdeutlichen die 1907/08 an der Cottbuser Klosterkirche durchgeführten Instandsetzungs- und Erneuerungsmaßnahmen (Abb. 9).[124]

Noch vor 1900 waren hier kleinere Instandsetzungsarbeiten geplant gewesen. Angesichts des Umfangs der Schäden entschied man sich für umfassendere Maßnahmen, die ab 1903 durch den Provinzialkonservator und Kirchenarchitekten Büttner betreut wurden. Mit Planung und künstlerischer Oberleitung war der Berliner Architekt Wilhelm Blaue beauftragt worden. Ausführung und Bauleitung wurden dem Cottbuser

9   *Die Klosterkirche in der Raumfassung von 1907/08: Wie sich die Gemeinde gegen die Denkmalpflege durchsetzte (Aufnahme 2005, Roland Wieczorek)*

Bauunternehmer und Regierungsbaumeister a.D. Otto Rost übertragen.[125]

Neben der Instandhaltung stand der Wunsch der Kirchengemeinde nach einer „reicheren Ausstattung". In diesem Zusammenhang sind auch Stiftungen „zur Ausschmückung der Kirche" und zur „Erneuerung des Gestühls" dokumentiert.[126] Diesen Anliegen wurde im Bauprogramm Rechnung getragen: Emporen, Orgel, Gestühl und Fußboden durften entfernt und durch neue ersetzt werden.[127]

Im Laufe der Arbeiten kam es jedoch zu nicht abgestimmten Maßnahmen mit umfassenden Bestandsverlusten. So berichtete der Cottbuser Anzeiger am 22. Januar 1908:
„Gegenwärtig ist man damit beschäftigt, den alten Putz im Inneren des Gebäudes vollständig zu beseitigen, um die Decken und Wandflächen sauber herzurichten und mit neuem Putz versehen zu können." [128]

Dabei wurde die mittelalterliche Wandfassung mit umfangreichen ornamentalen und szenischen Malereien zerstört.

In einem Bericht vom 7. Februar 1908 an den Gemeindekirchenrat rechtfertigte der Bauleiter Otto Rost sein Vorgehen: *"Beim Wiederherstellen der Gewölbe war die Durchführung des anschlagsmäßigen Aufreibens nicht ausführbar. Es musste der gesamte Putz der ersten drei Joche des Seitenschiffes gänzlich abgeschlagen werden, da das Aufreiben an einzelnen Stellen keinen Vorteil gebracht hätte. Dadurch wurden größere Arbeitskräfte nötig und ebenso war der Fortschritt der Arbeiten nicht der gewünschte. Die etwa entstandenen Mehrkosten werden in allernächster Zeit zur Genehmigung vorgelegt werden. Der Ersparnis wegen, es bei dem Aufreiben bewenden zu lassen, empfiehlt sich unter keinen Umständen. ... Beim Entfernen des alten Putzes sind reichlich Farbenspuren gefunden worden, welche bei dem durchfeuchteten Mauerwerk leider nicht in Gesamtdarstellungen aufgedeckt werden konnten. Es sind Reste einer alten Caseinmalerei des 14. Jahrhunderts. Die Architekturteile weisen einfache Quaderung auf. ... Die Wände zeigen Spuren von Wandmalereien mit figürlichen Darstellungen, die Westseite stellte wahrscheinlich ein biblisches Gemälde dar, die Sintflut oder etwas ähnliches, die Ostseite enthielt vermutlich ein Bild aus der Klostergeschichte. Auf der südlichen Wandseite war der Rest einer heraldischen Darstellung, rote und weiße Rechtecke mit blauem Schild waren mit Rankenwerk in reicher Verzierung zu einem größeren Flächenschmuck verbunden. Die Bemalung der Pfeilervorlagen und der Rippen war direkt auf das Rohmauerwerk gestrichen, die Fugen waren voll und mit einem Nagel zu systematischer Teilung eingeritzt. Für den Fortgang der Arbeiten empfiehlt es sich, baldmöglichst einen geeigneten Kirchenmaler zu interessieren, da die Berüstung alle weiteren Arbeiten aufhält."* [129]

Soweit Rosts Bericht, der das einzige Dokument zu diesen Malereien zu sein scheint. Eine fotografische oder zeichnerische Dokumentation wurde nicht erwähnt. Über diese Vorgehensweise Rosts berichtete der Gemeindekirchenrat bereits am folgenden Tag dem Königlichen Konsistorium der Provinz Brandenburg. Aus dessen Antwort geht hervor, dass diese Maßnahmen nicht genehmigt waren. Konkret heißt es: *„Das von dem Gemeindekirchenrat beobachtete Verfahren können wir nicht gutheißen. Mit der Bauausführung durfte nicht eher begonnen werden, als bis unsere nach § 1 Ziffer 8b des Vermögensaufsichtsgesetz vom 18. Juli 1892 vorgeschriebene*

kirchenaufsichtliche Genehmigung erteilt war. Den Gemeindekirchenrat veranlassen wir, uns die angenommenen Bauentwürfe und Kostenanschläge alsbald einzureichen." [130]

Daraufhin schaltete sich auch die Abteilung für Kirchen- und Schulwesen der Königlichen Regierung in Frankfurt an der Oder ein:
„Auf den Rundbrief vom 21. d. Mts. betreffend die Malerarbeiten in der Klosterkirche daselbst ersuchen wir den Gemeindekirchenrat, für eine sachgemäße den Interessen der Denkmalpflege entsprechende Ausführung der Arbeiten unbedingt Sorge zu tragen und den Vertrag wegen ihrer Vergebung vor der Ausführung hier vorzulegen."

In der Folgezeit scheint es dann zwischen dem Gemeindekirchenrat und dem Bauleiter Rost zu Unstimmigkeiten gekommen zu sein. Im März 1908 finden sich Hinweise, dass Rost die Bauleitung entzogen werden sollte, was jedoch nicht umgesetzt wurde.[131] Im April 1908 wurde eine Beurteilung von Malproben für die Neufassung der Klosterkirche angesetzt. Dazu wurde der Konservator der Kunstdenkmäler und Geheime Oberregierungsrat Lutsch herangezogen, mit dem Hinweis, dass das Amt des Provinzialkonservators derzeit nicht besetzt sei.[132] Das von Lutsch verfasste Protokoll enthält konkrete Ausführungsbestimmungen und zeigt auch, dass zwischenzeitig erneut nicht abgestimmte Maßnahmen erfolgt waren, die nun wieder rückgängig gemacht werden mussten:
"Mit Rücksicht auf den reichen Organismus des Stützengewölbes kann die Färbung auf ein leichtes Grau der Ziegelrippen, unbeschadet einer harmonischen Gesamtwirkung eingeschränkt werden, wobei die auf zwei kleinen Kappen aufgefundene Bemalung unberührt zu erhalten sein wird. Im übrigen erhalten Wände, Fenstereinfassungen und Pfosten sowie die Deckenflächen weißen, lasierend und gut bindend aufzutragenden Anstrich. Der an einzelnen Stellen vorhandene Zementputz, auf dem der Farbenanstrich nicht haftet, ist durch Kalkputz zu ersetzen. Die eine stillos nachgemalte Kappe ist zu überstreichen. Die Färbung der Renaissance-Kanzel ist nur auszubessern." [133]

Eine erneute Planabweichung führte dazu, dass der mittlerweile nicht mehr als Provinzialkonservator amtierende Baurat Büttner, der allerdings weiterhin mit der Beaufsichtigung der Arbeiten an der Klosterkirche betraut war, sich am 3. Mai 1908 beim Königlichen Konsistorium in Berlin beschwerte:

„Die Arbeiten werden augenblicklich nach den Zeichnungen des Architekten Blaue ohne künstlerische Oberleitung ausgeführt. Dass eine solche dringend notwendig ist, beweist die Tatsache, dass trotz genauer Zeichnung die Emporenstützen auf Anordnung des Regierungs-Baumeisters a.D. Rost, der gleichzeitig Unternehmer ist, mit rundem statt mit quadratischen Querschnitt ausgeführt sind." [134]

Daraufhin spricht das Königliche Konsistorium der Provinz Brandenburg bereits am 7. Mai 1908 dem Gemeindekircherat der Ober- und Klosterkirche erneut seine „Missbilligung" aus:

" ... ‚daß von den Anweisungen des Architekten Blaue, deren Befolgung dem Gemeinde-Kirchenrat von den Aufsichtsbehörden strengstens zur Pflicht gemacht worden ist, in der Weise wie im Prüfungsbericht angegeben abgewichen worden ist." [135]

Im nur als Entwurf vorliegenden Antwortschreibens des Superintendenten Kuhnert heißt es daraufhin:

„Es ist nach Lage unserer Akten nicht zutreffend, daß die Genehmigung zur Ausführung der Herstellungsarbeiten an der Klosterkirche nur unter der Voraussetzung erteilt worden ist, dass dem Architekten Blaue die künstlerische Oberleitung übertragen ward. Für uns war der p. Blaue, lediglich ein Privatarchitekt und Privatunternehmer, der von uns zu honorieren war. ... Was die von Baurat Büttner beanstandeten Emporenstützen anlangt, so meinen wir nur bestimmt, dass Herr Büttner diese Stützen, über welches eines unserer Mitglieder sein Missfallen äußerte, zunächst „sehr schön" fand und an dieser Ansicht festhielt, bis er bei der Besichtigung der Maßzeichnungen des p. Blaue die Meinung gewann, dass der Querschnitt nicht rund sondern quadratisch gemeint sei. Er ist zu dieser Einsicht nicht sofort bei Einsicht in die Blaueschen Zeichnungen, sondern erst allmählich gelangt." [136]

Nun forderte das Königliche Konsistorium eine erneute Stellungnahme von Büttner:

"Die Emporenstützen habe ich in Erwiderung auf eine abfällige Bemerkung eines Anwesenden als „sehr schön" bezeichnet. Das hat sich aber unmittelbar auf die mir jetzt im Wortlaut nicht mehr gegenwärtigen Äußerung eines Mitgliedes des Gemeindekirchenrates bezogen. Über den runden Querschnitt habe ich sofort beim Eintritt mein Befremden geäußert. Als mir dann nach wiederholtem Drängen die Zeichnung vorgelegt wurde, stellte ich das Versehen sofort fest. Meine Kritik bezieht sich im Übrigen darauf, dass der anwesende Regierungsbaumeister a.D.

Otto Rost diese in der ganzen Lausitz und weit darüber hinaus verbreitete Form der Stützen nicht kannte und sie als „exotisch" bezeichnete. Es beweise das allein, dass er zur künstlerischen Leitung eines so schwierigen Umbaus nicht das erforderliche Verständnis besitzt. Was dem Gemeindekirchenrat an meiner Unterhaltung mit Rost peinlich war, ist mir nicht verständlich. Ich habe mich mit möglichster Zurückhaltung darüber zu informieren gesucht, wie weit das Verständnis des Herrn Rost reicht." [137]

Schon der Ton der hier etwas ausführlicher zitierten Korrespondenz zeigt, wie verfahren die Auseinandersetzung war. Mit der Ablehnung des zu „honorierenden Privatarchitekten und Privatunternehmers Blaue" durch den Gemeindekirchenrat müssen schon im Vorfeld Dissonanzen vorhanden gewesen sein. Die dann nicht eindeutige Klärung der Zuständigkeit von Bauleitung und künstlerischer Oberleitung enthielt weiteres Konfliktpotential. Dass eine im Umgang mit historischen Bauten erfahrene Bauleitung notwendig gewesen wäre, zeigt das Abschlagen von mittelalterlichen Putzschichten ohne vorherige Dokumentation. Ursache für diese voreilige und unabgestimmte Maßnahme mag Zeitverzug gewesen sein, denn Briefe Rosts an den Kirchengemeinderat zeigen, dass er sich mehrfach über den langsamen Fortgang der Arbeiten beschwerte und in diesem Zusammenhang darauf verwies, dass die „Submissionspreise für eine glatte Arbeit genau kalkuliert" seien, so dass „ein bedingtes langsames Arbeiten nur mit großem Verlust" ausgeführt werden könne. [138] Hinzu kam, dass die finanzielle Situation des Rostschen Unternehmens zu dieser Zeit schon angespannt gewesen sein muss; denn Anfang 1909 befand sich das Bauunternehmen Rost in Konkursverwaltung. Damit jedoch noch immer nicht genug: Zu Beginn des Jahres 1909 kam es noch zu einer Klage des Gemeindekirchenrates gegen Rost, wegen unzureichend ausgeführter Sicherungsarbeiten am Westgiebel, diese wurde jedoch im Mai 1909 abgewiesen.

Das Ergebnis dieser Umgestaltung hat sich bis heute erhalten: Bei der Neugestaltung der Farbfassung des Inneren orientierte man sich an den von Rost beschriebenen mittelalterlichen Befunden. Die Rippen und Gurtbögen erhielten eine hellgraue Farbfassung mit gemalten Fugen und begleitendem Rankenornament. Auch die ursprünglich geplanten Emporenstützen sollten mit ihrem schlichten quadratischen Querschnitt hiesigen Bautraditionen entsprechen. Die schließlich angefertigten Emporenstützen hätten mit ihrer ungewöhnlichen Form die Bezeichnung „exotisch" wirklich verdient: Aus einem quadratischen Querschnitt entwickelt sich auf halber Höhe eine Säule, die in ihrer bauchigen Form und Gedrungenheit mehr an ein Baluster erinnert. Mit dem ausschwingenden Säulenschaft und der kleinteiligen Profilierung von Fuß und Kapitell sind diese so aufwendig gearbeitet, dass man sich eigentlich nicht vorstellen kann, dass es sich hier wie Büttner formuliert um ein „Versehen" gehandelt haben soll. Eher lässt sich diese Form mit den nach „reicherer Ausstattung" strebenden Gestaltungswünschen der Kirchengemeinde in Verbindung bringen.

In dieser unkonventionellen Ausführung bildet die Empore des Seitenschiffs den kaiserzeitlichen Beitrag zu einer über die Jahrhunderte gewachsenen Ausstattung. Die Leistung der damaligen Neufassung liegt in der gestalterisch und räumlich funktionierenden Verbindung von Ausstattungstücken aus unterschiedlichen Zeiten: Nicht nur die mittelalterliche Kreuzigungsdarstellung, auch die Kanzel der Renaissance und der barocke Altar wurden als zentrale Elemente in den neugestalteten Kirchenraum integriert.

FAZIT ZU DEN DENKMALPFLEGERISCHEN MASSNAHMEN

Denkmalpflege und Denkmalschutz gehören zu den wenigen Bereichen, in denen der preußische Staat in die kommunale Planungshoheit eingriff. Während der Kaiserzeit wurde auf den seit dem frühen 19. Jahrhundert geschaffenen Strukturen aufgebaut und eine Erweiterung der Zuständigkeit auf regionaler Ebene erreicht. Auch die finanziellen und personellen Rahmenbedingungen verbesserten sich. Wie schwierig sich der staatliche Erhaltungsauftrag trotzdem im einzelnen gestaltete, zeigten die vorgestellten Beispiele. Vor allem die Diskussion um den Erhalt des Schlossturmes machte deutlich, dass in der Praxis manches ganz anders laufen konnte als in der rechtlichen Theorie. So war es hier plötzlich die Kommune, die sich gegen staatliche Interessen für den Erhalt ihres Denkmals einsetzte.
Am Beispiel der mittelalterlichen Stadtkirchen von Cottbus zeigt sich die Entwicklung des Denkmalverständnisses. Anstelle der rein ästhetischen Herangehensweise, die das Denkmal dem Zeitgeschmack anzupassen versuchte, trat ein Bewusstsein für den historischen Wert der aus unterschiedlichen Zeiten stammenden Ausstattungsstücke. Die aus dem formalen Wechsel resultierende Uneinheitlichkeit des Erscheinungsbildes wurde nun akzeptiert. Vor diesem Hintergrund ist nach heutigem Denkmalverständnis auch die Debatte um die Form der Emporenstützen in der Klosterkirche nicht nachvollziehbar. Schließlich sollen auch die neu eingebrachten Elemente die Formen ihrer Entstehungszeit zeigen und nicht Gestaltungsmuster der Vergangenheit kopieren. Das denkmalpflegerische Ziel, die bestehenden Elemente gleichberechtigt neben dem Neuen zur Wirkung kommen zu lassen, wurde in der Klosterkirche durchaus erreicht.

Die in der Kaiserzeit zu beobachtende Stärkung der Denkmalpflege ist auch Reaktion auf die zu dieser Zeit umfangreichen Verluste historischer Bausubstanz. Mit dem 1907 verabschiedeten Gesetz gegen die Verunstaltung von Ortschaften und landschaftlich hervorragenden Gegenden wurden die Schutzbestimmungen über den Erhaltungsauftrag hinaus erweitert. Mit diesem Gesetz wurden die örtlichen Baubehörden ermächtigt, Bau- und Veränderungsgenehmigungen „zu versagen, wenn dadurch Straßen oder Plätze der Ortschaft oder das Ortsbild gröblich verunstaltet würden."[139] Angesichts der Schwierigkeit „gröbliche Verunstaltung" zu definieren, war dies schon damals ein umstrittenes Gesetz. 1913 forderte der Regierungspräsident der Königlichen Regierung in Frankfurt an der Oder die Kommunen auf, zur Umsetzung dieses Gesetzes Bauberatungsstellen einzurichten und darüber Bericht zu erstatten. Die Haltung des Cottbuser Magistrats zu diesem Vorhaben zeigt ein Schreiben von Stadtbaurat Bachsmann, das dieser in Vertretung des Oberbürgermeisters verfasste:
„Die Verhandlungen über die Einrichtung einer Bauberatungsstelle in Cottbus sind bisher zu einem endgültigen Abschluß nicht gediehen. ... Eine Gesundung der privaten Bautätigkeit wird deshalb erst zu erwarten sein, wenn derartige, zu Unrecht sich Architekten nennende Elemente ausgeschaltet sind, und das kann, sofern die Anwendung polizeilicher Zwangsregeln nicht möglich ist, nur geschehen durch eine allgemeine Hebung des Verständnisses für gute Bauformen, durch eine Abkehr von den gegenwärtig immer noch überwiegenden Äußerlichkeiten und durch die Erkenntnis, daß auch ein Mietshaus nicht nur ein Spekulationsgegenstand ist. In diesem Sinne fördernd zu wirken, dürfte eine der wichtigsten Aufgaben der Bauberatung sein und zu den hierfür notwendigen Veranstaltungen wie Vorträgen, Ausstellungen u.a. erscheint die Zentralstelle eines größeren Bezirks, die über größeres Material und reichere Mittel verfügt, geeigneter als die einzelne Lokalstelle."[140]

Mit dem Hinweis auf die „allgemeine Hebung des Verständnisses für gute Bauformen" spricht die Cottbuser Stadtverwaltung einen Aspekt an, der – wie die Beispiele Ober- und Klosterkirche gezeigt haben – nicht nur im Planungsbereich, sondern auch im Erhaltungsbereich von Bedeutung ist. So konnten rechtliche, institutionelle und finanzielle Rahmenbedingungen vonseiten des Staates zwar die Voraussetzungen für bauerhaltende Maßnahmen schaffen. Wie denkmalverträglich sich diese Maßnahmen im Einzelfall gestalteten, war dann jedoch immer auch vom Denkmalverständnis der beteiligten Bauherren, Denkmalpfleger, Architekten und Handwerker abhängig. Ihr Fachwissen, ihre Bereitschaft sich auf den erhaltenswerten historischen Bestand einzulassen und ihre Fähigkeiten, das Neue zu gestalten, waren Voraussetzung für eine denkmalgerechte Weiterentwicklung des Bestandes.

Einwohnerzahlen und Sozialstruktur als Vergleichskriterien

Die eingangs geschilderten Rahmenbedingungen bestanden auch in anderen preußischen Städten. Um darüber hinaus Stadtplanung und Entwicklung verschiedener Kommunen vergleichend bewerten zu können, müssen jedoch auch andere Ausgangsbedingungen übereinstimmen. Dazu gehört vor allem die Entwicklung der Einwohnerzahlen. Vergleichbare stadtplanerische Herausforderungen ergeben sich in erster Linie aus entsprechenden Zuwachsraten. Gleichzeitig sollten die Bevölkerungsstrukturen der jeweiligen Städte nicht zu stark differieren. Bei einem hohen Anteil von nicht steuerpflichtigen Fabrikarbeitern wird die kommunale Planung andere Akzente setzen müssen und andere finanzielle Spielräume haben, als bei steten Zuwachs durch gutsituierte Beamte oder Pensionäre mit hohem Steueraufkommen.

Im 19. Jahrhundert zeigt Cottbus ein stetig steigendes Einwohnerwachstum (Tabelle 1). Neben steigenden Geburtenraten, höherer Lebenserwartung und Rückgang der Kindersterblichkeit war die Ursache für diesen Anstieg vor allem die Zuwanderung aus ländlichen Gegenden, wo die ebenfalls stark angewachsene Bevölkerung nur noch unzureichend Beschäftigung fand. Eine zu Beginn des 20. Jahrhunderts gemachte Erhebung zeigt, dass die Zugereisten in Cottbus etwas mehr als die Hälfte der Einwohner bildeten. Etwa zwei Drittel von ihnen kamen aus der Provinz Brandenburg, die anderen zum größten Teil aus anderen Provinzen Preußens.[141]

In der Zeit zwischen 1871 und 1919 sollten sich die Einwohnerzahlen fast verdreifachen. Absolut stieg die Einwohner-

Tabelle 1: Entwicklung der Einwohnerzahlen zwischen 1849 und 1919		
Erhebungsjahr	Einwohner	Einwohnerzuwachs in Zeiträumen von 9-10 Jahren
1852	8.978	
1861	11.112	2.134 Einwohner zwischen 1852 und 1861
1867	13.370	
1871	18.927	7.815 Einwohner zwischen 1861 und 1871
1875	22.612	
1880	25.584	6.657 Einwohner zwischen 1871 und 1880
1885	28.249	
1890	34.910	9.326 Einwohner zwischen 1880 und 1890
1895	38.043	
1900	39.322	4.412 Einwohner zwischen 1890 und 1900
1905	46.270	
1910	48.642	9.320 Einwohner zwischen 1900 und 1910
1919	49.538	896 Einwohner zwischen 1910 und 1919

zahl in diesem Zeitraum von 18.927 Einwohnern auf 49.538.[142] Als die wachstumsstärksten Jahre dieser Phase zeigen sich die Jahre 1885 bis 1890.[143] Dazu kamen die Zuwächse aus Eingemeindungen. So wurden bereits 1872 Brunschwig am Berge, Brunschwig in der Gasse und Brunschwig Rittergut Gemeinde, sowie Ostrow mit 3.737 Personen eingemeindet. 1904 folgte die Eingemeindung von Brunschwig Gutsbezirk und Sandow mit 5.903 Personen.[144]

Eine mit Cottbus vergleichbare Einwohnerzahl von 15.000 bis 25.000 Einwohnern hatten 1871 39 der preußischen Städte, also gut ein Drittel. Bis 1905 verzeichneten unter diesen 39 Städten zwölf einen mit Cottbus (2,4) vergleichbaren Anstieg der Einwohnerzahlen mit einer Wachstumsrate von 2,0 bis 2,8. Dazu gehören Brandenburg (2,0), Flensburg (2,5), Göttingen (2,1), Graudenz (2,2), Hamm (2,2), Hildesheim (2,3), Königshütte (2,4), Liegnitz (2,6), Osnabrück (2,6), Ratibor (2,1), Trier (2,2) und Witten (2,3). Einen stärkeren – also über dem Faktor 2,8 liegenden – Anstieg der Einwohnerzahlen verzeichnen nur acht der 39 etwa gleich großen Städte. Damit gehört Cottbus innerhalb der Gruppe von Städten, die sich nach 1871 von Klein- zu Mittelstädten entwickelten, zu den fünfzig Prozent mit dem stärksten Einwohnerwachstum.[145]

VERMÖGENSVERHÄLTNISSE UND STEUERAUFKOMMEN

Von Bedeutung für die Stadt- und Architekturentwicklung, die aus diesem Einwohnerzuwachs resultiert, ist die gesellschaftliche Struktur. Zumindest ansatzweise lässt sich diese über die statistisch erfasste Einkommensverteilung erschließen. Einen ersten Einblick in die Einkommensverteilung gibt der Anteil der Steuerpflichtigen unter den Einwohnern.[146]

Der Beginn der Steuerpflichtigkeit variiert in den preußischen Städten zwischen 420 und 900 Mark Jahreseinkommen. Cottbus gehört zu den fünfzig Prozent der preußischen Städte, bei denen die Steuerpflicht bereits bei 420 Mark einsetzte.[147] Trotz dieses geringen Einstiegssatzes waren 1893 nur zehn Prozent der Einwohner steuerpflichtig. Geht man von einem Kinderanteil von etwa dreißig Prozent aus und einem nicht berufstätigen bzw. geringstverdienenden Frauenanteil von etwa 35 Prozent, ergibt sich, dass unter den verbleibenden männlichen Beschäftigten (35 Prozent), nur ein knappes Drittel über 420 Mark verdiente. Der hohe Anteil an Geringverdienern ist auf den hohen Anteil von in der Textilindustrie Beschäftigten zurückzuführen, wobei die Niederlausitz hier zu den Standorten mit besonders niedrigem Lohnniveau gehörte.[148]

In der weiteren Entwicklung bis 1907 erhöht sich der Anteil der Steuerpflichtigen in Cottbus von zehn auf zwanzig Prozent der Einwohner. Diese Verdoppelung erreichte knapp ein Viertel der preußischen Städte, allerdings darf man hier die geringere Bemessungsgrenze von 420 Mark nicht vergessen. Eine vergleichbare Anhebung des Steuerzahleranteils zwischen 1893 und 1907 erreichen unter den o.g. Vergleichsstädten Brandenburg (9 auf 19 Prozent), Flensburg (11 auf 20 Prozent), Göttingen (11 auf 19 Prozent), Hildesheim (11 auf 15 Prozent), Osnabrück (8 auf 19 Prozent) und Trier (9 auf 15 Prozent).[149] Aufgrund der weitgehenden Übereinstimmung dieser für die Stadtentwicklung wichtigen Rahmendaten (Größe, Wachstumsrate, Ent-

Tabelle 2: Cottbus: Entwicklung der Einkommensverteilung zwischen 1893 und 1907		
Anteil der einzelnen Steuergruppen an Gesamtzahl der Steuerpflichtigen in %		
	1893	1907
Einwohner	35.803 Personen	46.932 Personen
davon steuerpflichtig	3.566 Personen (9,96 %)	8.612 Personen (18,35 %)
420-3000 Mark	82,7 % (2.951 Personen)	85,6 % (7.373 Personen)
3000-6000 Mark	10,5 % (375 Personen)	8,8 % (758 Personen)
6000-9500 Mark	3,6 % (127 Personen)	2,6 % (227 Personen)
9500-30.500 Mark	2,6 % (91 Personen)	2,3 % (197 Personen)
30.500-100.000 Mark	0,5 % (19 Personen)	0,6 % (53 Personen)
Über 100.000 Mark	0,08 % (3 Personen)	0,05 % (4 Personen)

1907	Cottbus	Brandburg	Flensburg	Hildesheim	Trier
Tabelle 3: Anteil der einzelnen Steuergruppen an Gesamtzahl der Steuerpflichtigen in % [152]					
Steuerpflichtige	8.612	9.924	10.968	7.398	7.300
420 - 3.000 Mark [153]	85,6 %	90,8 %	87,1 %	80,4 %	80,1 %
3.000 - 6.000 Mark	8,8 %	5,9 %	8,3 %	11,9 %	12,0 %
6.000 - 9.500 Mark	2,6 %	1,6 %	2,3 %	4,2 %	3,9 %
9.500 - 30.500 Mark	2,3 %	1,2 %	1,9 %	3,0 %	3,4 %
30.500 - 100.000 Mark	0,6 %	0,2 %	0,3 %	0,4 %	0,6 %
Über 100.000 Mark	0,05 %	0,07 %	0,01 %	0,01 %	0,04 %

wicklung des Verhältnisses von vermögenden und mittellosen Einwohnern) werden nachfolgend vorrangig diese Städte zu Vergleichen herangezogen.

Die Einkommensverteilung unter den Cottbuser Steuerpflichtigen zeigt im Vergleich zu anderen Städten eine starke Spreizung, die sich erstaunlicherweise zwischen 1893 und 1907 sogar noch verstärkt. Aus Tabelle 2 geht hervor, dass der Anteil der mittleren Einkommen in dieser Zeit noch leicht zurückgeht, während sich der Anteil der Geringverdiener noch weiter erhöht.[150]

In der geringen Differenzierung der untersten Einkommensklasse von 420 bis 3.000 Mark (Tabelle 2) ist die bei Silbergleit veröffentlichte Aufstellung wenig aussagekräftig. Hier werden Mittelstandseinkommen von 1.250 bis 3.000 Mark mit „auskömmlichen" Unterschichtseinkommen von 900 bis 1.250 Mark und Niedrigsteinkommen bis 900 Mark, die nur eine Lebensführung unter „gedrückten Verhältnissen" erlaubten, zusammengefasst.[151]

Diese Verteilung mit einem großen Anteil an nicht Steuerpflichtigen und wenigen Gutverdienenden ist für die damalige Zeit nicht ungewöhnlich. Tabelle 3 zeigt, dass sie in ähnlicher Form auch in den ähnlich großen Vergleichsstädten auftritt.

EINKOMMENSSTRUKTUR UND STADTSTRUKTUR

Bevor im nächsten Kapitel die städtebauliche Planung und Entwicklung im kaiserzeitlichen Cottbus erläutert wird, soll hier noch kurz auf stadträumliche Prozesse eingegangen werden, die mit der Entwicklung der gesellschaftlichen Struktur zusammenhängen und durch die damalige Stadtplanung nicht beeinflusst werden konnten.[154] Die Cottbuser Einkommensvertei-

lung in Tabelle 2 zeigt, dass vor 1900 vergleichsweise wenig wirklich Vermögende (113 Personen mit einem Einkommen von über 9.500 Mark) in der Stadt lebten. Ein erheblicher Teil dürften Fabrikanten gewesen sein, die ihre Villen vor 1900 zumeist noch im Kontext der Fabriken errichteten. 1907 hatte sich die Zahl dieser Gruppe mehr als verdoppelt, während sich die Einwohnerzahl nur um ein Drittel erhöht hatte. Erst zu dieser Zeit bildeten sich auch spezielle, von offener Bebauung geprägte gehobene Wohnlagen mit Einzelhäusern heraus. Zu nennen ist hier vor allem der Bereich im Norden mit Seminar-, Pestalozzi- und Diesterwegstraße und das Wohngebiet um Hutten- und Eichenplatz.

Durch den Verlust zahlreicher Fabrikantenvillen und durch spätere strukturelle Veränderungen dieser Bereiche sind die Wohnformen der Oberschicht heute stadträumlich schwer fassbar. Auch typische Unterschichtviertel, geprägt von Mietkasernen bzw. extrem verdichteter älterer Bausubstanz, findet man heute nicht mehr im zu erwartenden Ausmaß. Ursache sind vor allem Flächensanierungen der 1960er bis 1980er Jahre. So wurde der 1904 eingemeindete Vorort Sandow, einst bevorzugter Wohnort der Cottbuser Arbeiter, zu großen Teilen neu bebaut. Auch Randbereiche der Altstadt, die über die Verdichtung der Hofbebauung zu Wohnvierteln der Unterschicht wurden, sind im Rahmen von Flächensanierungen verschwunden.

Fast vollständig haben sich dagegen die direkt an die Altstadt anschließenden kaiserzeitlichen Stadterweiterungsgebiete erhalten. Dazu gehören die westliche Stadterweiterung, die Spremberger Vorstadt im Süden und Teile der nördlichen Vorstadt. In diesen Stadtbereichen fand sich vor allem vor 1900 noch ein schichtenübergreifendes bürgerliches Wohnen, das sich in den unterschiedlichen Haus- und Wohnungstypen dieser Gebiete widerspiegelt. So finden sich neben auch gewerblich genutzten Wohnhäusern Miethäuser für ganz unterschiedliche Wohnansprüche. Wesentlich für die Ausbildung solcher Wohnstrukturen war auch die wirtschaftliche Entwicklung von Cottbus während der Kaiserzeit. Denn durch neugeschaffene Verwaltungs- und Bildungseinrichtungen, aber auch durch die 1886 eingerichtete Garnison entwickelte sich in Cottbus neben dem industriellen Sektor auch der Dienstleistungssektor mit differenzierten Beschäftigungsfeldern.[155]

Die städtebaulichen Planungen im historischen Kontext

Die Cottbuser Bebauungsplanung der Kaiserzeit ist gut dokumentiert. Aufstellung und spätere Überarbeitung des Cottbuser Bebauungsplanes fallen in eine Zeit intensiver städtebaulicher Diskussion. Der Wandel der Vorstellungen, die neuen Ideen und Möglichkeiten, aber auch die Grenzen städtebaulicher Planung spiegeln sich in den Kommentaren des Cottbuser Stadtbaurates zu den Planentwürfen wider. Darüber hinaus haben sich die Bebauungsstrukturen dieser Zeit in weiten Teilen erhalten, so dass nachfolgend Planung und Umsetzung gemeinsam vorgestellt werden können.

Preußisches Fluchtliniengesetz und kommunale Selbstverwaltung

Am 2. Juli 1875 trat das Preußische Fluchtliniengesetz in Kraft. Damit stand den Kommunen ein rechtliches Instrumentarium zur Verfügung, um den Prozess des Stadtwachstums zu lenken.[156] Bislang hatten die Landesregierungen das Recht für sich in Anspruch genommen, die Aufstellung von Bebauungsplänen anzuordnen und durch die Polizeiverwaltung ausführen zu lassen. Mit dem Preußischen Fluchtliniengesetz wurde die Zuständigkeit für städtebauliche Planungen den Kommunen übertragen.[157] Zugleich verpflichtete es die Kommunen, für alle neu anzulegenden Straßen Fluchtlinien festzulegen (§ 1), also verbindliche Grenzen zwischen Bauflächen und Freiflächen festzulegen. Über solche Fluchtlinienpläne hinaus konnten die Kommunen selbst umfassende Bebauungspläne aufstellen. Parallel verabschiedete Enteignungs- und Entschädigungsgesetze versuchten, die aus dem Gesetz resultierenden Eigentumsbeschrän-

kungen zu regeln.[158] Ein ganz wichtiger Punkt war die hier geregelte Frage der Erschließungskosten, welche die Gemeinden nun ganz oder teilweise auf die Anlieger umlegen konnten.[159] Über das Fluchtliniengesetz hinausgehende baurechtlich relevante Auflagen wurden im Rahmen von baupolizeilichen Verordnungen oder Ortsstatuten geregelt, die in Preußen im Gegensatz zu anderen deutschen Ländern nicht als Landesgesetze, sondern von den Städten selbst, bzw. den Provinzen und Regierungsbezirken, erlassen werden konnten.[160] Auch Aufgaben der Baupolizei lagen – von wenigen Ausnahmen abgesehen – in der Hand kommunaler Einrichtungen.[161]

Damit waren die preußischen Kommunen in die Lage versetzt worden, ihre städtebaulichen Belange unabhängig zu regeln. Diese Liberalisierung hatte jedoch auch ihre Schattenseiten, falls es Interessengruppen, wie Haus- und Grundbesitzern oder örtlichen Bauunternehmen, gelang, über die Stadtverordnetenversammlungen kommunale Politik für ihre Interessen einzuspannen.[162] In solchen Fällen waren Bebauungspläne oder Bauordnungen, welche die Möglichkeiten dieser Gruppen einschränkten, nicht oder nur schwer durchsetzbar.

Der Bebauungsplan von 1894

Als das Preußische Fluchtliniengesetz 1875 in Kraft trat, hatte die Cottbuser Kommunalverwaltung bereits begonnen, Planungsgrundlagen zu schaffen. 1873 hatte der Cottbuser Magistrat die Erstellung eines Stadtplanes auf der Grundlage einer vollständigen Neumessung in Auftrag gegeben.[163] Ein Unternehmen, das jedoch erhebliche Schwierigkeiten bereiten sollte

10 Teilansicht des Stadtplans von 1861 mit Berücksichtigung der Neubauten bis zum Jahr 1867 (Stadtgeschichtliche Sammlungen Cottbus)

und mehrere Anläufe benötigte. Der erste Versuch endete mit der Aufgabe des unvollendeten Werkes. Der zweite Versuch wurde vonseiten des Magistrats gestoppt, der Zweifel an der Zuverlässigkeit der erhobenen Daten bekam. Daraufhin beschloss der Magistrat, „umfassende Bebauungspläne der einzelnen Teile des Stadtgebietes erstellen" zu lassen. Aber auch der damit Beauftragte konnte seine Arbeit nicht zu Ende führen, da der Magistrat diesmal zu dem Schluss kam, dass „die Fertigstellung des Werkes bei weiterer Behandlung der Angelegenheit in der von p. Meischer beliebten Manier erst in Jahrzehnten erwartet werden dürfte."[164]

Mit der weiteren Vermessung des Stadtgebietes offenbarte sich der Umfang der „wilden Bebauung", die in den letzten Jahren entstanden war. Bereits der Stadtplan von 1861 (Abb. 10) zeigt, dass sich das Stadtwachstum in den vorstädtischen Dörfern und vor allem entlang der Ausfallstraßen vollzogen hatte.[165] Diese Tendenz sollte sich in den folgenden Jahren noch verstärken. So heißt es im Kommentar zum Bebauungsplanentwurf von 1893:

"Die Hauptverkehrswege Drebkauer Chaussee, Berliner Chaussee, Karl-Straße sind bereits auf kilometerweite Entfernungen vom Zentrum der Stadt ab mehr oder minder mit Gebäuden direkt besetzt, während die davon eingeschlossenen Sektoren bis nahe zur alten Stadt noch gar nicht für die Bebauung aufgeschlossen sind."[166]

Um angesichts dieser Entwicklungen möglichst schnell planerisch reagieren zu können, liefen die umfassende Bebauungsplanung und die Erstellung von einzelnen Fluchtlinienplänen parallel. Wo aktueller Bedarf bestand, wurden für Teilbereiche Straßenfluchtlinien festgelegt. Diese Teilpläne wurden dann in den entstehenden Bebauungsplan eingearbeitet.[167]

1892 wurde ein farbiger Stadtplan im Maßstab 1:5.000 fertiggestellt (Farbabb. 1).[168] Hier sind die Stadtgrenzen, die Straßen- und Bebauungsstrukturen sowie die bereits „förmlich festgestellten Baufluchtlinien" eingezeichnet. Mit dem hier festgestellten Planungs- und Bebauungsstand bildete dieser Plan eine Grundlage für die Erstellung des ersten Cottbuser Bebauungsplanes. Nach Bachsmann ist der Bebauungsplan „1893 entworfen und 1894 festgestellt" worden. Aus den Akten geht jedoch hervor, dass seit 1888 vorbereitende Planungen erfolgt waren.[169] Der „generelle Entwurf des Stadtbebauungsplanes" lag nur in einem Exemplar als „im Maßstab 1:2.500 gezeich-

Farbabb. 1 Teilansicht des Stadtplans von 1892 (Stadtgeschichtliche Sammlungen Cottbus)

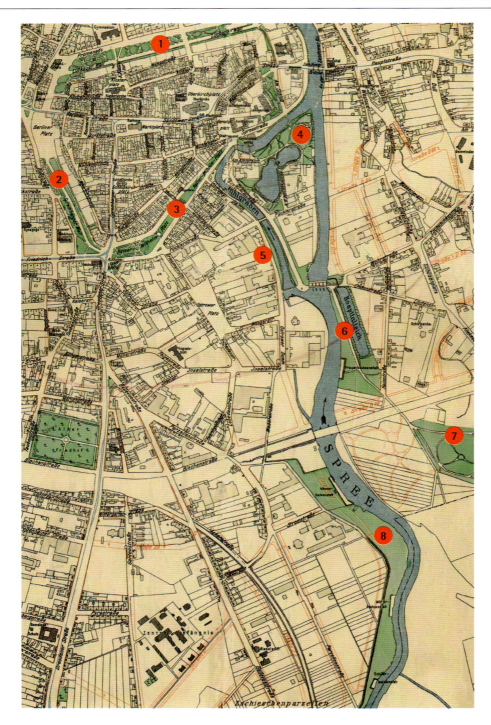

Farbabb. 2
Das Cottbuser Parksystem am Ende
der Kaiserzeit, nördlicher Teil
(Ausschnitt aus dem Stadtplan von
1912, Stadtgeschichtliche Samm-
lungen Cottbus)

1   *Puschkinpromenade*
2   *Stadtpromenade*
3   *Brandenburger Platz*
4   *Goethepark*
5   *Ostrower Damm*
6   *Ludwig-Leichhardt-Allee*
7   *Elias-Park*
8   *Spreepromenaden*

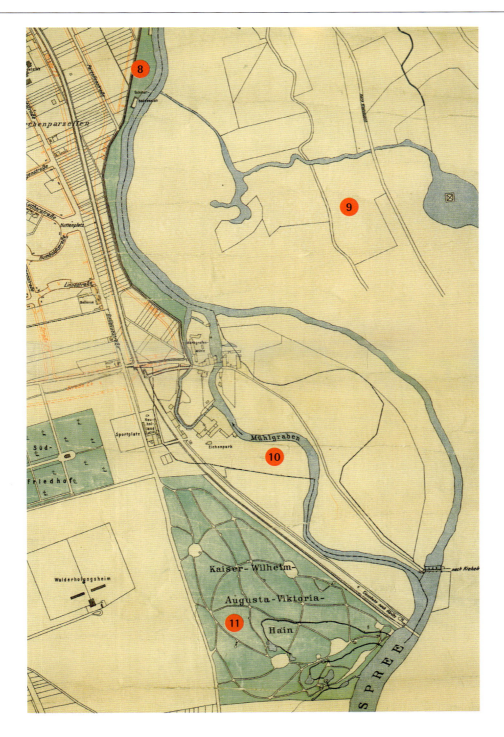

Farbabb. 3
Das Cottbuser Parksystem am Ende
der Kaiserzeit, südlicher Teil
(Ausschnitt aus dem Stadtplan von
1912, Stadtgeschichtliche Sammlungen Cottbus)

8   Spreepromenaden
9   Branitzer Park
10   Eichenpark
11   Kaiser-Wilhelm-Augusta-
     Viktoria-Hain

Farbabb. 4   Der Grünring (Ausschnitt aus dem Stadtplan von 1912, Stadtgeschichtliche Sammlungen Cottbus)

neter Original-Stadtplan" vor, in den die „projektierten Fluchtlinien" übertragen worden waren. Davon wurde 1894 ein „ver-
kleinertes Druckexemplar" (Abb. 11) für die Beratung durch die
Stadtverordneten hergestellt.[170]

Eingemeindungen und veränderte städtebauliche Anschauungen hatten Erweiterungs- und Änderungsplanungen zur Folge, die 1907 in einen Entwurf gefasst wurden. Nach weiteren
Änderungen wurde die veränderte Fassung des Bebauungsplanes von „den städtischen Körperschaften und der Polizeiverwaltung" genehmigt. Nach der 1910 erfolgten Zustimmung des
Provinzialrates erfolgte 1911 die förmliche Feststellung.[171]

Neben diesen Plänen sind vor allem die Kommentare des Stadtbaurates zu den Entwürfen aufschlussreich, um Schwerpunkte
und Richtung der Planungen aufzeigen zu können. Hier zeigt
sich die Auseinandersetzung mit den Fragen der städtebaulichen Diskussion um 1900. Sollten bestehende, unregelmäßige
Strukturen in die Planung integriert werden oder sollte das Re-
gelmaß des Planes Priorität haben? Wie detailliert sollte der Bebauungsplan sein? Inwieweit sollten Verkehrswege und andere
funktionale Aspekte Priorität vor gestalterischen Aspekten haben? Wie weit dürfen kommunale Planungsvorgaben Eigen-
tumsrechte beschneiden? Welche Faktoren die Cottbuser Be-

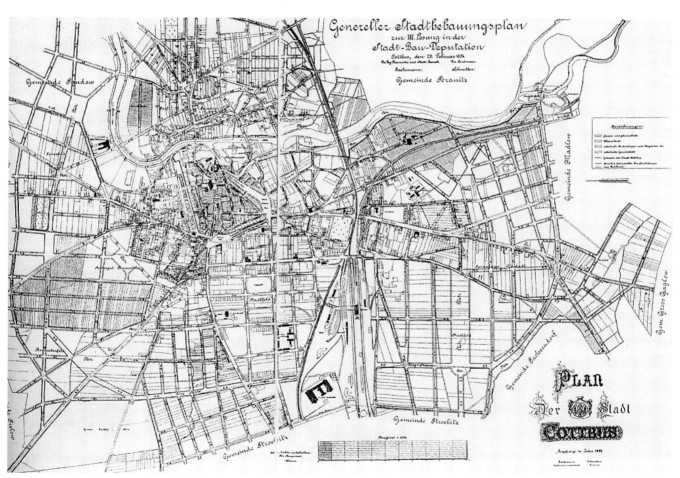

11 Das „verkleinerte Druckexemplar" des „generellen Entwurfs des Stadtbebauungsplanes" als Vorlage für die Stadtverordnetenentscheidung (1894)
(Stadtgeschichtliche Sammlungen Cottbus)

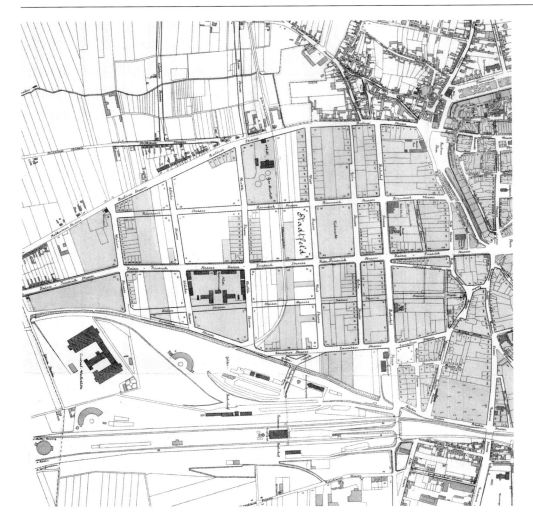

12 Die westliche Stadterweiterung (Ausschnitt aus dem Stadtplan von 1892, Stadtgeschichtliche Sammlungen Cottbus)

bauungsplanung der frühen 1890er Jahre bestimmten, ist im Kommentar eindeutig formuliert. Hier heißt es anfangs ganz funktionalistisch:

„Für die Anordnung des zukünftigen Straßennetzes waren die Anforderungen des Verkehrs in erste Linie zu stellen, da diese unter Berücksichtigung des Allgemeininteresses dem Straßenbilde die dauernde Gestaltung zu geben, berechtigt sind. Dabei ist selbstverständlich nicht ausgeschlossen, daß bei der Gruppierung und Anordnung des Straßennetzes auf möglichst vorteilhafte Ausnützung der einzelnen Baustellen sowie auf deren Lage im Verhältnis zur Straße Rücksicht genommen wurde." [172]

Diese Orientierung an bestehenden Weg- und Grundstücksstrukturen bei der Anlage neuer Straßen zeigt der Vergleich der Pläne von 1861, 1892 (Abb. 12) bzw. 1894.[173] Entscheidend für die entstehende Planstruktur waren zwei bestehende Erschließungsstrukturen:

1. Die meist nicht geradlinigen, radial auf das Stadtzentrum zuführenden älteren Hauptverkehrsachsen, wie die Berliner Straße, die Karlstraße oder die Straße der Jugend. Diese großen, wichtigen Ausfallstraßen wurden aufgenommen, über Fluchtlinien in ihrer Breite neu definiert und stellenweise auch leicht begradigt.

2. Die kleinteiligen Erschließungsstrukturen der zwischen diesen Ausfallstraßen liegenden Sektoren. Hier bestimmten rechtwinklige Ackerfluren, die durch geradlinige Feldwege verbunden waren, das Bild. Als Beispiel für Straßen, deren Verlauf auf solche Feldwege bzw. Flurgrenzen zurückgeht, seien Bahnhof- und Wernerstraße genannt, aber auch die Räschener Straße mit ihren Querstraßen.

Da in Cottbus beide Strukturen berücksichtigt wurden, entstand ein formal wenig ansprechendes, in verschiedene Strukturen zerfallendes Planbild. Die bestimmenden Linien bilden nach wie vor die radial angeordneten großen Ausfallstraßen. Im unmittelbaren Anschluss an die Altstadt, wo bereits ein engeres Wegenetz und eine dichtere Bebauung bestand, finden sich dann relativ kleine, unregelmäßig strukturierte Baublöcke. In den noch weitgehend von Bebauung freien Außenbezirken erreichten die Baublöcke Größen von 100 auf 300 Metern. In ihrer Ausrichtung orientierten sie sich am Verlauf der Flurgrenzen und Feldwege.[174] Damit haben einige der Cottbuser Baublöcke eine Längenausdehnung, die denen des viel kritisierten, unter James Hobrecht erstellten Berliner Generalbebauungsplanes von 1862 entspricht.[175] Formulierungen Bachsmanns im Kommentar zum Entwurf des Bebauungsplanes, mit denen er diese Strukturen rechtfertigt, weisen daraufhin, dass auch in Cottbus ein noch größeres Raster bei der Unterteilung der Bauquartiere gefordert worden war:

„Die in den vorliegenden Entwürfen vorgesehene fast völlig detaillierte Unterteilung der einzelnen Bauquartiere erschien schon deshalb geboten, weil der meist zersplitterte Grundbesitz im Weichbilde der Stadt befürchten ließ, daß eine weitere Aufschließung des Bauterrains durch Anlage von Privatstraßen mangels einheitlichen Vorgehens nicht gleich und rechtzeitig erfolgen werde. Große Bauquartiere pflegen leicht ringsherum bebaut zu werden, soll dann das Innere solcher Quartiere durch neue Straßen aufgeschlossen werden, so lassen sich letztere meist nur noch gewaltsam und mit bedeutenden Geldopfern erzwingen, falls nicht in Folge ungeschickter Bebauung einiger Parzellen die Anlage von Nebenstraßen überhaupt ausgeschlossen ist. Die Befürchtung, daß durch die geplante Unterteilung der größere geschlossene Grundbesitz zu sehr beschränkt werde, trifft nicht zu, da eine Umgestaltung der Nebenstraßen, wo solche im Interesse der günstigeren Bebauung des betreffenden Bauplanes zweckmä-

ßig erscheinen sollte, auf Antrag der beteiligten Grundeigentümer jederzeit leicht durchzuführen ist."[176]

Hier zeigt sich die in der städtebaulichen Literatur kontrovers diskutierte Frage, wie detailliert ein Bebauungsplan sein sollte. Bereits 1870 hatte Ernst Bruch den unter Hobrecht entstandenen Berliner Bebauungsplan mit dem Argument kritisiert, dass „man ... unmöglich in der Gegenwart alle Bedürfnisse der Zukunft ermessen" könne.[177] Auch Reinhard Baumeister hatte 1874 ein zweistufiges Verfahren empfohlen, wonach nur die Grundlinien generell festgelegt werden sollten, die anderen Bereiche aber nach Bedarf im Laufe der fortschreitenden Bebauung überplant werden sollten.[178] Etwas differenzierter im Hinblick auf den Planungsgegenstand formulierte es dann Josef Stübben 1890. Er sprach sich nur bei umfassenden Erweiterungen für ein „Aufschieben der Untertheilung" aus, bei „kleineren Städten" sei „die Planfeststellung meist sofort bis in die letzte Einzelheit nothwendig."[179] Diese umfassende, detaillierte Bebauungsplanung ist in Cottbus erfolgt. 1907, bei der Überarbeitung des Bebauungsplanes, ist man von dieser vollständigen Aufteilung des Baugeländes „in den äußeren Gebieten" bereits abgewichen, „um den Privatbesitz nicht zu sehr einzuengen".[180]

KOSTENASPEKTE: ERSCHLIESSUNG UND STRASSENBAU

Kosten- und Effizienzaspekte haben die städtebaulichen Planungen von Cottbus maßgeblich beeinflusst. Viele der damals entstandenen städtebaulichen Formen erklären sich erst unter diesem Blickwinkel.

Absolute Planungsansätze, die bestehende Strukturen und Besitzverhältnisse ignorierten und das regelmäßige, ordnende Raster zum alleinigen Maßstab machten, kamen schon früh in die Kritik. Bereits 1870 hatte Ernst Bruch eine in diese Richtung gehende Kritik am Berliner Bebauungsplan von 1862 in der Deutschen Bauzeitung veröffentlicht.[181] Bruch wies auf die Ineffizienz solcher Planungen hin, da sie aufwendige Enteignungs- und Erschließungsverfahren nach sich ziehen und damit die Kosten erhöhen würden. Die Cottbuser Planungen entsprechen in ihrer Orientierung an bestehenden Ausfallstraßen und Feldfluren diesem von Bruch favorisierten integrativen Ansatz, der auch 1874 auf der Generalversammlung des Verbandes deutscher Architekten- und Ingenieurvereine vertreten wurde, später allerdings aufgegeben wurde.[182]

Wo die Grenzen der integrierenden Planung lagen, zeigte sich vor allem in der östlich der Spree gelegenen Sandower Vorstadt und dem „in den Bebauungsplan hineingezogenen Teil der Gemeinde Sandow" (Farbabb. 1). Dazu muss gesagt werden, dass die Sandower Vorstadt der am schlechtesten angebundene Stadtteil war. Aufgrund seiner Nähe zum Fabrikviertel südlich der Altstadt hatte er sich zu einem Arbeiterwohngebiet entwickelt und war entsprechend schnell gewachsen. Im Kommentar zum Entwurf des Bebauungsplanes von 1893 konstatiert Stadtbaurat Bachsmann, dass die dort bestehende „unregelmäßige Bebauung" die Aufstellung des Bebauungsplanes „sehr erschwert" habe:

„Notwendige Rücksichtnahme auf die vorhandenen Verhältnisse ließen eine übersichtliche Durchführung des Straßennetzes nicht mehr zu."

Somit konnten entgegen der planerischen Intention Anforderungen an eine „zweckmäßige Stadtgestaltung" nur „mangelhaft" erfüllt werden.[183] Hier zeigt sich eine Kapitulation des gestalterischen und funktionalen Anspruchs vor dem Aufwand, der sich aus der Veränderung der bestehenden Strukturen ergeben hätte. In anderen Bereichen, wie an der wichtigen Verbindung zwischen Altstadt und Bahnhof, lässt sich dagegen ein weitergehender gestalterischer Anspruch beobachten, der sich mit der Bereitschaft verband, hier anderweitige Nachteile – wie die Entstehung schwierig zu bebauender Parzellen und erhöhte Umlegungskosten – in Kauf zu nehmen, um die Anlage großzügiger Straßenzüge im Rahmen des Planrasters zu ermöglichen. So entstand zwischen der – im Rahmen der orthogonalen Straßenstruktur – neu angelegten Kaiser-Friedrich-Straße (heute Karl-Liebknecht-Straße) und der bereits bestehenden, unregelmäßig verlaufenden Schwanstraße ein so schmaler Baublock, dass darauf nur eine einseitige Bebauung möglich war (Abb. 12). Die Fassaden der hier entstandenen Bauten wurden auf die repräsentative Karl-Liebknecht-Straße ausgerichtet, während die gestalterisch wenig ansprechenden Hofseiten zur Schwanstraße ausgerichtet wurden. Zur Kaschierung dieser Situation wurde die Schwanstraße mit einer bis heute bestehenden Allee immergrüner Eichen bepflanzt.

Die beiden Beispiele verdeutlichen den planerischen Spielraum der Kommunalverwaltung, denn sie konnte entscheiden, ob bei der Umsetzung des damaligen, von Regelmäßigkeit geprägten ästhetischen Gestaltungsideals Abstriche gemacht

wurden oder ob der damit verbundene Mehraufwand in Kauf genommen wurde.

Hohe Kosten entstanden den Grundstücksbesitzern vor allem durch die Erschließung und Anlage der damals in Breite und Ausstattung sehr großzügig konzipierten Straßen.[184] Der Anteil an den Straßenkosten ergab sich aus der Frontbreite des Grundstücks.[185] Daher wurden schmale, tiefe Grundstücke mit einem im Hinblick auf die Gesamtfläche geringen Straßenkostenanteil bevorzugt. Die interne Grundstückserschließung der Hofbebauung konnte dann über privat angelegte, günstige Zufahrten erfolgen.[186]

Im Kommentar zum Entwurf des Bebauungsplanes von 1893 schilderte Stadtbaurat Bachsmann sein Planungskonzept, das sich an den Flurgrenzen orientierte, um Erschließungskosten und Umlageaufwand zu minimieren:

„So ist bei Blocks, welche sich aus langen schmalen Grundstücken zusammensetzen, die Richtung der neuen Straße annähernd senkrecht zu den Grenzen gewählt worden, damit alle Grundstücke des Vorteils der Straßendurchlegung teilhaftig werden, während die parallel zu den Grenzen gerichteten Straßen, welche entweder nur einzelnen Grundstücken zu Gute kommen oder unbebauungsfähige Streifen liegen lassen, auf das Notwendigste eingeschränkt wurden."

Dieses Anlageprinzip hatte zur Folge, dass vorwiegend längsrechteckige Baublöcke entstanden. Bei den kleineren Baublöcken mit Maßen von 75 auf 150 Metern ergab sich eine Binnenaufteilung mit Parzellen von nur 30 bis 40 Metern Tiefe. Damit wurde allein durch die aus der städtebaulichen Planung resultierende Parzellenstruktur der Anteil der Hofbebauung begrenzt. Allerdings machte die baupolizeiliche Verordnung von 1888 im Hinblick auf die Bebauungsdichte der Parzellen keine Einschränkungen, so dass einer Verdichtung der kleinen Grundstücke kaum Grenzen gesetzt waren.[187]

Auch dort, wo größere, quadratische Baublöcke entstanden – wie in der westlichen Stadterweiterung – wurden die Parzellen mit um die vierzig Meter Tiefe sehr kurz gefasst und reichten damit nicht bis ins Blockinnere hinein. Die verbleibenden Innenflächen wurden dann bevorzugt für die Ansiedlung gewerblicher Betriebe genutzt. Der Zugang zu diesen Flächen erfolgte meist über die für Wohnbebauung wenig attraktive Nordseite der Baublöcke.[188] Planvergleiche legen nahe, dass auch diese Lösung bereits in der Planungsphase intendiert gewesen sein muss. Ursache war eine bereits bestehende Bahnstrecke mit Anschluss an die Hauptlinien, die das Gebiet der westlichen Stadterweiterung mittig durchschnitt. Die entlang dieser Verbindungsbahn gelegenen Baublöcke wurden größer dimensioniert und quadratisch konzipiert, um die Verbindung von größeren Gewerbebetrieben und Wohnhäusern in der oben beschriebenen Form zu ermöglichen.

Die sich aus dieser Planung ergebende Bebauungsstruktur, mit einer Blockrandbebauung aus Wohnbauten und großen, gewerblichen Parzellen im Inneren der Baublöcke, hatte zur Folge, dass die großen Produktionsbauten im Straßenbild kaum in Erscheinung traten. Zudem wurden die Straßenseiten der gewerblichen Grundstücke gezielt mit kleinteiligeren Bauten wie Verwaltungsbauten oder Fabrikantenwohnhäusern besetzt, die sich in den Dimensionen und in der Gestaltung in die umgebende Wohnbebauung einfügten (Abb. 13). So entstand straßenseitig der Eindruck eines ausschließlich für Wohnzwecke genutzten Viertels, was die westliche Stadterweiterung – das größte und geschlossenste Gebiet der Cottbuser Stadterweiterung – jedoch in vielen Bereichen nicht ist. Im Hinblick auf straßengestalterische Aspekte funktionierte diese schon früh umstrittene Funktionsmischung erstaunlich gut.[189] Kaum zu beurteilen ist, inwieweit das Wohnen von den angrenzenden Gewerbebetrieben beeinträchtigt wurde. Mit Brennereien, Brauereien, Lager- und Tuchbetrieben handelt es sich allerdings nicht um gesundheitsgefährdende Betriebe. Das unter diesem Gesichtspunkt wahrscheinlich problematischste Unternehmen, das Gaswerk, war bereits 1861 an der Berliner Straße entstanden.

Die Beispiele zeigen, wie die Art der Parzellierung der Baublöcke die Bebauungs- und Nutzungsstrukturen beeinflusste. Der Grundstückszuschnitt entschied über den anteiligen Erschließungsaufwand und die Grundstücksgröße bestimmte den Preis. Gerade in kleineren Städten wie Cottbus, die nicht die Nachfragekontinuität hatten wie großstädtische Gebiete und die auch nicht in dem Umfang kapitalkräftige Bauunternehmen und Bauherren aufwiesen, scheint es schwierig gewesen zu sein, große, teure Grundstücke zu verkaufen. So zeigt sich in der westlichen Stadterweiterung, dass die Nebenstraßen mit kleinen Parzellen wesentlich zügiger bebaut wurden, als die großen repräsentativen Straßen mit teuren Baugrundstücken.

Diese unter Kostenaspekten erfolgte Parzellierungsplanung ist somit die planerische Reaktion der Kommunalverwal-

13 Das Kontorgebäude der Schultheiss-Brauerei (1903/04 erbaut), August-Bebel-Straße 24: Beispiel für Gewerbearchitektur, die straßenseitig den Maßstab der umgebenden Wohnbebauung aufnimmt (Aufnahme 2000, Roland Wieczorek)

tung auf das kostspieligste Element des kaiserzeitlichen Städtebaus, die großzügig angelegte, breite Straße. Warum zu Beginn der Kaiserzeit, als die finanziellen Spielräume gering und der Planungsbedarf groß war, derartig aufwendige Strukturen umgesetzt wurden, erklärt sich vor dem Hintergrund der städtebaulichen Idealvorstellungen der Zeit, die sich an den großen Vorbildern Paris und Wien orientierten. In Paris waren es seit 1853 unter dem Stadtpräfekten Haussmann begonnen Planungen, die Haussmann selbst als das „gewaltsame Aufbrechen des alten Paris" bezeichnet hatte.[190] Die neu angelegten großzügigen Boulevards mit von Alleen gefassten Promenaden durchzogen als breite Achsen das Stadtgebiet. In Wien war es die Ringstraße, die seit den späten 1850er Jahren auf dem die Altstadt umgebenden Befestigungsring mit Parkanlagen und zahlreichen repräsentativen Bauten angelegt worden war.[191] Solche Planungen wurden vorbildlich. Zum einen trugen sie dazu bei, die Erschließungsprobleme der Altstädte zu lösen. Neu waren aber auch die Dimensionen dieser Straßenräume, die mit ihren durchlichteten, von Baumreihen und Grünanlagen durchzogenen Freiflächen einen Kontrast zu den engen Gassen älterer Stadtbereiche bildeten. Wie weit der damit verbundene Repräsentationsanspruch damals ging, zeigt eine Bemerkung Bruchs:

*„In Berlin hat die Gasse schon etwas Anrüchiges. Bekannt ge-
nug sind ja die Petitionen unglücklicher „Gassen"-Adjazenten,
die gern in „Strassen" wohnen möchten."* [192]

Die vielfach auch angeführten stadthygienischen Vorteile
dürften damals nicht ausschlaggebend gewesen sein, denn gegen ungesunde verdichtete Bebauung, die hinter diesen Straßen entstand, wurde nichts – bzw. noch nichts – unternommen.
Dass überdimensionierte Straßen die Grundstücke verteuerten
und damit auch aus Rentabilitätsgründen eine Verdichtung der
Bebauung nach sich zogen, war schon früh erkannt worden.

Lösungsansätze, wie die Differenzierung der Straßenbreite nach Haupt- und Nebenstraßen, wurden diskutiert. Eine
Umsetzung erfolgte Anfang der 1890er jedoch nicht, denn als
Mindestbreite für die „gedeihliche Entwicklung zweier Baumreihen" wurden nach Stübben 26 Meter angesehen. [193] Damit
war auch die Maximalbreite erreicht, welche die Anlieger nach
dem Preußischen Fluchtliniengesetz (§ 15) finanzieren mussten. Alles was darüber hinausging, belastete den kommunalen
Haushalt. [194] Um derartige Belastungen des kommunalen Haus-
haltes zu umgehen, wurden in Cottbus selbst die Hauptachsen,
wie Bahnhof- und Karl-Liebknecht-Straße, mit nur 26 Metern
Breite konzipiert. Nach den 1876 erlassenen Ausführungsbestimmungen des Ministeriums für Handel, Gewerbe und öffentliche Arbeiten hätten sie als Verkehrstraßen jedoch mindestens 30 Meter Breite haben müssen. [195] Die in Cottbus am
häufigsten umgesetzte Straßenweite umfasst etwa 19 Meter.
Ein Maß, das den Vorgaben der 1888 erlassenen Bauordnung
entgegenkam, wonach die Gebäudehöhe mit maximal fünf
Geschossen die Straßenbreite nicht übersteigen durfte. [196]

Die Bedeutung dieser Bestimmungen für die straßen-
räumliche Wirkung zeigt sich an zwei 1874, also kurz vor Erlass
dieser Bestimmungen, angelegten Straßen in der Spremberger Vorstadt. Hier wurden die Wilhelm- und die Marienstraße
durch den Bauunternehmer Wilhelm Gattel mit nur fünfzehn
Meter Breite angelegt und fünfgeschossig bebaut. [197] Die Folge waren nicht nur schlechte Lichtverhältnisse; auch für die
differenzierte Ausgestaltung des Straßenraumes war hier kein
Raum.

STRASSENRAUMGESTALTUNG IN COTTBUS

Es war ein Anliegen des kaiserzeitlichen Städtebaus, über die
Straßen Licht und Luft und im besten Fall auch Grün in die
Bebauung einzubringen. Diesem Prinzip folgte man auch in
Cottbus, auch wenn hier aus Kostengründen auf Straßenbreiten von über 26 Metern verzichtet worden war. Ein der Be-
lichtung genügendes Verhältnis von Straßenbreite und Be-
bauungshöhe war jedoch durch die Polizeiverordnung von
1888 festgelegt worden. Hier wurde auch die Befestigung von
Wohnstraßen vorgeschrieben. [198] Typisch für die Fahrdämme ist
Kopfsteinpflaster. Für die Bürgersteige wählte die Verwaltung
eine kostspielige, aber auch nachhaltige Lösung. Die damals
eingebrachten großen Granitplatten prägen noch heute viele
Gehwege. Seitlich werden sie von Mosaikpflaster aus dunklen
Blaubasaltsteinen eingefasst.

Zur räumlichen Differenzierung der Straßen wurden
1893 im Rahmen der Bebauungsplanung achtzehn verschiedene Straßenprofile entwickelt (Abb. 14). Dazu gehören beispielsweise Straßen mit mittig oder seitlich verlaufenden Promenaden, mit einfachen oder doppelten Alleen,
sowie mit und ohne Vorgartenbereiche. [199] Obwohl der Bebauungsplan Vorgärten nur für Straßen ohne oder mit geringem Durchgangsverkehr vorsah, entstanden diese auch an
stark frequentierten Straßen, wie der Stadtplan von 1892,
aber auch historische Aufnahmen von Karl-Liebknecht- und
Bahnhofstraße zeigen (Abb. 15). Diesen Umstand erklärend,
schrieb Stadtbaurat Bachsmann 1907 im Entwurf zur Ergänzung und Abänderung des Bebauungsplanes der Stadt Cottbus:

*„Es bleibt dabei der Stadtgemeinde übernommen – wie dies in
einzelnen Fällen bereits geschehen ist –, Terrain aus der Straße den Anliegern auf Widerruf zur Benutzung als Vorgärten
zu überlassen, so dass die planmäßige Verbreiterung der Straße je nach Bedarf jederzeit später erfolgen kann."* [200]

Der Umstand, dass die Vorgärten auch zur Reduzierung
der hohen Straßenbaukosten beigetragen haben dürften, wurde hier nicht erwähnt, er dürfte jedoch nicht unerheblich
gewesen sein. Bei den noch vorhandenen Vorgarteneinfrie-
dungen der Kaiserzeit zeigt sich, dass trotz individueller Details
ein gemeinsamer Nenner in der Grundstruktur zu finden ist,
der durch baurechtliche Auflagen bedingt ist. So machte die
baupolizeiliche Verordnung von 1888 ganz konkrete Vorgaben
zur Gestaltung des Straßenraumes. [201] Danach sind die Vorgärten mit „metallenen Gittern auf max. 0,75m hohen massiven
Sockeln oder mit Mauern, über deren Höhe und angemessene

Dekorierung die Polizei-Behörde in jedem einzelnen Falle zu entscheiden hat, einzufriedigen und mit Garten-Anlagen zu versehen."[202]

ZONENBAUWEISE: ZUFALL UND EMPFEHLUNG

Manche Nutzungsschwerpunkte ergaben sich aus den natürlichen Gegebenheiten. So boten die Wasserläufe, Spree und Mühlgraben, ideale Voraussetzungen für die Ansiedlung von gewerblichen Einrichtungen. Denn vor der Nutzung von Dampfkraft und Elektrizität wurde nicht nur das Wasser, sondern auch die Wasserkraft für den Produktionsprozess gebraucht.

Schwerpunkt der kaiserzeitlichen Fabrikansiedlung ist der Bereich südlich der Altstadt mit dem Ostrower Damm (Abb. 1 und 16) und der Franz-Mehring-Straße. Eine Schlüsselrolle bei dieser Gewerbekonzentration spielte das Dorf Ostrow. Zu den an der Ostseite des Ostrower Platz liegenden Ackerbürgerhäusern gehörten tiefe, sich bis zum Mühlgraben erstreckende Grundstücke (Farbabb. 2). Seit den 1860er Jahren wurde diese einzeln verkauft und dann nach und nach mit Fabriken bebaut. Die Anlage der Fabriken mit ihren zahlreichen Einzelbauten musste sich an diesen schmal zugeschnitten, sehr tiefen Flurstücken orientieren, so dass sich heute am Ostrower Damm eine für gewerbliche Gebiete ungewöhnliche Struktur zeigt (Abb. 27).

In Abhängigkeit von diesem frühen Fabrikviertel entwickelte sich die östlich der Spree gelegene Sandower Vorstadt zum Hauptwohnviertel der Arbeiter. Mit zwei Fußgängerbrücken über Spree und Mühlgraben hatte dieser ansonsten schlecht erschlossene Stadtteil eine direkte Verbindung zum angrenzenden Fabrikviertel. Damit hatten sich für die städtebaulich schwierigsten Baugruppen, wie Arbeiterwohnhäuser und Fabriken, in Cottbus bereits Schwerpunkte entwickelt, die andere Viertel entlasteten. Dies entspricht einer Tendenz der Zeit, wonach „die Wohnstätten der Arbeiterbevölkerung mit Vorliebe die Nähe des Großgewerbes und Großhandels, und, eben so wie jene, besonders billige Baugründe aufsuchen".[203] Allerdings stand man solchen sozialen Zonungen damals schon kritisch gegenüber. 1890 schrieb Stübben, dass aus „socialpolitischen", aber auch aus gesundheitlichen und wirtschaftlichen Gründen „die Durchdringung der verschiedenen Bevölkerungsclassen zu begünstigen" sei.[204]

14 Eine Auswahl der insgesamt achtzehn, im Rahmen der Bebauungsplanung entwickelten Straßenprofilpläne (1892) (Stadtgeschichtliche Sammlungen Cottbus)

15 Blick in den östlichen Teil der
Karl-Liebknecht-Straße
(Aufnahme um 1910, Stadtge-
schichtliche Sammlungen Cottbus)

Der Bebauungsplan von 1911:
Ergänzungen und Abänderungen

Mit dem ersten, 1894 festgestellten Stadtbebauungsplan war
die städtebauliche Struktur des gesamten Stadtgebietes bestimmt worden. 1907 wurden Ergänzungen und Veränderungen
formuliert. Ursache dafür waren die 1904 erfolgten Eingemeindungen der Vororte Brunschwig und Sandow.[205] Aber auch, wie
Stadtbaurat Bachsmann kommentierte, der „Umschwung der
vorherrschenden Anschauungen", der vor allem die „Anordnung
des Straßennetzes" betraf.[206] Wesentlicher Auslöser für den hier
erwähnten Umschwung war die 1889 erschienene Publikation
„Der Städtebau nach seinen künstlerischen Grundsätzen"[207]. Hier
hatte der Wiener Architekt und Kunstgewerbelehrer Camillo
Sitte (1843-1903) Ergebnisse seiner langjährigen Forschungen
zu historischen Stadträumen zusammengefasst und diese mit
einer Kritik am zeitgenössischen Städtebau verbunden.[208] Sittes
Publikation fand internationale Beachtung, wurde in mehrere
Sprachen übersetzt und erreichte zahlreiche Auflagen.[209] In den
Fachkreisen wurde sie ganz unterschiedlich interpretiert und
überaus kontrovers diskutiert.[210]

Die Ursachen dieser ambivalenten Reaktion lagen im schwer
zu fassenden, vielschichtigen Text. In weiten Teilen des Buches
untersuchte Sitte die Wirkung historischer Stadträume aus der
Perspektive des sich im Stadtraum Bewegenden. Dabei zeigte
er räumliche Qualitäten auf, die die zeitgenössische, auf das
geordnete Planbild fixierte Bebauungsplanung nicht bieten
konnte. Seine sich anschließende Kritik richtete sich gegen den
Schematismus des zeitgenössischen Städtebaus:
„Moderne Systeme – Jawohl! Streng systematisch. Alles anzu-
fassen und nicht um Haaresbreite von der einmal aufgestellten
Schablone abzuweichen bis der Genius todtgequält und alle le-
bensfreudige Empfindung im System erstickt ist, das ist das Zei-
chen seiner Zeit." [211]
       Als Alternative formulierte Sitte ein gestalterisches Kon-
zept, das sich an den Qualitäten historischer Stadtbilder orientieren sollte:
„Die herrlichen Musterleistungen der alten Meister müssen bei
uns in anderer Weise lebendig bleiben als durch gedanken-
loses Copiren, nur wenn wir prüfen worin das Wesentliche die-
ser Leistungen besteht, und wenn es uns gelingt, das bedeu-
tungsvoll auch auf moderne Verhältnisse anzuwenden, kann es

16 Fabriken am Ostrower Damm 10:
Auf die schlichten Produktionsge-
bäude der frühen Kaiserzeit folgten
Ende des 19. Jahrhunderts aufwen-
diger gestaltete Bauten
(Aufnahme um 1914, Stadtgeschichtliche Sammlungen Cottbus)

gelingen, dem scheinbar unfruchtbar gewordenen Boden eine neue blühende Saat abzugewinnen." [212]

Hier zeigt sich, dass es Sitte letztendlich um die Entwicklung grundlegender, stilunabhängiger Gestaltungsprinzipien ging. Zur Veranschaulichung dieses Prinzips bezog Sitte sich auf historische Beispiele. Hier führte er vor allem die Raumbeziehungen innerhalb der vielschichtig inszenierten barocken Platzanlagen an. Zugleich verwies er jedoch auch auf die nur latent wahrnehmbaren Ordnungsprinzipien unregelmäßiger, über Jahrhunderte gewachsener mittelalterlicher Stadträume. Diese Ansätze wurden später vielfach auf die historischen Bezüge verengt. Bereits 1891 erhob der Architekt Karl Henrici in der Deutschen Bauzeitung die „krumme Straße" zum absoluten Gestaltungsprinzip. [213] Damit versuchte Henrici Sittes formal offenen Ansatz auf bestimmte, von Henrici auch unter nationalen Vorzeichen propagierte Gestaltungsmuster festzulegen. Mit dem Anspruch „so viel wie möglich" von der geraden Straße abzuweichen, war jedoch ein neuer Schematismus, eine neue formale Einseitigkeit geschaffen. [214] Letztendlich ein Missverstehen und eine Vereinnahmung Sittes, denn dieser hatte sich ja gerade gegen Schematismus und formale Einseitigkeit ausgesprochen.

Um deren Entstehung zu vermeiden, hatte Sitte sogar vorgeschlagen, Bebauungsplanung nicht den Ämtern zu überlassen, sondern sie zu einer Sache der Künstler und Wettbewerbe zu machen. [215] Sittes Favorisierung des individuellen Entwurfs zeigt sich auch in seiner Feststellung, dass neuere Anlagen überall dort „noch leidlich glückten", wo sie in den Bestand „hineinadaptiert werden" mussten. [216]

Sittes theoretischer Ansatz führte in den 1890er Jahren zu einem städtebaulichen Richtungswechsel. Nun orientierten sich die Planungen stärker am Kontext. Der raumbildende Aspekt gewann an Bedeutung. Trotz des höheren Planungs- und Erschließungsaufwandes konnten sich diese auf formale Differenzierung abzielenden städtebaulichen Planungen durchsetzen. [217] Allerdings sollte diese Phase nicht von langer Dauer sein. Sie begann vor der Jahrhundertwende und wurde in den Jahren vor dem Ersten Weltkrieg – bedingt durch neue städtebauliche Ansätze, aber auch aus funktionalen und Kostengründen – wieder aufgegeben. [218]

Auch im 1907 verfassten Erläuterungsbericht zur Änderung des Cottbuser Bebauungsplanes spiegelt sich diese Richtungsänderung der Stadtplanung. Nun sollten nicht mehr vorrangig

die verkehrstechnischen Erfordernisse die Gestaltung des Straßenraumes bestimmen, sondern auch gesundheitliche und soziale Aspekte. „In erster Linie" aber, und hier zeigt sich der Einfluss
Sittes auf Stadtbaurat Bachsmann, solle dem „Wohnbedürfnis"
Rechnung getragen werden, indem „überall die Entstehung
wohltuender Raumeindrücke und wirkungsvoller Stadtbilder
gewährleistet wird."[219] Dabei muss sich Bachsmann in seinen
bisherigen straßengestalterischen Ansätzen mit differenzierten
Straßenprofilen bestätigt gesehen haben, wenn er Stübben mit
den Worten zitierte:
*„Eine der vornehmsten Forderungen der Schönheit ist über-
haupt der Wechsel in der Straßenausbildung, sowohl bezüglich
der allgemeineren Form als hinsichtlich der Breite, Pflasterung
und der Ausschmückung."*

Nach 1900 wurde die in Ansätzen bereits vorhandene Differenzierung der Straßenbreiten verstärkt. In einigen Wohnstraßen wurden nun die Fahrdämme zugunsten der Bürgersteige auf wenige Meter reduziert. Als besonders gelungene
Beispiele seien hier die asymmetrisch angelegte Seminarstra-
ße und die Straßen am Eichenplatz genannt. Der bereits geschlossen erstellte Bebauungsplan von 1894 ließ allerdings
nicht viel Spielraum für gestalterische Neuerungen. In einigen
Bereichen zeigen sich jedoch Änderungen der geplanten orthogonalen Fluchtlinien. Da eine von bestehenden Blockstrukturen abweichende gekrümmte Erschließung aufwendige Umlageverfahren zur Folge hatte, findet sie sich in Cottbus nur
vereinzelt, vor allem im Rahmen von genossenschaftlichen
oder kommunalen Bauprojekten, wo keine individuellen Eigen-
tumsverhältnisse berücksichtigt werden mussten.[220] Dazu gehören das Gebiet der Gartenstadt am Ottilienhof im Süden der
Stadt, sowie das Terrain des Beamten-Wohnungsvereins mit
der Arndtstraße (Abb. 73) im Norden der Stadt. Die Erschließung des Gartenstadtgeländes zeigt die Qualitäten einer topographisch orientierten Planung. An der höchsten Stelle
des Geländes wurde mit dem Eichenplatz (Abb. 17) ein ovaler
Schmuckplatz angelegt, an dem vier Straßen, teils gekrümmt
teils geradlinig geführt, zusammenlaufen.

STAFFEL- BZW. ZONENBAUORDNUNGEN

Auch der ergänzte und veränderte Bebauungsplanentwurf,
der 1907 aufgestellt wurde, enthielt nur rechtlich unverbind-
liche Bebauungsempfehlungen.[221] Diese betrafen ein zwischen

Schlossberg und Spree gelegenes Gelände, für das Stadtbaurat
Bachsmann offene Bebauung empfahl und zugleich als „Lockmittel" eine Umfeldaufwertung in Aussicht stellte:
*„…, daß dieser letzterer Teil der Ringstraße wegen seiner gün-
stigen Lage an der Spree und den bewachsenen Uferbö-
schungen daselbst mit verhältnismäßig geringen Mitteln zu
einer Park-Allee und Anlage ersten Ranges hergerichtet werden kann, mag für nebenbei bemerkt werden. Auch dürfte kein
Quartier der Stadt der lokalen Abgeschlossenheit halber zur Bebauung mit Landhäusern mehr geeignet sein als das von diesem Teil der Ringstraße begrenzte zwischen Bellevue-Straße
und Spree gelegene Gebiet."* [222]

Dass derartige Empfehlungen funktionierten, zeigen die
damals entlang der heutigen Uferstraße entstandenen an-
spruchsvollen Einzelwohnhäuser. Zudem empfahl Bachsmann
den „Erlaß einer Bestimmung für offene bzw. halboffene Bebauung einiger Bezirke."[223] Die rechtlichen Voraussetzungen
für die Erstellung von Zonen- bzw. Staffelbauordnungen wurden jedoch erst 1910 von der Bezirksregierung in Frankfurt an
der Oder geschaffen:
*"Für einzelne Städte oder Stadtteile können mit der Genehmi-
gung des Regierungspräsidenten besondere Ortspolizeiverord-
nungen erlassen werden, welche die in dieser Verordnung erlassenen Bestimmungen verschärfen."* [224]

Es folgten Proteste der Baugewerks-Innung und des Brandenburgischen Provinzial-Arbeitgeberverbandes. Erst 1912 trat
die Verordnung in Kraft.[225] Unmittelbar darauf wurde in Cottbus ein sich auf diese Verordnung stützendes Baustatut mit
Auflagen zur Bebauungshöhe und Bebauungsdichte für das in
kommunalem Besitz befindliche Terrain am Ottilienhof erlassen.

Der Umfang der Cottbuser Bebauungsplanung wird im
Vergleich der Pläne von 1861 und 1892 deutlich. 1861 sind
etwa 125 Hektar Stadtgebiet in ihren städtebaulichen Strukturen bestimmt. 1892 war diese Fläche auf 900 Hektar aus-
geweitet worden. Nach den 1893 formulierten Vorstellungen
von Stadtbaurat Bachsmann sollten nach erfolgtem Ausbau
180.000 Einwohner in Cottbus leben, damit war eine für damalige Verhältnisse sehr geringe Bebauungsdichte angesetzt,
die jedoch mit dem großen Flächenbedarf der Fabriken und
der aufgelockerten Bebauungsstruktur der vorstädtischen Bereiche erklärt wurde.

17 Eichenplatz (1910 angelegt):
„Wohltuende Raumeindrücke" als
städtebauliche Zielstellung
(Aufnahme 2003, Roland Wieczorek)

Derartig hohe Erwartungen in Bezug auf das Stadtwachstum standen in Verbindung mit Prognosen der frühen Kaiserzeit, wonach eine Verdoppelung der Stadtbevölkerung in einem zeitlich immer geringer werdenden Abstand erfolgen sollte.[226] Das hier zugrundegelegte Bevölkerungswachstum sollte sich dann jedoch nach 1900 – durch eine zunehmende Geburtenkontrolle – erheblich abschwächen, so dass die prognostizierten Zahlen nie erreicht wurden.[227] Trotzdem wurde diese Tendenz zu spät erkannt. Die 1907 im Entwurf zur Ergänzung und Abänderung des Bebauungsplanes angeführten Zahlen lagen sogar noch höher. Nach den Eingemeindungen von 1904 umfasste das überplante Stadtgebiet von Cottbus 1.600 Hektar. Hier lebten damals erst etwa 47.000 Menschen. Trotzdem äußerte Stadtbaurat Bachsmann, dass bei „völliger Besiedlung die Einwohnerzahl auf rund 300.000 Seelen zu schätzen" sei.[228]

VERGLEICH DER KAISERZEITLICHEN STADTPLANUNG VON COTTBUS MIT ANDEREN DEUTSCHEN STÄDTEN

Ein das gesamte Stadtgebiet umfassender Bebauungsplan, der in Cottbus ja bereits 1894 festgestellt wurde, war damals keine Selbstverständlichkeit. Selbst im Jahr 1900 hatten erst fünfzig Prozent der deutschen Städte mit über 30.000 Einwohnern ein

solches Planwerk.[229] Dabei waren es ganz unterschiedliche Ursachen, an denen eine umfassende kommunale Bebauungsplanung scheitern konnte. In der Stadt Brandenburg hatte der Magistrat in den 1880er Jahren einen Generalbebauungsplan ausgearbeitet, dieser wurde „aber von der Stadtverordnetenversammlung abgelehnt, die von Fall zu Fall Bebauungs- und Fluchtlinienpläne aufstellen wollte". Nach Meinung eines Zeitgenossen war das Ursache von „Unregelmäßigkeiten, die sich bis heute bitter rächen."[230] Zudem würden Verbindungsstraßen fehlen und Neubauten der Kaiserzeit würden „wie im Zickzack zu der Straßenlinie gebaut erscheinen."[231] Diese Situation sollte sich erst mit dem Amtsantritt von Oberbürgermeister Dreifert im Jahr 1905 ändern. Bis 1914 entstanden dann 75 Teilbebauungspläne. Auch dagegen scheint es noch Widerstände gegeben zu haben. Eine ähnliche Entwicklung zeigt sich in Trier, wo die Aufstellung eines Generalbebauungsplanes mehrfach scheiterte. Bereits 1864 warf der Regierungspräsident dem Oberbürgermeister vor, nur stückweise Bebauungspläne aufzustellen und an diesen auch nicht immer festzuhalten. Die Stadtverwaltung verteidigte sich noch 1897 damit, dass für das gesamte Stadtgebiet zwar ein Fluchtlinienplan vorliege, dass dessen „Veröffentlichung und Festsetzung ,en bloc'", jedoch „eine Steigerung des an und für sich hohen Bodenpreises" nach sich ziehe, die auch den Stadthaushalt belasten würde. Zudem könnten die betreffenden Bauherren „unmöglich auf die vollständige Fertigstellung" eines neuen Bebauungsplanes warten, „wenn ihnen nicht ein unberechenbarer Schaden entstehen soll."[232] 1897 erhielten dann Henrici und Stübben den Auftrag, den von der Stadt Trier erstellten Generalbebauungsplan zu überarbeiten.[233] Deren Vorschläge wurden aufgenommen. Allerdings hätten sich die hier für den Altstadtbereich festgesetzten Fluchtlinien nur unter Verlust wertvoller historischer Bauten umsetzen lassen.[234] Der neue Entwurf trat trotz erheblicher Bedenken der Stadtverwaltung 1900 in Kraft, konnte sich aber nur in stark eingeschränktem Umfang durchsetzen.[235] Im formalen Vergleich der Stadterweiterungsstrukturen zeigt sich, dass sich sowohl die Brandenburger als auch die Trierer Bebauungsplanung weitgehend an bestehenden Weg- und Grundstücksstrukturen orientierte und – wo möglich – auch schmale längsrechteckige Baublöcke bevorzugte.[236]

Die Grünflächenplanungen im historischen Kontext

Die Grünflächenplanungen werden in einem gesonderten Abschnitt behandelt, da diese Planungen in Cottbus in weiten Teilen eine eigenständige, von der damaligen Bebauungsplanung weitgehend unabhängige Entwicklung aufweisen.

Zeitgleich mit den frühen kommunalen Anlagen entstand – nur wenige Kilometer von Cottbus entfernt – der Branitzer Park (Abb. 18), das herausragende Spätwerk des Fürsten Pückler.[237] Nach dessen Tod 1871 wurden die 1846 begonnenen Arbeiten fortgesetzt. Kurz vor 1900 waren sie abgeschlossen.[238] Dieser sich über Jahrzehnte erstreckende gartenschöpferische Prozess wirkte sich auch auf die Cottbuser Grünflächenplanung aus. So

hatte sich der 1872 gegründete Verschönerungsverein zum Ziel gesetzt, Ideen Pücklerscher Gartengestaltung auch im Stadtbild umzusetzen.[239] Als zentrale Aufgabe war im Vereinsstatut „die Verschönerung der Stadt und ihrer Umgebung" formuliert worden. Dieses Ziel wollte man mit der „Anlage von Pflanzengruppen auf öffentlichen Plätzen", mit der „Anlage und Verbesserung von Spazierwegen", aber auch dadurch erreichen, dass „in der Stadt selbst auf die Entfernung einzelner Gegenstände, welche den Schönheitssinn verletzen oder dem Verkehr hinderlich sind" hingewirkt würde.[240] Die Mitgliederzahlen waren schnell gestiegen. Bereits 1897 umfasste der Verein 447 Mitglieder und

18 Der Branitzer Park: Bezugspunkt kommunaler Grünplanung (Aufnahme 2003, Roland Wieczorek)

19 Die Puschkinpromenade mit Teilen der Stadtmauer
(Aufnahme 2003, Roland Wieczorek)

hatte sich damit zu einer wichtigen kommunalen Institution entwickelt. Hier engagierten sich einflussreiche und finanzkräftige Personen; darunter Oberbürgermeister Werner, sowie zahlreiche Fabrikanten, die geplante Maßnahmen dann auch finanziell förderten.[241] Dass die Grünflächenplanung in Cottbus einen hohen Stellenwert hatte, zeigt sich an der bereits 1896 erfolgten Einstellung eines Stadtgartendirektors.[242] Eine solche Stelle leisteten sich damals noch die wenigsten Kommunen.[243] Die Planungen des städtischen Gartenamtes waren in der Folgezeit so umfangreich, dass die Einzelplanungen nachfolgend nur zusammengefasst innerhalb der übergreifenden Planungskonzepte vorgestellt werden.

Planungen des städtischen Gartenamtes

DIE UMGESTALTUNG DES EHEMALIGEN BEFESTIGUNGSRINGES

Der die Altstadt umgebende Befestigungsring entwickelte sich während der Kaiserzeit zu einem geschlossenen Grüngürtel, der den größten innerstädtischen Grünraum darstellt (Farbabb. 4).[244] Bereits im 18. Jahrhundert waren hier Alleen gepflanzt worden.[245] Außerdem waren Versuche erfolgt, Maulbeerbäume für die Seidenraupenzucht zu kultivieren.[246] Eine erste kleine Gartenanlage

war im Westteil der nördlichen Wallpromenade entstanden, die im Plan von 1861 verzeichnet ist. In den Jahren 1871, 1886 und 1906 wurde sie erweitert und verändert (Abb. 19). Weitere Parkanlagen entstanden im Bereich des Schlossberges (1901/02) und am Südrand der Altstadt (1903/04). Im Westen und Norden blieb die Stadtmauer in weiten Teilen erhalten, da hier direkt an der Mauer Wohnbauten entstanden waren. Der südliche Abschnitt wurde abgebrochen, um noch innerhalb der Altstadt liegende Gartenflächen, die zu Häusern in der Burgstraße gehörten, für eine Neubebauung zu nutzen. Nach Fertigstellung dieser Häuser wurde mit der 1903/04 erfolgten Anlage des Kaiser-Wilhelm-Platzes (Abb. 20-21) der Grünring geschlossen.

Solche die Altstadt umgebenden Grünanlagen sind eine typische Struktur des 19. Jahrhunderts. In vielen Städten waren die ersten Promenaden und Grünanlagen im Bereich der ehemaligen Befestigungsanlagen vor der Stadtmauer entstanden. Dieses Terrain befand sich in öffentlichem Besitz, so dass die Städte es geschlossen erwerben oder sogar frei darüber verfügen konnten.[247] Diese günstigen, eine Planung befördernden Umstände führten dazu, dass bereits in der ersten Hälfte des 19. Jahrhunderts solche Ringanlagen entstanden, bzw. bestehende Grünanlagen zu Ringanlagen erweitert wurden. Ein frühes und bedeutendes Beispiel einer rein gärtnerischen Gestaltung eines solchen Terrains findet sich in Frankfurt an der Oder, wo die Wallanlagen zwischen 1835 und 1845 nach Plänen des Königlichen Gartendirektors Peter Joseph Lenné in einen Parkring umgestaltet worden waren.[248] Wie aktuell dieses Konzept auch am Ende des 19. Jahrhunderts noch war, geht aus dem Aufruf Stübbens in „Der Städtebau" von 1890 hervor:
„Möchten die Gemeindeverwaltungen in solchen Städten, deren Wälle und Festungsmauern noch ganz oder theilweise vorhanden sind, nicht bloß in den größeren Städten, ... sondern auch in den kleineren Orten auf die möglichste Erhaltung und gärtnerische Ausbildung der Ringpromenade ihre aufmerksame Fürsorge verwenden!" [249]

In der zweiten Hälfte des 19. Jahrhunderts entstanden anstelle reiner Grünanlagen zunehmend auch von Grünflächen begleitete Ringstraßen.[250] Diese wurden, dem Vorbild Wiens folgend, als innerstädtische Erschließung repräsentativ angelegt. Auch in Cottbus wurde ein Ringstraßenkonzept entwickelt.[251] Als gestalterisches Motiv spielten die den Grünring (Farbabb. 4) begleitenden Straßen jedoch keine Rolle. Die Funktion als Grün-

20 Der Neustädter Platz (heute Brandenburger Platz): Ein Relikt der Stadtbefestigung
(Aufnahme um 1875, Stadtgeschichtliche Sammlungen Cottbus)

21 Der Neustädter Platz (heute Brandenburger Platz): Nach der Umgestaltung zum Kaiser-Wilhelm-Platz (1903/04 angelegt)
(Aufnahme 1910, Stadtgeschichtliche Sammlungen Cottbus)

22 Die Anfänge des Goetheparks (Aufnahme 1899, Stadtgeschichtliche Sammlungen Cottbus)

und Erholungsraum blieb bestimmend. Der die Altstadt umgebende Freiraum wurde auch von späteren Planungen respektiert. Im Zuge dieser Entwicklung erfuhren die Teilbereiche des Cottbuser Grünrings eine ganz unterschiedliche Gestaltung.[252]

DIE ANLAGE DES GOETHEPARKS AUF DER MÜHLENINSEL: UMFELDAUFWERTUNG AN LAND- UND AMTSGERICHT

Das Umfeld des Schlossberges war nach Süden hin stark gewerblich geprägt. Entlang des Mühlgrabens befanden sich verschiedene Mühlen und Gewerbebauten. Die um 1840 errichtete, sogenannte „Stadtfabrik" am Fuße des Schlossberges – rechts im Bild – hatte die Stadt 1873 erworben.[253] Im südlichen Teil der Mühleninsel, den die Stadt 1866 verpachtet hatte, waren mehrere große Fabrikanlagen errichtet worden. Damit zeigte sich hier ein städtebauliches Umfeld, das dem Status des 1876 fertiggestellten Landgerichtes in keiner Weise entsprach. Um 1900 müssen dann Überlegungen aufgekommen sein, das Amtsgericht auf dem Schlossberg zu errichten. In Verbindung damit dürften auch die nun einsetzenden Planungen im Bereich des Schlossberges gestanden haben, die sich unter dem Begriff „Umfeldaufwertung" fassen lassen. So soll sich Oberbürgermeister Werner trotz der schwierigen Ausgangsbedingungen in besonderem Maße für die Anlage eines Parks auf der

23 Der Goethepark heute (Aufnahme 2003, Roland Wieczorek)

Mühleninsel (Abb. 22) eingesetzt haben.[254] Das Grünflächen-amt stand damit vor der Aufgabe, den neuen Park in ein nur etwa zwei Hektar großes Areal zu implantieren, das sich in-mitten eines gewerblichen Umfeldes befand. Zudem wurde der größte Teil dieser Fläche vom Amtsteich eingenommen. Dass dessen Freizeitwert schon damals erkannt wurde, belegt der Kommentar zum Entwurf des Bebauungsplanes von 1893, in dem es heißt, dass bei der Planung der Schmuckanlagen der Teich auf der Mühleninsel für „Belustigungen auf dem Eise" er-halten bleiben müsse. Der 1898/99 angelegte Park hat sich in seiner grundlegenden Struktur bis heute erhalten (Abb. 23 und Farbabb. 4).[255] Von den Parkwegen – mit Blick auf den Amt-steich und die umgebenden Gewässerläufe Spree und Mühl-graben – erschließen sich wechselnde Raumeindrücke. In Ver-bindung mit dem heutigen Altbaumbestand ergibt sich eine Gestaltungsdichte, die sich im Rahmen dieses industriell ge-prägten Umfeldes behaupten konnte. 1902 wurden die neuen Anlagen dann mit den gerade fertiggestellten Grünanlagen am Schlossberg durch eine Brücke verbunden.

Bemerkenswert an dieser Parkgestaltung ist auch die Ausge-staltung der Schnittstellen zwischen dem gewerblich gepräg-tem Stadtraum und dem Park (Abb. 24). So wurde im Rahmen dieser Maßnahmen der sich zwischen Schlossberg und Park schiebende mehrgeschossige Gebäuderiegel der Stadtmühle ab-gerissen. Das an dieser Stelle neu errichtete, städtische Elek-trizitätswerk erhielt durch die Verteilung der Baumassen eine räumlich vermittelnde Funktion. Zugleich erreichte die Verwal-tung, dass die in Privatbesitz befindliche, auf der gegenüber-liegenden Seite des Mühlgrabens gelegene Wilhelmsmühle an die Gestaltung des Elektrizitätswerkes angeglichen wurde und durch einen länglichen Erweiterungsbau entlang des in den Park hineinführenden Fußweges verlängert wurde. Diese Erwei-terung und Umgestaltung der Wilhelmsmühle hat zwei Funk-tionen: Zum einen schließt sie den stadtseitigen Parkzugang von den südlich anschließenden Gewerbebauten ab. Zum an-deren nimmt sie die Formensprache des Elektrizitätswerkes auf, wodurch der Wehrbereich und der fußläufige Zugang zum Goe-thepark eine formal übereinstimmende räumliche Fassung er-

24 Die architektonische Fassung des Parkeinganges durch das kom-munale Elektrizitätswerk (1903 er-baut) und die Wilhelmsmühle (1904 umgestaltet)
(Aufnahme 2003, Roland Wieczorek)

hielten. Die westlich angrenzenden schlichten Gerberhäuser an der Uferstraße, teils aus dem 18. Jahrhundert stammend, blieben unverändert. Bemerkenswert ist, wie hier eine städtebaulich schwierige Situation durch einzelne räumlich vermittelnde Bauten und durch die Herstellung formaler Bezüge zu einem funktionierenden Raumgefüge entwickelt wurde, das den Übergang zum Park herstellte.

PROMENADENKONZEPTE:
INNERHALB DER STADT UND ENTLANG DER SPREE

Ein charakteristisches Element kaiserzeitlicher Planungen waren Promenaden. Das Gestaltungsspektrum reichte von straßenbegleitenden, nur durch Baumreihen flankierten Wegen bis zu reich ausgestalteten, durch Grünanlagen eingefassten Verbindungen, die Stübben unter dem Begriff „Park-Promenaden" fasst. Mit dem zunehmenden Verkehr gegen Ende der Kaiserzeit gewannen anstelle der straßenbegleitenden Wege die sogenannten „Innenpromenaden" an Bedeutung, die wegen der „Entfernung vom Lärm und Staub des Straßenverkehrs angenehmer" und wegen der „Straßenkostenersparnis wohlfeiler" sind als Straßenpromenaden.[256]

Die Übersicht der Straßenprofile von Cottbus zeigt verschiedene Varianten straßenbegleitender Promenaden. Eine weitergehende Ausgestaltung dieses innerstädtischen Wegekonzeptes erfolgte nach Bachsmann durch die verstärkte Ausweisung von Vorgärten:
„Deshalb sind in größerem Maße als dies unter anderen Verhältnissen vielleicht geschehen wäre, die Strassen mit Vorgärten versehen worden. Auf eine reichlich bemessene Breite der Vorgärten ist besonderen Wert gelegt."[257]

Ähnliche Erschließungskonzepte finden sich auch in den Vergleichsstädten: In Flensburg gab es 1893 über vierzehn Kilometer Alleen, die größtenteils vom 1880 gegründeten Flensburger Verschönerungsverein gepflanzt worden waren.[258] In der Stadt Brandenburg setzten derartige Planungen später ein. Hier formulierte der 1905 neu angetrete Oberbürgermeister Dreifert das Ziel, „einen Anlagenring um die ganze Stadt zu schaffen."[259]

Eine Besonderheit stellt in diesem Kontext das Planungskonzept der Uferpromenaden dar (Farbabb. 2-3, Nr. 5, 6, 8) mit dem eine Verbindung in den Branitzer Vorpark und ins Umland hergestellt wurde. Mit dem Branitzer Park war im unmittelbaren Umfeld der Stadt bereits ein ausgedehntes Parkareal entstanden. In Teilen war diese Parkanlage der Öffentlichkeit zugänglich. Von der Innenstadt war sie zu Fuß in einer guten Stunde erreichbar, allerdings fehlte zu Beginn der Kaiserzeit eine auf Spaziergänger ausgerichtete Anbindung an die Stadt. Bereits Anfang der 1890er Jahre wurde dafür in den weitgehend von Bebauung frei gebliebenen Uferbereichen der Spree ein bisher nicht erschlossenes Flächenpotential entdeckt. So heißt es im Kommentar zum Entwurf des ersten Bebauungsplanes von 1893:
„Auf der Mühleninsel, längs des rechten Spreeufers von dem kleinen Ufer bis zum Gleise der Frankfurter Eisenbahn sowie auf dem linken Ufer der Spree von dem Gebiete der Sorauer Eisenbahn bis zur Markgrafenmühle sind, soweit das Terrain in städtischem Besitze sich befindet oder zu dem besagten Zweck erwerbbar erscheint, Verschönerungsanlagen projektiert und in dem vorliegenden Entwurf skizzenhaft angedeutet."[260]

Die Spree selbst – nicht kanalisiert und für größere Schifffahrt ungeeignet – zeigt sich hier als naturnaher Grünraum. Infolge von Hochwassergefahr und schwierigem Baugrund waren die Uferbereiche in weiten Teilen von Bebauung frei geblieben. Die in Ufernähe bestehende Bebauung war gewerblich geprägt. Aufgrund dieser Umstände dürfte der Erwerb vergleichsweise günstig gewesen sein. Interessant ist, dass die für Grünanlagen vorgesehenen Uferbereiche auf dem Plan von 1894 noch als „Plätze" eingezeichnet sind (Abb. 11). Allein die Strecke zwischen kleinem Spreewehr und Markgrafenmühle umfasst vier „Plätze". Die in diesem Zusammenhang eigenartig anmutende Begrifflichkeit zeigt auch, dass solche Planungen noch ein Novum waren.

Den Anfang dieser Verbindung bildete – von der Altstadt aus gesehen – ein sich an der Westseite der Mühleninsel entlangziehender Promenadenweg mit Anschluss an die Fußgängerbrücken über Spree und Mühlgraben. Diese bereits bestehende Uferpromenade auf der Mühleninsel wurde noch vor 1892 hinter dem Kleinen Spreewehr auf der östlichen Uferseite mit einer Kastanienallee fortgesetzt, die heute den Namen Ludwig-Leichhardt-Allee trägt (Abb. 25).[261] Im Anschluss daran wurde 1901/02 der Elias-Park angelegt, mit dem die Verbindung zum Branitzer Vorpark hergestellt war. Auch eine Verlängerung der Promenaden nach Norden wurde schon in den 1890er Jahren geplant.[262] 1907 entstand mit der Promenade am Ostrower Damm ein weiterer

25 Die Ludwig-Leichhardt-Allee
(1892 angelegt): Der Beginn der
Spreepromenaden
(Aufnahme 2003, Roland Wieczorek)

26 Promenade am Ostrower Damm (1907 angelegt): Aufwertung des Gewerbegebietes (Aufnahme 1910, Stadtgeschichtliche Sammlungen Cottbus)

Zweig dieses Wegesystems (Abb. 26-27).[263] 1909 wurde dann im Anschluss daran, das westliche Ufer der Spree bis zur Markgrafenmühle als Promenade ausgestaltet.[264] Damit bestand eine direkte Verbindung von der Stadt zum Eichenpark und den Madlower Schluchten. Auf diesem Terrain, dessen hügelige Struktur aus dem Sandabbau für den Eisenbahnbau entstanden war, wurde dann 1910 nach Plänen des Gartenarchitekten Glum der Kaiser-Wilhelm-Augusta-Viktoria-Hain angelegt.[265]

Nicht eindeutig ist der Anteil des Cottbuser Verschönerungsvereins an diesen Planungen. So schreibt Kalwa, dass nicht nur die heutige Ludwig-Leichhardt-Allee, sondern auch die Uferwege zum Großen Spreewehr sowie der Dammweg zur Markgrafenmühle bereits vor 1892 vom Verschönerungsverein mit Bäumen bepflanzt worden seien.[266] In den bereits zitierten Äußerungen Stadtbaurat Bachsmanns von 1893 findet sich jedoch kein Hinweis darauf, dass damals bereits bestehende Anlagen weiterentwickelt wurden. Bekannt ist aber der Urheber dieser Planungen. So geht aus den Akten des Verschönerungsvereins hervor, dass das Projekt der Uferpromenaden zur „Verbindung von Stadt und Branitz im Zuge der städtischen Promenaden" vom Cottbuser Maurermeister Ewald Schulz ausgearbeitet wur-

de.[267] Dieser soll auch an der Ausarbeitung von Baufluchtlinien für die Stadterweiterungen beteiligt gewesen sein. Zudem muss zwischen Schulz und Oberbürgermeister Werner ein enges freundschaftliches Verhältnis bestanden haben.[268] Diese persönliche Verbindung und die Erwähnung in den Akten des Verschönerungsvereins weisen somit darauf hin, dass auch die Cottbuser Uferpromenaden Ergebnis der Zusammenarbeit zwischen Verschönerungsverein und Stadtverwaltung waren. Ein fachliches Urteil zu diesen Anlagen findet sich 1906 in der Zeitschrift „Gartenflora", in der der Königliche Obergärtner Georg Potente über eine Exkursion des „Vereins zur Beförderung des Gartenbaues in den preussischen Staaten" nach Cottbus und Branitz berichtete. Die Besucher wurden durch „die neuen, an den Ufern der Spree gelegenen städtischen Anlagen" zum Branitzer Vorpark geführt. Potente lobt in diesem Zusammenhang den „Weitblick" der Cottbuser Verwaltung, ohne sich jedoch zur Detailgestaltung zu äußern.[269] Letztendlich stellt sich die Frage nach den Anregungen. Mögliche Vorbilder für solche Uferpromenaden finden sich bei Stübben im 1890 publizierten „Der Städtebau":
„Dient die Uferstraße dem Schiffsverkehre nicht oder ist das Gewässer überhaupt nicht schiffbar, so bietet sich auf dem Ufer-

27 *Der Ostrower Damm heute*
(Aufnahme 2003, Roland Wieczorek)

rande oder auf den Böschungen die schönste Gelegenheit zu Promenaden-Anlagen und gärtnerischem Schmuck, wie Hamburgs Alsterbecken, Breslaus Ringstraße, die Dreisam-Straße zu Freiburg, die Rheinanlagen zu Koblenz in herrlichster Weise zeigen." [270]

Allerdings sind die hier erwähnten Anlagen eher selbständige uferbegleitende Parkanlagen mit „Rasen und Ziergesträuch".[271] Die in Cottbus entstandenen Spreepromenaden zeigen dagegen eine reduzierte Gestaltung, die den natürlichen Charakter des Spreeufers beibehält und nicht versucht, den Uferraum in eine Parkanlage umzugestalten. Dass dieser eher landschaftlich orientierte Ansatz nicht den damaligen Gestaltungspräferenzen entsprach, zeigt eine Feststellung Stübbens, wonach „blosse Baumreihen einen eigentlich künstlerischen Eindruck überhaupt nicht darzubieten vermögen."[272]

Vorbilder für derartige naturnahe Gestaltungskonzepte, aber auch für die Verbindung einzelner Anlagen finden sich zu dieser Zeit in den Vereinigten Staaten, wo seit den 1870er Jahren ausgedehnte Parkanlagen, sogenannte „park-systems" entstanden, die als zusammenhängende Strukturen stadträumlichen und landschaftlichen Aspekten Rechnung trugen.[273]

Allerdings wird in Deutschland erstmals 1905 in der Zeitschrift „Der Städtebau" über diese nordamerikanischen Planungskonzepte berichtet.[274] Als Charakteristikum der amerikanischen städtischen Parkanlagen wird hier die Vereinigung der einzelnen Anlagen zu Systemen aufgeführt.

„Bei der Ausgestaltung der Parks wird Wert darauf gelegt, dass der natürliche Charakter der Anlagen möglichst erhalten bleibt und dass die Parkflächen nicht durch überflüssige Weganlagen zerstückelt werden. Diese Beschränkung in der Anlage von Wegeflächen trägt auch wesentlich zur Verminderung der Kosten bei." [275]

Diese Hinwendung zum Parksystem findet sich auch in den Cottbuser Planungen, wo nicht nur der Branitzer Park, sondern auch die später entstandenen Anlagen, Elias-Park (1901/02) und Kaiser-Wilhelm-Augusta-Viktoria-Hain (1910), an die seit den 1890er Jahren entstehenden Promenadenachsen angebunden wurden (Farbabb. 2-3). Auch wenn sich die konkreten Anregungen für diese Planungen nicht bestimmen lassen, so lässt sich doch belegen, dass Oberbürgermeister Werner die Anlagen in den amerikanischen Städten aus eigener Anschauung kannte. Seine Amtsakte belegt nicht nur sein Interesse an Fragen der Gartengestaltung, sie zeigt auch, dass er im Jahr 1910 eine dreimonatige Studienreise nach Nordamerika unternahm, u.a. nach Chicago und Boston, wo derartige „Parksysteme" bestanden.[276]

Die bereits in den frühen 1890er Jahren begonnenen Cottbuser Spreepromenaden waren somit in Verbindung mit den später angelegten Parkanlagen ein innovatives und zugleich bemerkenswert weitsichtiges stadträumliches Gestaltungskonzept. Wie nachhaltig diese Planungen waren, zeigt sich auch daran, dass sie bis heute Bestand haben und mit weiteren Promenaden und Grünanlagen am Spreeufer kontinuierlich weiterentwickelt wurden.

GRÜNFLÄCHEN IM STADTRAUM: DER STÄDTEBAULICHE ASPEKT

Im Stadtbebauungsplan von 1894 finden sich nur wenige große Plätze innerhalb der Stadterweiterungsgebiete. Auf diese sehr zurückhaltende Ausweisung von öffentlichen Plätzen verweist auch der Kommentar zum Stadtbebauungsplan. So heißt es hier, öffentliche Plätze „sind nur in beschränkter Zahl vorgesehen. Die Auswahl beliebiger Baublocks zur Anlage von Plätzen bleibt besser der künftigen Beschlussfassung vorbehalten."
Außer dem Theaterplatz und dem neuen Viehmarkt entstanden alle größeren Platzanlagen der Kaiserzeit im Kontext des die Altstadt umgebenden Grünringes. Trotzdem erscheint Cottbus 1907 mit 28 städtischen Park- und Gartenanlagen in der vergleichenden Statistik der Kaiserzeit.[277] Unter den ähnlich großen Vergleichsstädten hatte Brandenburg fünfzehn, Flensburg elf, Hildesheim vier und Trier fünfundzwanzig Anlagen. Im Hinblick auf die Anzahl lag Cottbus damit in Führung, obwohl die Gesamtfläche der hiesigen städtischen Park- und Gartenanlagen nur 16,78 Hektar betrug. Im Schnitt hatte damit jede Cottbuser Parkfläche eine Größe von 80 auf 80 Meter. Allerdings wiesen die Grünanlagen der Stadt Trier eine ähnliche Kleinteiligkeit auf: Hier verteilten sich die 25 Anlagen sogar auf nur zehn Hektar Gesamtfläche.
Viele der kaiserzeitlichen Anlagen von Cottbus entstanden in Bereichen, die für die Bebauung ungeeignet waren. Dies dürfte den Aufwand der Verwaltung für Flächenerwerbungen gering gehalten haben. So zeigen auch die Vergleichsdaten der preußischen Städtestatistik, dass der Erwerb von Gelände für Park- und Gartenanlagen den kommunalen Haushalt der meisten anderen Städte erheblich mehr belastete.[278]

Angesichts des oben bereits geschilderten Wandels der städtebaulichen Vorstellungen stand auch die Ausbildung von innerstädtischen Plätzen nach der Jahrhundertwende unter anderen Vorzeichen. So schrieb Stadtbaurat Bachsmann 1907 im Kommentar zur Ergänzung und Abänderung des Cottbuser Bebauungsplanes:
„Der neuzeitlichen Bestrebung zur stärkeren Betonung der ästhetischen Gesichtspunkte ist namentlich dort Rechnung getragen worden, wo sich bei der Kreuzung und Teilung der Strassen und ihrem Zusammentreffen mit den Plätzen dazu Gelegenheit bot, durch Wechsel der Form die Gestaltung wirkungsvoller Stadtbilder herbeizuführen."
Bei der Planung solcher Plätze orientierte sich Bachsmann an den „Grundzügen des Städtebaus", nach denen von Plätzen „eine reichliche Anzahl, aber nur teilweise von erheblicher Größe erforderlich ist".[279] Dabei wird unterschieden zwischen „Verkehrsplätzen, Nutzplätzen und Schmuckplätzen". Vor allem in „mit gärtnerischen Anlagen und Spielplätzen ausgestatteten" Schmuckplätzen sieht Bachsmann „bei der fortschreitenden Bebauung des Stadtgebietes ein wachsendes Bedürfnis." Solche Schmuckplätze waren „in grösserem Umfange an geeignet erscheinenden Stellen im Stadtgebiet vorgesehen." Umgesetzt wurden solche Schmuckplatzanlagen bei der Planung der Gartenstadt am Ottilienhof im Jahr 1910. Hier bilden Hutten- und Eichenplatz kleinteilige Platzstrukturen aus, deren Wirkung noch durch das ansteigende Geländeprofil gesteigert wird. Auch bei der Planung der Arndtstraße, wo der Beamten-Wohnungs-Verein mehrere Wohnhäuser errichten ließ, entstand an der gekrümmt angelegten Straße eine in die „Platz- und Straßenwände hineingeschobene" Grünanlage.[280] Die Gestaltung dieser Plätze (Abb. 17 und 73) mit markanten Solitärbäumen oder Baumgruppen, eingefasst von Hainbuchenhecken, erlaubte die Nutzung der Flächen unter gleichzeitiger Akzentuierung des Platzraumes.

Die Cottbuser Grünflächengestaltung im Vergleich

Gegen Ende des 19. Jahrhunderts vollzog sich der „Wandel der Anschauungen" nicht nur im städtebaulichen Bereich, auch die zeitgenössische Gartengestaltung wurde hinterfragt.[281] Bemerkenswert ist, wie schnell die veränderten Gestaltungsansätze

von der Cottbuser Grünflächenplanung aufgegriffen wurden. Kommunale Grünflächenplanung hatte im 19. Jahrhundert noch keine lange Tradition.[232] Denn erst mit dem Heraustreten aus den dicht bebauten Altstädten bestanden die Voraussetzungen für derartige Planungen. Bis zum Preußischen Fluchtliniengesetz von 1875 wurden jedoch nur vereinzelt Kommunalverwaltungen in dieser Richtung aktiv. Die davor entstandenen städtischen Grünanlagen waren in der Regel von Planern entwickelt worden, die in höfischen Diensten standen.[283] Hier sind für Preußen besonders die städtischen Grünflächenplanungen des königlichen Gartendirektors Peter Joseph Lenné zu nennen.[284] Unter dem Einfluss dieser großartigen Vorbilder blieb der landschaftlich konzipierte Garten bis zum Ende des 19. Jahrhunderts gestalterisches Ideal. Den kommunalen Planern der Kaiserzeit standen dagegen in Zeiten hoher Bodenwertsteigerung häufig nur vergleichsweise kleine innerstädtische Flächen zur Verfügung. Hier war kaum Raum, um räumliche Qualitäten des Landschaftsgartens zu entwickeln. In Verbindung damit stand eine auch in Privatgärten zu beobachtende Tendenz zur Miniaturisierung und schablonenhaften Anwendung landschaftlicher Motive. Diese motivische Verdichtung verstärkte sich mit der Erweiterung des Formenspektrums. Nicht nur die beliebten ornamentalen Teppichbeete, auch schlängelnde Wegführungen kamen der nach Dekorfülle strebenden historistischen Ästhetik entgegen.[285] Seit den späten 1870er Jahren wurde die Überfüllung der Flächen, der „horror vacui" sowie die Banalisierung der landschaftlichen Motive zum Gegenstand der Kritik.[286] Nach vereinzelten Äußerungen bildete sich seit den 1890er Jahren – auch unter dem Einfluss der zeitgleichen Architektur- und Städtebaudebatte – ein breiteres Diskussionsforum. So erschienen ab 1896 in der Zeitschrift „Der Kunstwart" mehrere kritische Artikel zur zeitgenössischen Gartengestaltung.[287] 1899 wird das Diskussionsforum durch die neugegründete „Zeitschrift für Gartenbau und Gartenkunst" erweitert. In den Folgejahren äußerten sich auch bedeutende Vertreter der Architektur- und Städtebaureform, wie Camillo Sitte (1900), Paul Schultze-Naumburg (1902) und Hermann Muthesius (1903), mit eigenständigen Publikationen zur zeitgenössischen Gartengestaltung.[288]

1904 fanden sich dann auf der Großen Gartenbau-Ausstellung in Düsseldorf neben zahlreichen nach wie vor landschaftsgärtnerisch geprägten Beiträgen auch einige Entwürfe

28 Puschkinpromenade: Der Japanische Pavillon von 1906
(Aufnahme 2003, Roland Wieczorek)

und Ausführungen, in denen Forderungen der Gartenreformer nach formaler Vereinfachung und struktureller Klarheit umgesetzt worden waren.[289] Dazu gehörten zwei Arbeiten von Reinhold Hoemann: Eine prämierte geometrisch gestaltete Anlage mit dem Titel „Römischer Garten" und ein japanischer Garten. Besondere Aufmerksamkeit erfuhr der Sondergarten von Peter Behrens und Konrad Bartels. Nicht nur in der Grundform, auch in der Bepflanzung mit Heckenmauern, Buchsbaumkugeln und Koniferenpyramiden zeigte dieser Garten klare, streng geometrische Formen, die durch architektonische Elemente wie Lauben, Pergolen und marmorgefasste Wasserbecken ergänzt wurden.[290]

Dass sich in diesen Jahren – beschleunigt durch die öffentlichkeitswirksame Ausstellung in Düsseldorf – die neuen Gestaltungen durchsetzten, spiegelt auch der Stilwechsel der Cottbuser Anlagen. Bei den in den vorhergehenden Jahren konzipierten Anlagen, Goethepark (1898/99), Elias-Park (1901/02) und Schlossbergareal (1901/02) bestimmen Elemente des Landschaftsgartens mit mäandernden Wegführungen das Bild. Im künstlichen Wasserfall am Schlossberg findet sich noch 1902 das miniaturisierende Imitieren landschaftlicher Formen. Der 1904 fertiggestellte Brandenburger Platz zeigt sich dann als geometrische Anlage, die jedoch in der Bepflanzung noch eine vielteilige Struktur aufweist.

Mit dem von den Cottbuser Tischlern gestifteten Japanischen Pavillon (Abb. 28), der im Herbst 1906 am Westende der Puschkinpromenade aufgestellt wurde, wurden dann bemerkenswert früh Elemente des Japanischen Gartens in die Cottbuser Grünflächen aufgenommen.[291]

Den gestalterischen Wandel in Richtung Formvereinfachung spiegelt die 1908 fertiggestellte Grünanlage am Theater (Abb. 52) am deutlichsten. Die Bepflanzung beschränkte sich hier auf Eibenhecken und auf „Buxbäume in Kugelform".[292] Die bogenförmige Auffahrt wurde von einer Reihe von Riesenlebensbäumen begleitet.[293] Die graphische Wirkung wurde durch die seitlichen Terrassen und die regelmäßige Wegstruktur betont. Die Eingangsachse erhielt mit der flachen Freitreppe, der darauf ausgerichteten Streifenpflasterung und begleitenden Skulpturen einen architektonischen Akzent. Hier kommen die neuen Gestaltungsprinzipien mit ihrer reduzierten Formensprache und ihrer symmetrischen, auf die Architektur bezogenen Ausrichtung deutlich zum Ausdruck.[294] Allgemeingut scheinen sie noch nicht gewesen zu sein, so sprach die lokale Presse von einer „sparsamen" Bepflanzung und erwähnte, dass ein in „kräftigen Farben leuchtender Blumenflor nur auf einigen Rabatten Verwendung gefunden" habe.[295]

In den Jahren vor dem Ersten Weltkrieg stieß auch zunehmend auf Kritik, dass die kommunalen Grünflächen reine Zier- und Promenieranlagen waren. Stattdessen solle der Erholungs- und Freizeitwert bei der Parkgestaltung stärker berücksichtigt werden. In diesem Zusammenhang wurde auch auf die Grünanlagen der nordamerikanischen Städte verwiesen, die den Bewohnern neben Spazierwegen auch Liegewiesen und Wasserspiele sowie in die Parks integrierte Spiel- und Sportplätze anboten.[296] Im Januar 1910 wurden solche Volksparkkonzepte auf dem Brandenburgischen Städtetag zu Landsberg a.W. vorgestellt.[297] Einige der dort formulierten Leitsätze für die Gestaltung solcher Volksparks wurden auch bei der Anlage des Kaiser-Wilhelm-Augusta-Viktoria-Hains in den Madlower Schluchten umgesetzt. Auf diesem durch den Sandabbau strukturierten Waldstück sollten unter „Erhaltung der besten Kiefernbestände Zwischenpflanzungen aus den schönsten deutschen Baumarten erfolgen." An den Spazierwegen waren hundert Ruhesitze geplant. Ein besonderes Element sollte die vom Verschönerungsverein geplante 11.000 Mark teure „märkische Waldwiese" sein, „zu deren Bestreitung auch die Provinz um eine Beihilfe angegangen werden soll." Ziel war, mit der Schaffung eines „Erholungsparkes", etwas für die „Gesundheit und Lebensfreude" der Mitmenschen zu tun.[298]

Die Architekturentwicklung im historischen Kontext

Die Ausprägung architektonischer Formen hängt von vielen verschiedenen Einflüssen ab. Drei zentrale Aspekte sollen hier vorgestellt werden. Am Anfang stehen die Rahmenbedingungen „Bauordnung" und „Bauwirtschaft". Daran schließt sich die Darstellung der formbestimmenden Wohnfunktionen an. Der Schwerpunkt liegt auf der Entwicklung des Miethauses, das zu dieser Zeit die stadträumlich dominierende Bauform darstellt. Der letzte und wichtigste Faktor ist der Einfluss der stilistischen Strömungen der Zeit, die – vor allem nach 1900 – unter dem Einfluss kontrovers geführter architekturtheoretischer Diskussionen standen. In ihrer Dynamik und Vielschichtigkeit, mit parallel laufenden und sich gegenseitig beeinflussenden formalen Richtungen, lässt sich die kaiserzeitliche Stilentwicklung nur vor dem Hintergrund solcher grundlegender Tendenzen verstehen, die an einzelnen Gebäuden exemplarisch veranschaulicht werden.

Rahmenbedingungen „Bauordnung" und „Bauwirtschaft"

1888, einige Jahre vor Verabschiedung des generellen Stadtbebauungsplanes, wurde mit Zustimmung des Cottbuser Magistrats eine baupolizeiliche Verordnung erlassen, die maßgeblich für die kaiserzeitlichen Bebauungsstrukturen wurde.[299] Hier war festgelegt worden, dass Wohnhäuser einschließlich Dach- und Zwischengeschossen maximal fünf bewohnbare Geschosse aufweisen durften. Die Gebäudehöhe wurde durch die Straßenkante und die Oberkante des Hauptgesimses, bzw. den Fußpunkt des Giebels definiert. Sie durfte die Straßenbreite nur um

ein Viertel, bzw. ein Fünftel bei schmalen Straßen, überschreiten. Mit solchen höhenbeschränkenden Auflagen wurde in die Baufreiheit eingegriffen, die seit dem Allgemeinen Preußischen Landrecht von 1794 als ein „Grundrecht im eigentlichen Sinne des Wortes ... so gut wie die landwirtschaftliche oder gewerbliche Benutzung des Eigentums" angesehen wurde.[300]
Auch für die Ausrichtung der Häuser gab es Vorgaben: So musste die Vorderfront parallel zur Baufluchtlinie verlaufen. Ausnahmen gab es nur für Fabrik- oder Wirtschaftsgebäude, die mindestens dreißig Meter hinter der Baufluchtlinie zu errichten waren. Hier zeigt sich, dass schon damals die gewerbliche Nutzung der Kernflächen der Baublöcke geplant war. Auch Vorbauten waren abhängig von der Straßenbreite streng reglementiert. Sie durften maximal zweieinhalb Meter vor die Baufluchttreten. Mindestabstände zwischen Vorder- und Hinterhaus wurden nicht gefordert. Allerdings durften die Hofhäuser die Höhe der Vorderhäuser nicht überschreiten. Ausnahmen gab es nur, wenn die Hofbreite die Straßenbreite überschritt. Dann wurde das Verhältnis Hinterhaushöhe und Hofbreite geregelt, wie das Verhältnis Vorderhaushöhe und Straßenbreite. Damit blieb man hinter den „Grundzügen für Stadterweiterungen nach technischen, wirtschaftlichen und polizeilichen Beziehungen" zurück, die 1874 auf der ersten General-Versammlung des Verbandes deutscher Architekten- und Ingenieurvereine formuliert worden waren und „allgemein empfahlen", dass auch bei Hofhäusern die bei den Vorderhäusern geltende Regel, dass die Höhe den Abstand nicht überschreiten dürfe, eingehalten werden solle.[301] Die Cottbuser Bauordnung machte somit keine Vorgaben zur Bebauungsdichte der Grundstücke.[302] Damit stand baurechtlich einer intensiven Flächennutzung nichts im Wege.

29 Bauhof des Baugeschäftes Hermann Pabel & Co. In der Karl-Liebknecht-Straße 4: Eines der größten Bauunternehmen von Cottbus (Stadtgeschichtliche Sammlungen Cottbus)

Die Blockrandbebauung wurde in den Stadterweiterungsgebieten zur dominierenden Bauform. Aufgrund der geringen Tiefe der Parzellen, die ja durch den Bebauungsplan festgelegt worden war, blieb der Anteil der Hofbebauung jedoch vergleichsweise gering. Zudem wurde von der Möglichkeit, das Grundstück bis auf einen kleinen aus Brandschutzgründen erforderlichen Innenhof vollständig zu bebauen, – zumindest in der westlichen Stadterweiterung – nur selten Gebrauch gemacht. Bei sehr kleinen Grundstücken, aber auch bei den Eckgrundstücken waren die verbleibenden Hofflächen jedoch oft sehr gering.

Mit den wirtschaftlichen und gesellschaftlichen Veränderungen der Kaiserzeit veränderten sich auch die Strukturen der Bauwirtschaft, vor allem in den Großstädten.[303] Das Auftragsgeschäft durch private Bauherren verlor an Bedeutung, während die Nachfrage nach Mietwohnungen stieg. Unter diesen Umständen wurden die Bauunternehmen auch „spekulativ" tätig, d.h. sie traten in Vorleistung, errichteten auf eigene Kosten Häuser oder Wohnungen, die dann gewinnbringend verkauft oder vermietet wurden.[304] Aus den Cottbuser Baugenehmigungen lässt sich ab 1895 der Anteil der spekulativ errichteten Neubauten ermitteln.[305] 1896 waren bei nur knapp fünf Prozent der neu errichteten Wohnbauten Bauherr und ausführendes Unternehmen identisch. Damit war der Anteil an Spekulationsbauten sehr gering. Fast neunzig Prozent der Aufträge der privaten Bauherren dieses Jahres gingen jedoch an vier große Bauunternehmen (Abb. 29).[306] 1904 wurde knapp ein Drittel der Wohnbauten durch Unternehmer in Eigenregie errichtet; 1910 hatte sich dieser Anteil auf vierzig Prozent erhöht.[307] Angesichts des vergleichsweise geringen Anteils spekulativer Bauten vor 1904 muss allerdings berücksichtigt werden, dass die Miethausneubauten in Sandow, dem Zentrum des Arbeiterwohnens, damals noch nicht in der Cottbuser Statistik erfasst wurden, da dieser Vorort erst 1904 eingemeindet wurde.

In Verbindung damit stand eine Veränderung der Bauaufgaben. Bis in die 1890er Jahre hinein bildeten noch kleine zwei- bis dreigeschossige Wohnhäuser einen erheblichen Anteil unter den Neubauten. Danach wurde das große Miethaus mit den durch die Bauordnung maximal erlaubten fünf Geschossen zum dominierenden Bautypus.[308] Das spekulative Bauen war besonders lukrativ, wenn Rationalisierungseffekte genutzt werden konnten. Vor allem in den noch unbebauten, erst kürzlich erschlossenen Stadterweiterungsgebieten konnten die Unternehmer geschlossene Flächen bzw. zusammenhängende Grundstücke erwerben. Bei solchen Projekten zeigt sich häufig eine mehr oder minder offensichtliche Tendenz zur Formvereinheitlichung. Dieses Reproduzieren von Grundrissen und Innenausstattungen war für die Unternehmer wesentlich effizienter, als jedes Haus individuell zu planen und zu bauen. Um diese Typisierung nicht zu offensichtlich werden zu lassen, wurden die Fassaden durch unterschiedliche, dem Zeitgeschmack entgegenkommende Vorbauten bzw. Dekorvarianten differenziert.[309]

Die Verzeichnisse der Gewerbetreibenden in den lokalen Adressbüchern zeigen, dass trotz des steigenden Bauvolumens die Zahl der lokalen Bauunternehmen sowie der im Baubereich tätigen Gewerke, wie Zimmerer oder Dachdecker, kaum stieg.[310] Dabei dürften manche Gewerke erhebliche Auftragsschwankungen infolge schneller Stilwechsel zu spüren bekommen haben.[311] Massiven Schwankungen war das Stuckateurhandwerk ausgesetzt. Nach den eher schlichten spätklassizistischen Bauten erfolgte am Ende des 19. Jahrhunderts mit der zunehmenden Üppigkeit des historischen Fassadendekors ein erheblicher Aufschwung, der sich mit dem Hang zu individuellen ornamentalen Gestaltungen im Jugendstil fortsetzte, um dann mit der sich nach 1905 durchsetzenden vereinfachten, schlichten Fassadengestaltung einen kompletten Einbruch zu erleben. Außerdem war gerade hier die industrielle Konkurrenz groß.[312] Seriell hergestellte Produkte mussten dabei nicht zwingend von schlechterer Qualität sein. Häufig zeigte sich hier jedoch eine Tendenz zu einfacheren Formen, da filigrane Details oder Überschneidungen eine handwerkliche Nachbearbeitung erfordert hätten.

Abnehmer für solchen eher anspruchslosen Fassadenschmuck fanden sich vor allem im Bereich der einfachen Miethausarchitektur. An gehobenen Bauaufgaben – dazu gehört auch das obere Spektrum der Miethäuser – zeigt sich neben qualitätvollen vorgefertigten Stuckelementen auch ein hoher Anteil an Fassadenstuck, der handwerkliche Ausarbeitung bzw. Überformung erkennen lässt (Abb. 37).

Eines der zwei Cottbuser Stuckateurgeschäfte betrieb der Bildhauer Walter Adler in der Schillerstraße 25. Das Werkstattgebäude hat sich im Hof erhalten. Adler arbeitete mit großen Unternehmen wie dem Baugeschäft Hermann Pabel & Co. zusammen.[313] Sein Leistungskatalog umfasste „Gipsstuck, Cementguss und Kunststein", außerdem führte er „Zug- und Glättarbeiten" sowie „Antragarbeiten" aus.[314] In manchen Bauunterlagen lässt sich die Schnittstelle zwischen Architekt und Stuckateur noch nachvollziehen. So finden sich in den vom Architekten erstellten Fassadenansichten nur Andeutungen zur Ausformung des Dekors. Auf dieser Grundlage erstellte der Stuckateur dann Dekorentwürfe für die einzelnen Bauteile, teils im Maßstab 1:5. Mehrfach überarbeitete Entwurfspläne zeigen, dass man vieles wieder verwarf, um im nächsten Entwurf dieses Element dann doch etwas neubarocker oder etwas mehr in Richtung Jugendstil zu gestalten.[315]

Aufwendig sind auch die Abrechnungen solcher Arbeiten. Jede „Fries- und Fensterfüllung", jede „Kreuzblume", jedes „Bandmotiv" wurde einzeln aufgeführt. Selbst ein für die Zeit vor 1900 vergleichsweise schlichter Fassadendekor, wie er sich in der Schillerstraße 46 (Abb. 30) findet, kostete 329 Mark, also etwa die Hälfte des Jahreslohnes eines Textilarbeiters.[316] Teils finden sich an exponierten Stellen – gerade auch an der Verbindung zwischen Bahnhof und Altstadt – besonders aufwendig gestaltete Bauten, für die sich eine spekulative Errichtung nachweisen lässt. Als besonders markantes Beispiel sei hier nur

30 Schillerstraße 46 (1897 erbaut): Reduzierter, aber kostspieliger Bauschmuck (Aufnahme 2000, Roland Wieczorek)

die Schillerstr. 33 genannt (Abb. 43), die 1901/02 durch den Bauunternehmer Patzelt errichtet wurde. Solche prägnanten Bauten müssen für die ausführenden Unternehmen auch Referenzfunktion gehabt haben, denn im Gegensatz zu privaten Bauherren konnten den von der lokalen Klientel abhängigen Unternehmen Wirkung und öffentliche Meinung nicht egal sein. Allerdings ist damit natürlich auch verbunden, dass die Bereitschaft zum gestalterischen Experiment, zur Innovation in bestimmten Grenzen blieb.[317]

Letztendlich ist das spekulative Bauen der Kaiserzeit jedoch ganz allgemein in Verruf gekommen. Die umfangreiche Literatur, die sich um die Jahrhundertwende mit Wohnreform, Städtebau und Architektur befasst, zeigt wenig Ansätze, das spekulative Bauwesen als solches zu differenzieren.[318] Allerdings waren in den Großstädten die Folgen spekulativen Bauens auch gravierender. Aufgrund konstanter Nachfrage und hoher Renditeaussichten wurden hier ganze Straßenzüge, ja ganze Viertel, in nur wenigen Jahren einheitlich bebaut.[319] Hier zeigt sich, dass Cottbus wie andere kleinere Städte von einer gewissen „Trägheit" ihrer Entwicklung profitierten. Hier zog sich die Bebauung – gerade der größeren Straßen – oft über mehrere Jahrzehnte hin, was angesichts der dynamischen Stilentwicklung dieser Zeit zu einer formalen Differenzierung des Straßenbildes beitrug.

Rahmenbedingung „Wohnfunktionen"

Eine erste schichtenspezifische Differenzierung nach Wohnfunktionen erfolgte 1876 auf städtebaulicher Ebene in Baumei-
sters Publikation zu den Stadterweiterungen:
*„Für reiche Villenbezirke sind wo möglich ansteigendes Ter-
rain, schöne Aussicht, Nähe von Wasser und Wald zu wählen;
bei mittleren Wohnungen dieser Art kommt es auf nicht allzu große Entfernungen von der Geschäftsstadt und Nähe der
dorthin gerichteten Verkehrsmittel an; den Arbeiterwohnungen
dürften die gleichen Rücksichten in Bezug auf die Industrie-
bezirke zu widmen sein."* [320]

Daneben gab es auch andere Konzepte. So sprach sich
der Berliner Stadtbaurat James Hobrecht für das Nebeneinander der verschiedenen sozialen Gruppen innerhalb eines Miethauses aus. In der Belétage sollten Wohnungen für gehobene
Ansprüche entstehen, in den darüber liegenden Geschossen dagegen kleinere Wohnungen für den Mittelstand. Gewerke und
Geschäfte konnten sich im Erdgeschoss des Vorderhauses und
im Hinterhaus ansiedeln. Dort sollten dann auch noch einfache

Wohnungen für die Unterschicht entstehen.[321] Auch Stübben
schrieb 1890, dass „in den großen Miethäusern das Zusammen-
wohnen des Handwerksmeisters im Erd- oder Kellergeschoss
mit dem Reichen in den oberen Stockwerken nichts ungewöhn-
liches ist."[322] Allerdings wies er darauf hin, dass sich dieses Phänomen auf die Seitenstraßen beschränkt, da „Promenaden und
Luxusstraßen für die Ansiedelung von Handwerkern, wegen der
Höhe des Bodenpreises und der Miethe, ungeeignet" seien.[323]

Diese Funktionsmischung, diese räumliche Verbindung von
Arbeiten und Wohnen sowie verschiedener Wohnstandards,
war eine tradierte Wohnstruktur, die in Verbindung mit klein-
gewerblichen Unternehmen funktionierte, angesichts der Vergrößerung der Betriebe in den enger werdenden Stadträumen
jedoch so nicht mehr aufrechtzuerhalten war. Dies führte dazu,
dass sich im kaiserzeitlichen Cottbus, wie in anderen Städten
auch, letztendlich beide Formen fanden. Neben den gemischten
Wohnformen bildeten sich Schwerpunkte vor allem für das
Ober- und Unterschichtwohnen heraus. So wurde zu Beginn
der Kaiserzeit der Altbaubestand in der Kernstadt zum Schwerpunkt des Arbeiterwohnens. Wehler spricht in diesem Zusam-

31 *Fabrikantenwohnhaus am Os-
trower Damm
(Stadtgeschichtliche Sammlungen
Cottbus)*

menhang von einem „Schwammeffekt" der Altstädte.[324] Die damit verbundene bauliche Verdichtung verringerte jedoch die Wohnqualität in diesen Bereichen. Als das Raumpotential der Altstadt erschlossen war, erfolgte eine Verlagerung des Arbeiterwohnens in die Vororte, vor allem in das noch nicht eingemeindete und damit auch nicht unter die Bestimmungen der kommunalen Bauordnung fallende Sandow, das zudem auch günstig zu den sich entlang der Spree erstreckenden Fabriken lag. Flächensanierungen sowohl in Sandow als auch in den Randbereichen der Altstadt haben diese einfachen kaiserzeitlichen Wohnformen weitgehend verdrängt.

Wesentlich höherer Wohnkomfort fand sich damals in den neu entstandenen Stadterweiterungsgebieten. Hier bestimmten breite, durchgängig gepflasterte Straßen das Bild. Die Wohnungen waren besser belichtet und zudem an Gas, Kanalisation, Wasser und später auch Strom angeschlossen. In den besseren Straßen gab es Häuser mit derart großzügigen Wohnungszuschnitten, dass diese im Kontext der altstädtischen Bebauung auf kleinen Parzellen kaum umsetzbar gewesen wären.

Die repräsentativsten Wohnungen und Häuser entstanden entlang der Bahnhof- und Karl-Liebknecht-Straße. Solche Hauptlinien mit besonders breiten Straßenquerschnitten gehörten damals zu den „besten und vornehmsten Wohnstraßen."[325] Villen entstanden zu Beginn der Kaiserzeit fast ausschließlich im Kontext der Fabriken (Abb. 31), nach 1905 dann auch zunehmend in den nördlichen und südlichen Stadterweiterungsgebieten. In der Relation zum zeitgenössischen Miethausbau blieb der Anteil an Einfamilienhäusern am Gesamtbestand jedoch gering. Man dürfte in Cottbus – wenn überhaupt – nicht weit von dem Verhältnis der Großstädte entfernt gewesen sein, wo neun Zehntel des Bauvolumens Miethäuser waren.[326] Hier muss jedoch berücksichtigt werden, dass der Anteil der Miethäuser, die auch vom Eigentümer bewohnt wurden, groß war. Das Wohnen im Miethaus war somit im 19. Jahrhundert ein schichtenübergreifendes Phänomen. Vor diesem Hintergrund entwickelte sich das Miethaus zu einem überaus differenzierten Bautypus. Das Spektrum reichte von herrschaftlichen Wohnungen, die das ganze Raumprogramm der zeitgenössischen Villenarchitektur enthielten, bis zu Kleinstwohnungen für Arbeiterfamilien mit gemeinschaftlicher Nutzung von Küche und sanitären Einrichtungen.

Durch die Einbindung in die Blockrandbebauung waren der Entwicklung und Variation der Grundrisse jedoch Grenzen gesetzt. Die am häufigsten vertretene Form ist das straßenseitige Vorderhaus mit einem oder zwei Seitenflügeln zum Hof. Teils finden sich auch flache Quergebäude. Zeittypisch für die damals bevorzugten, straßenseitigen Vorderhäuser, vor allem vor 1900, ist der große Anteil an repräsentativen Räumen. In der gehobenen Mietwohnung finden sich – den gesellschaftlichen Gepflogenheiten der Zeit entsprechend – fast ausnahmslos Salon, Esszimmer und Wohnzimmer, die anfangs vor allem straßenseitig, später mehr in die Gebäudetiefe hinein eine Raumflucht ausbilden (Abb. 32). Breite Verbindungstüren unterstreichen den weiträumigen Charakter solcher Raumfolgen und ermöglichten die Aufstellung ausgedehnter Tafeln für größere Gesellschaften. Die ausschließlich privat genutzten Räume, wie Schlaf- und Kinderzimmer, befanden sich an der Hofseite, häufig im Seitenflügel.

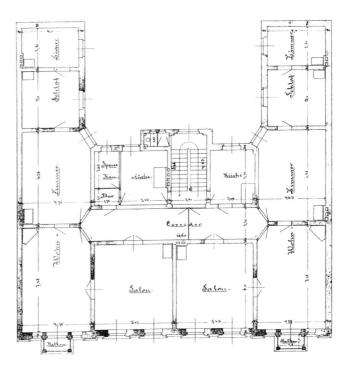

32 Grundriss Bahnhofstraße 55 (1883/84 erbaut), 1. Obergeschoss: Der Salon als repräsentativer Bestandteil der bürgerlichen Wohnung (Stadtgeschichtliche Sammlungen Cottbus)

33 Grundrisse Bahnhofstraße 19 (1904 erbaut): Das „Familienwohnhaus" auf drei Geschossen (Stadtgeschichtliche Sammlungen Cottbus)

Zum bürgerlichen Haushalt gehörten in der Regel auch Dienstbo-ten.[327] Für die Unterbringung des Hausmädchens stand zumeist eine kleine, unmittelbar an die Küche anschließende Kammer zur Verfügung. Zudem gab es für die Dienstboten eine separate Er-schließung des Hauses. Neben den repräsentativen Haupttreppen-häusern für die „Herrschaften" gab es spezielle Dienstbotentrep-pen. In Cottbus sind diese häufig als Spindeltreppen ausgebildet, die als runde Treppentürme an die Hofseite angebaut wurden.

Auch an einfacherer Miethausarchitektur mit kleinen Woh-nungen zeigt sich der Hang zum Repräsentativen. Trotz beengter Verhältnisse war auch hier die besonderen Gelegenheiten vor-behaltene „Gute Stube" ein Muss. Hinter solchen Wohnformen steht jedoch nicht nur ein gestalterischer Trend der Zeit; sie dienten auch der Demonstration des sozialen Status in der Klas-sengesellschaft der Kaiserzeit. Während das wohlhabende Groß-bürgertum herrschaftliche Wohnformen kopierte, waren Extra-vaganzen der kleinbürgerlichen Architektur ein Mittel, um sich vom Arbeiterwohnen in der Mietkaserne zu distanzieren.[328]

Dieser repräsentative Zug des Wohnens kam um die Jahrhun-dertwende in die Kritik. Nun wurde den privaten Bedürfnissen und Räumlichkeiten ein höherer Stellenwert beigemessen.[329] Ausdruck dieser Entwicklung ist die Bezeichnung „Familien-haus", wie sie sich in einem unkonventionellen Wohnhausent-wurf für den Rechtsanwalt Carstens in der Bahnhofstr. 19 zeigt (Abb. 33). Hier fügt sich ein Einfamilienhaus in die Blockrand-bebauung ein. Das Raumprogramm wurde auf drei Geschosse verteilt. Der Anteil der Privaträume an der Gesamtwohnfläche hat sich nun erheblich erhöht. Für die Kinder gab es neben den Schlafzimmern noch ein separates Spielzimmer im Erd-geschoss.[330] Allerdings hat dann auch die so auf Sachlichkeit bedachte Zeit nach 1905 ihre eigenen Repräsentationsformen entwickelt. Dazu gehören die großen Dielen, die sich nun häu-fig in den Eingangsbereichen der gehobenen Mietwohnungen finden.[331] Damit wurde ein Element der zu dieser Zeit als vor-bildlich angesehenen englischen Landhausarchitektur auf das Miethaus übertragen.[332]

Rahmenbedingung
„Stilentwicklung und ideeller Hintergrund"

Ein Stil, ein gemeinsames formales Gestaltungsmuster, existierte in der Kaiserzeit nicht mehr. In der pluralistischen bürgerlichen Gesellschaft hatten sich unterschiedliche formale Präferenzen entwickelt, die sich durch verbesserte Austausch- und Kommunikationsmöglichkeiten zunehmend beeinflussten, was ihre Grenzen verschwimmen ließ und die Eindeutigkeit ihrer Zuordnung erschwert. Im folgenden werden vor allem die Ursachen formaler Veränderung aufgezeigt. Denn dort, wo gestalterische Neuerungen Reaktionen auf Bestehendes sind und damit eine Gegenbewegung zu vorhandenen Formen darstellen, lassen sie noch am ehesten einen gemeinsamen formalen Nenner erkennen.

HISTORISMUS

Der Historismus mit seiner Wiederaufnahme historischer Stilformen ist in der zweiten Hälfte des 19. Jahrhunderts die prägende Stilrichtung.[333] Die architekturtheoretische Auseinandersetzung mit dem schon früher auftretenden Phänomen „Historismus" war bereits um die Jahrhundertmitte erfolgt. Dies mag die Ursache für das „architekturtheoretische Vakuum" gewesen sein, das nach Kruft am Ende des 19. Jahrhunderts in Deutschland herrschte.[334] Grundlegend für das architekturtheoretische Verständnis der frühen Kaiserzeit waren die Positionen der vorangegangenen Diskussionen. Zentral war die 1860 von Gottfried Semper formulierte Bekleidungstheorie, wonach nur die Konstruktion als Zweckform funktional gebunden sei.[335] In den darüber hinausgehenden Elementen sah Semper gestalterische Spielräume, in denen dann die zeittypischen Stilformen zum Ausdruck kommen könnten.[336] Nach Semper ist Stil Ergebnis gesellschaftlicher Prozesse. Erst mit neuen Ideen könne sich auch ein neuer architektonischer Ausdruck, eine neues architektonisches Kleid herausbilden.[337] „Bis es dahin kommt", so Semper, „muß man sich so gut es gehen will, in das Alte schicken."[338] Semper selbst ist dabei überaus erfolgreich. Mit seinen Entwürfen im Stil der Neurenaissance verhalf er dieser Stilrichtung, die sich an Formen der italienischen Architektur des späten 15. und des 16. Jahrhunderts orientierte, auf breiter Basis zum Durchbruch.[339] Nicht nur sein Dresdner Theater (1838-1841), auch die dortige Villa Rosa (1839) wurden zu Prototypen dieser Stilrichtung.[340]

Als Cottbus in den 1870er Jahren verstärkt zu wachsen begann, hatte sich die Neurenaissance zur dominierenden Stilrichtung des Historismus entwickelt. Ihr Formenspektrum erwies sich als überaus geeignet für die Übertragung auf die zeitgenössischen Bauaufgaben. Gerade für die Miethausarchitektur waren die mehrgeschossigen Stadtvillen der

34 Bahnhofstraße 54-55 (1883/84 erbaut) (Aufnahme 2000, Roland Wieczorek)

35 Bahnhofstraße 60 (1886/87 erbaut) (Aufnahme 2000, Roland Wieczorek)

36   Lausitzer Straße 38 (1892 erbaut) (Aufnahme 2000, Roland Wieczorek)

*37   Karl-Liebknecht-Straße 18 (1897 erbaut), Maske als Schlussstein
(Aufnahme 2000, Roland Wieczorek)*

italienischen Renaissance ideale Vorbilder: Die regelmäßige Reihung der Fensterachsen verband sich mit einer differenzierten Geschossausbildung, die durch kräftige Gesimse horizontal betont wurde. Das kräftig rustizierte Erdgeschoss übernahm die Funktion eines Sockelgeschosses, die darüber liegende Belétage setzte sich durch ihre größere Geschosshöhe, aber auch durch reichere Fensterarchitekturen von den anderen Obergeschossen ab. Der Gebäudeabschluss, sei es nun in Form einer Attika oder eines Attikageschosses, wird durch ein ausladendes, häufig auf Schmuckkonsolen aufliegendes Traufgesims akzentuiert. In dieser Abfolge zeigt sich ein klassisches Gliederungsprinzip: Mit ihrer reicheren Gliederung fassen Sockel und Fassadenabschluss die Wandfläche, welche ihrerseits durch die wechselnde Geschossausbildung differenziert wird. Besonders reiche Beispiele dieser Stilrichtung entstanden in den 1880er Jahren in der Bahnhofstraße (Abb. 34-35). Die freistehenden Häuser dieser Stilrichtung zeigen kubische Grundformen, typisch ist hier auch die seitliche Erschließung, um die Fensterreihung und Raumfolge der Frontseite nicht durch ein Treppenhaus zu unterbrechen. Der Bauschmuck der Neurenaissance wird vorwiegend von tektonischen Motiven bestimmt (Abb. 36). Gesimse, Pilaster und Fensterarchitekturen werden zu einer Gliederungsstruktur zusammengefasst. Im Putzbau sind diese Formen meist über gemauerten Vorsprüngen mit Profilen gezogen. Neben vorgefertigtem Stuckdekor wurden mit Modelformen hergestellte Stuckdetails im noch nicht erhärteten Zustand angetragen und oft noch handwerklich überformt (Abb. 37).[341] An Backsteinbauten sind Gliederungselemente in Werkstein oder Kunststein ausgeführt. Kleinteilige Formen wurden dann meist in Gipsstuck ergänzt. Das Dekorprofil der Fassaden kommt auch straßenräumlich zur Geltung, wie der ausschließlich von Neurenaissanceformen geprägte Straßenabschnitt der Anfang der 1890er Jahre bebauten Lausitzer Straße beispielhaft zeigt (Abb. 38).[342]

Im Rahmen der Blockrandbebauung bot die Neurenaissance jedoch relativ wenig Variationsmöglichkeiten. Die Fassadenflächen fluchteten unakzentuiert in die Tiefe des Straßenraumes und dort, wo eine spekulative Errichtung zur Wiederholung identischer Grundformen führte, kam die Uniformität der Straßenräume in die Kritik. Der erste, der sie breitenwirksam formulierte, war Camillo Sitte. In seinem 1889 erschienen Buch „Der Städtebau nach seinen künstlerischen Grundsätzen" schrieb er:

38   Lausitzer Straße 36-42 (1890-
1892 erbaut)
(Aufnahme 2000, Roland Wieczorek)

„Alles dehnt sich in's Masslose, und die ewige Wiederholung derselben Motive allein schon stumpft die Empfänglichkeit so ab, dass nur noch ganz besondere Krafteffecte noch einige Wirkung zu erzielen vermögen." [343]

Im Hinblick auf die „Krafteffecte" sollte Sitte recht behalten, auch wenn diese anfangs noch ganz bescheiden auftraten. So zeigen sich in Cottbus in den frühen 1880ern erste Ansätze mit Balkonen, flachen Risaliten und Blendgiebeln die Regelmäßigkeit der Fassade aufzubrechen. Weitergehende Möglichkeiten der Akzentuierung boten die Architekturformen der nordeuropäischen Renaissance. In dieser Stilrichtung verbanden sich spätgotische Elemente, wie Giebel- und Erkerformen, mit den eher kubischen Formen der italienischen Renaissance. Auch für die Verwendung von Backstein finden sich hier Vorbilder (Abb. 39). Grundlage für die Rezeption dieser Stilrichtung war die 1873 erschienene und 1882 erneut aufgelegte Publikation „Geschichte der Renaissance in Deutschland".[344] Auch bei der Wiederaufnahme des Barock, der während

39 Schillerstraße 52 (1896 erbaut)
(Aufnahme 2000, Roland Wieczorek)

des Klassizismus zum „Unstil" degradiert worden war, spielten kunsthistorische Publikationen eine vermittelnde Rolle.[345] Mit der neuen Wertschätzung verband sich die Übernahme in die zeitgenössische Architektur. Die barocken Gestaltungsmuster mit ihren schwingenden Formen, mit ihrem sich vom tektonischen Gerüst lösenden Dekor entsprachen dem auf Akzentuierung ausgerichteten Formwillen der Zeit. Die asymmetrischen Fassadengliederungen blieben jedoch bestimmend, nicht selten in Verbindung mit einer steigenden Zahl an Vorbauten. Auch der bisher wenig in Erscheinung tretende Dachbereich wurde nun vielteilig strukturiert und entwickelte sich zu einem eigenständigen Gestaltungselement (Abb. 40). Damit erweiterten sich auch die Möglichkeiten der Akzentuierung der Fassaden im Straßenraum.

Im Späthistorismus wurde das Formenspektrum zunehmend erweitert. Mit dem Kombinieren von Einzelformen aus verschiedenen historischen Richtungen wurde die Orientierung an geschlossenen Stilsystemen aufgegeben. Dies erhöhte die gestalterische Eigenständigkeit. Im Zusammenhang mit dieser Entwicklung stand eine freiere, sich immer weiter von historischen Gestaltungsmustern lösende, Verwendung der Formen (Abb. 41). Dazu gehörte auch die kurz vor 1900 entwickelte Vorliebe für filigrane organische Dekorformen. In diesem Zusammenhang wurde auch die Gotik mit ihrem Ast- und Blatt-

werkmotiven wieder aktuell.[346] Im Hinblick auf Linienbetonung und Stilisierung erfolgte hier ein fließender Übergang zu den Formen des Jugendstils. Der neue individuelle Anspruch beschränkte sich jedoch nicht auf den Dekor. Kurz vor der Jahrhundertwende entstanden dann auch Bauten, deren Gestaltung einen so eigenständigen Umgang mit dem historischen Formenspektrum zeigt (Abb. 42), dass hier eine Äußerung Wallots zutrifft, wonach die historischen Stile „dem Architekten nur das Sprungbrett sein sollten, von dem aus er sich zu eigenem selbständigen Schaffen erhöbe."[347]

DIE ARCHITEKTURREFORM:
WEG VOM HISTORISMUS, ABER WOHIN?

Nach dem „architekturtheoretischen Vakuum", nach dem jahrzehntelangen „sich in das Alte schicken", setzte am Ende des 19. Jahrhunderts in den deutschsprachigen Ländern auf

40 Schillerstraße 55 (1895 erbaut) (Aufnahme 2000, Roland Wieczorek)

41 Schillerstraße 47 (1897/98 erbaut) (Aufnahme 2000, Roland Wieczorek)

42 Schillerstraße 57 (1897 erbaut)
(Aufnahme 2000, Roland Wieczorek)

breiter Basis die Abwendung vom Historismus ein. Rückblickend hat es der einflussreiche Verleger Alexander Koch, der mit seinen Zeitschriften zur Verbreitung der neuen Formen beitrug, so formuliert:

„In jenen Jahren begann man des kopistischen Herumwühlens in den historischen Stilen geradezu überdrüssig zu werden. Alle Vergangenheit war sattsam durchforscht. ... Der Kunstgewerbler hungerte nach etwas Neuem, nach Formen, die der Gegenwart angehörten, die unserem Geist, unseren Bedürfnissen und Möglichkeiten entsprachen." [348]

In der Architektur entstanden die neuen Formen anfangs vor allem dort, wo sich reformwillige Bauherren und kreative Architekten verbanden. Brüssel, München, Wien, Glasgow und Darmstadt gehören zu den Orten, wo mit neuen gestalterischen Möglichkeiten experimentiert wurde, um die etablierten historischen Formen zu überwinden.[349] Die regionalen Eigenheiten – auf herausragende, dort tätige Künstlerpersönlichkeiten zurückgehend – waren jedoch nicht von langer Dauer. Über Kunstzeitschriften, Ausstellungen und persönliche Kontakte erfolgte eine schnelle Verbreitung und damit auch Weiterverarbeitung der neuen Formen, was die Zuordnung einzelner stilistischer Strömungen erschwert.[350] Schnell fanden die hier entwickelten Formen Eingang in die Alltagsarchitektur, wurden auf die Bedürfnisse anderer Bauaufgaben zugeschnitten, wurden modifiziert und vielfach auch trivialisiert. Bereits 1900, die neuen Formen hatten gerade erst angefangen sich zu etablieren, unternahm Koch erste Abgrenzungsversuche gegen diese Vereinnahmung:

„Man hört jetzt so viel von „Jugend-Stil", von „sezessionistischer Richtung", und ganze Gebiete des Gewerbes scheinen geradezu überschwemmt von den Wellen dieser Unterströmungen, die im Grunde nichts sind als eine leichtfertige Ausbeutung dessen, was unsere Künstler und Gewerbetreibenden errungen haben. Dagegen wollen wir energisch Verwahrung einlegen! ... Los vom sogenannten Jugend-Stil, der mit dem Geiste der neuen Richtung absolut auch nicht das geringste gemein hat." [351]

Als Reaktion auf die publizistische Kritik – andere Autoren sollten sich ähnlich äußern – setzte ein stilistischer Transformationsprozess ein. Viele der im ornamentalen Jugendstil arbeitenden Architekten reduzierten den Dekor, passten ihren Stil „dem Geist der neuen Richtung" an. Der Umbruch war fließend. Erste Beispiele finden sich in Cottbus 1905. Bis 1910 hatte sich

die neue Richtung durchgesetzt. Bis heute ist in der Kunstgeschichte umstritten, wie dieser „Geist der neuen Richtung" zu fassen ist.[352] Mit dem Begriff „Spätjugendstil" wird eine vielfach nicht vorhandene formale Kontinuität zum frühen, ornamentalen Jugendstil hergestellt und der Begriff „Reformarchitektur" ignoriert, dass ja eigentlich schon der vorangegangene Jugendstil eine Reformbewegung darstellte, die dann in Teilen auch weitergeführt wurde.

DER JUGENDSTIL

In den letzten Jahren des 19. Jahrhunderts hatte sich der Begriff „Jugendstil" in Deutschland durchgesetzt. Auslöser waren die schwungvollen linearen Dekorformen Otto Eckmanns gewesen, die 1897 auf der „Ausstellung für das Grafische Gewerbe" in Leipzig gezeigt und in der Zeitschrift „Jugend" veröffentlicht worden waren. Von der Kritik waren sie spöttisch mit dem Begriff „Jugendstil" belegt worden.[353] Schwingende Linien und vegetabile Formen bildeten das Grundmotiv des frühen Jugendstils, das Grafik, Kunstgewerbe und Architektur prägte. Vorbilder fanden sich vor allem bei den Präraffaeliten, bei Arts-and-Crafts und in der japanischen Kunst.[354] Das Schwellende, Keimende dieser Formen lässt sich auch mit den von Darwin beeinflussten, naturwissenschaftlichen Publikationen der Zeit in Verbindung bringen, die sich mit den Urformen des Lebens befassten.[355] Die neuen, in Malerei und Grafik entwickelten Motive boten den Architekten eine Alternative zum überkommenen historistischen Formenapparat, wie frühe Entwürfe von Horta, van de Velde, Endell und Olbrich zeigen.[356]

Parallel dazu wurde – vorbereitet durch die Arts-and-Crafts-Bewegung, auf die später noch eingegangen wird – ein neuer Gestaltungsanspruch formuliert. Danach sollte sich die Entwurfsidee durch das gesamte Bauwerk ziehen. Selbst Details sollten darauf abgestimmt und individuell entworfen werden. Ziel war das Gesamtkunstwerk, die Harmonisierung des Ausdrucks:

„Ein ausgebildetes verfeinertes Formgefühl ist die Grundvoraussetzung allen architektonischen Schaffens, und das kann man nicht intellektuell erlernen ... Und wollt ihr Schönheit erfassen lernen, so müssen eure Augen so fein werden, dass ihr ohne weiteres das Schöne auch im kleinsten Detail herausfühlt." [357]

Der Anspruch, nun auch in jedem Detail „das Schöne" zum Ausdruck zu bringen, ließ sich mit dem Vordringen der neuen

Formen in die Alltagsarchitektur nicht aufrechterhalten. Hier wurden die Einzelformen isoliert und kombiniert. Hier zeichnete sich ab, dass es dem Jugendstil ergehen sollte wie den historischen Stilrichtungen, er wurde vielfach zu einer Dekorvariante reduziert. Denn die bereits im Späthistorismus im Rahmen der Blockrandbebauung vorherrschenden, asymmetrischen, vielteilig durch Vorbauten untergliederten Fassadengliederungen, wurden häufig auch im Jugendstil beibehalten.

Mit der Jahrhundertwende tauchen die neuen Formen in Cottbus auf. Typisch sind stilisierte Blatt-, Blumen-, Band- und Rispenmotive, anfangs findet sich die Verbindung mit ähnlich filigranem, neugotisch beeinflussten Dekor (Abb. 43). Figürliche Motive sind häufig so vereinfacht, dass sie in eine ornamentale Form übergehen. Auch Voluten, Kartuschen und Masken,

eigentlich historistische Motive, treten im Jugendstil auf, allerdings so stark stilisiert, dass das ursprüngliche Motiv in der ornamentalen Gesamtstruktur aufgeht. In Verbindung damit steht die Auflösung der Grenzen zwischen Dekor und tektonischer Grundstruktur, die typisch für den Jugendstil ist. Teils lösen sich die rahmenden und gliedernden Formen selbst in flächiges Ornament auf oder der Dekor geht intarsienartig in der Fassadenfläche auf (Abb. 44). Gerne wurden auch unterschiedliche Putzstrukturen zur Gliederung der Wandflächen eingesetzt. In seiner filigranen Form und in der engen Verschmelzung mit der Wandfläche zeigte sich das Jugendstilornament für industrielle Vorfertigung wenig geeignet, zumal die Übergänge zwischen Strukturputz und Dekor oft fließend waren. Entsprechend individuell sind die meisten Fassadenentwürfe. Die handwerkliche

43 *Schillerstraße 33 (1901/02 erbaut), Eckerker (Aufnahme 2000, Roland Wieczorek)*   44 *August-Bebel-Straße 11 (1905/06), Erkerdetail (Aufnahme 2000, Roland Wieczorek)*

Ausformung des Dekors vor Ort, die Spuren manueller Fertigung (Abb. 45) lassen sich an zahlreichen Beispielen erkennen.[358] An historischen Vorbildern orientierte Gestaltungen wurden jedoch nicht völlig zurückgedrängt. Häufig verbanden sich historistische Gliederungsstrukturen mit den Dekorformen des Jugendstils, damit blieben auch nach 1900 die Grenzen zwischen Historismus und Jugendstil fließend.

1901/02 wird in der Schillerstraße 48 das erste Cottbuser Gebäude errichtet, das ausschließlich von Formen des Jugendstils geprägt ist (Abb. 46). Hier zieht sich die geschwungene Linie durch alle Bauteile: Der Giebel ist geschweift, ebenso der Kämpfer des großen Giebelfensters. Die Fenstergewände sind abgerundet. Der Erker und die Gesimslinie des Sockels schwingen aus. Mit seinen Rispen- und Bandformen spannt sich der ve-

getabile Dekor über die Wandflächen. Hier verschmelzen Bauform und Dekor. Auch Details wie Fenstergitter oder -sprossen sind nun mit ihren geschwungenen Formen in die Gesamtstruktur eingebunden.

Dieser umfassende Gestaltungsanspruch ließ sich an der Miethausarchitektur jedoch meist nicht – wie an den elitären Bauaufgaben der Vorbilder – bis ins Detail umsetzen. Entwurfsaufwand und Kosten individueller Herstellung waren zu hoch. Zwar wiederholen sich auch hier vereinzelt Motive der Fassade im Inneren, teils sogar an Ausstattungsdetails anderer Gewerke, so z.B. an den Türen. Die Regel war jedoch, dass die Gewerke vorgefertigte Teile liefern.[359] Selbst eigenwillig gestaltete Fassaden lassen in den Innenstrukturen meist kein zusammenhängendes gestalterisches Konzept erkennen. Der ornamentale Jugendstil hatte nur weni-

45   *Lausitzer Straße 43 (1903/04), Fassadendetail (Aufnahme 2000, Roland Wieczorek)*

46   *Schillerstraße 48 (1901/02 erbaut) (Aufnahme 2000, Roland Wieczorek)*

ge Jahre Bestand. Unter der Kritik am überreichen Baudekor, die ja schon während des Späthistorismus aufgekommen war, setzte nach 1905 eine Entwicklung ein, die den Bauschmuck zurückdrängte und schlichte, kompaktere Formen entwickelte. Typisch für den späten Jugendstil sind geometrische Formen (Abb. 47), oft in Verbindung mit differenzierten Putzstrukturen.

Letztendlich zeigte sich, dass sich der Anspruch des individuellen Entwurfs, des Gesamtkunstwerkes nicht auf breiter Linie durchsetzen ließ. Somit war es dem Jugendstil ergangen wie den Neostilen des Historismus, die nach wenigen Jahren von einer neuen Richtung, einem neuen Trend abgelöst worden waren

47 Schillerstraße 63 (1909/10 erbaut) (Aufnahme 2000, Roland Wieczorek)

DER „GEIST DER NEUEN RICHTUNG"
UND DER EINFLUSS DER ARTS-AND-CRAFTS-BEWEGUNG

Erst der industrielle Produktionsprozess mit seiner Massenfertigung von Bauschmuck hatte die Inflation des Dekors ausgelöst. Mit den formalen Auswirkungen kamen auch die Ursachen in die Kritik. Im schon früh industrialisierten England, wo derartige Wechselwirkungen bereits offensichtlicher geworden waren, hatte sich als Gegenbewegung bereits um die Mitte des 19. Jahrhunderts die Arts-and-Crafts-Bewegung formiert.[360] Einer der ersten, der sich in seinen um 1850 erschienen Publikationen gegen konstruktive Täuschung, gegen Materialimitation und gegen ein Zuviel an unoriginellem Dekor wandte, war John Ruskin. Anstelle der normierten historischen Stilformen propagierte er handwerkliche Fertigung auf der Basis von individuellen Entwürfen, die sich an den speziellen lokalen Gegebenheiten und Wohnbedürfnissen orientieren sollten.[361]

Auf dieser hier nur andeutbaren Grundlage vollzieht sich eine Reform des englischen Wohnhauses, vor allem des Landhauses. In Verbindung damit stand die Lösung von repräsentativen, aber stilistisch gebundenen Formen und eine Rückbesinnung auf schlichte traditionelle Hausformen. In der Anfangszeit zeigt die Bewegung eine Vorliebe für gotische Formen – hier sah man die Prinzipien Einfachheit und Handwerklichkeit noch verwirklicht. Eine spätere Architektengeneration, hier vor allem Voysey und Lethaby, löste sich mit eigenständigen, schlichten Wohnhausentwürfen dann auch von solchen Vorbildern.[362]

Im Zuge der Vereinfachung gewann die Ausformung der Bauteile selbst an gestalterischer Bedeutung. Die Baukörper wurden vielteiliger. Über Proportion und Gruppierung der Bauteile wurden Akzente gesetzt; beliebt waren asymmetrische Lösungen. Die Fensterformen wurden nach funktionalen, aber durchaus auch nach gestalterischen Aspekten differenziert. In ihrer Gruppierung und Detailgestaltung mit filigranen Spros-

48   Diesterwegstraße 2 (1910/11 erbaut) (aus: Muthesius, Landhäuser, 1912)

*49 Bahnhofstraße 19 (1904/05 er-
baut) von Rudolf Schilling und Julius
Gräbner: Kurz nach der Fertigstellung (aus: Tscharmann/Hänel, Einzelwohnhaus, 1909)*

sen sind sie wichtige Gestaltungselemente dieser Architektur. Aus Konstruktions- und Materialwechseln ergaben sich weitere Möglichkeiten der Akzentuierung. Dazu gehörten vor allem Sichtfachwerk, farblich differenziertes Ziegelmauerwerk oder auch Schindelverkleidungen.

Ein früher Vermittler dieser englischen Entwicklung war Robert Dohme, der 1888 seine kultur- und baugeschichtliche Studie zum englischen Haus veröffentlichte.[363] Der Durchbruch erfolgte in Deutschland jedoch erst kurz nach 1900.[364] Dazu hat vor allem Hermann Muthesius mit seinen Publikationen zum englischen Wohnhaus beigetragen.[365] Zeitgleich, teils auch schon einige Jahre früher, erschienen inhaltlich ähnliche Publikationen, die sich insofern von den Publikationen Muthesius' unterschieden, als dass sie nicht das englische Wohnhaus als vorbildlich erachteten, sondern auf ähnlich schlichte Vorbilder traditioneller Wohnhausarchitektur im deutschen Raum verwiesen.[366] Die von dem Architekten Paul Schultze-Naumburg veröffentlichte Bücherreihe "Kulturarbeiten", welche von der Jahrhundertwende an bis in die Zwanziger Jahre hinein erschien, gehörte zu den breitenwirksamsten Publikationen jener Jahre.[367] Hier wurde vor allem

die schlichte Architektur um 1800 als vorbildlich vorgestellt, aber auch traditionelle ländliche Haus- und Wohnformen. Das neue Stichwort in allen diesen Publikationen ist die Rückkehr zum „streng Sachlichen", zum Wesentlichen, zu den grundlegenden funktionalen Erfordernissen, in Verbindung damit stand die Kritik am Dekorreichtum von Historismus und Jugendstil.[368]

In Cottbus ist das Wohnhaus des Fabrikanten Huffmann in der Diesterwegstraße 2 ein herausragendes Beispiel dieser Richtung (Abb. 48). Der ins Jahr 1910 datierte Entwurf stammt von Hermann Muthesius, dem führenden Vertreter der deutschen Wohnreformbewegung.[369] 1912 publizierte Muthesius das Haus Huffmann in seinem Buch „Landhäuser".[370] Mit seinem weiten Traufüberstand und den direkt darunter ansetzenden Fenstern, die sich mit den Fensterläden zu einem bandartigen Motiv verbinden, zeigt das Haus typische Gestaltungselemente der englischen Landhausarchitektur. Allerdings ist im Vergleich mit anderen Landhäusern von Muthesius die Asymmetrie des Baukörpers hier sehr zurückhaltend.

Schwieriger erwies sich jedoch die Übertragung der aus der Landhausarchitektur abgeleiteten Formen auf größer dimen-

50 Berliner Straße 131-134 (1909-1912 erbaut) (Aufnahme 2000, Roland Wieczorek)

51   Lessingstraße 2 (1911/12 erbaut) (Aufnahme 2000, Roland Wieczorek)

sionierte Bauaufgaben. Hier zeigt sich die Tendenz zur Übernahme von Einzelelementen, dazu gehören z.B. Fensterläden,
Sichtfachwerk oder Schindeln, die mit vereinfachten, vom Historismus oder Jugendstil beeinflussten Gestaltungsmustern
kombiniert wurden.[371] Eines der gelungensten Beispiele für eine
weitgehend von anderen Stiltendenzen unbeeinflusste Übertragung englischer Vorbilder findet sich in der Bahnhofstr. 19.[372]
Hier entwarfen die renommierten Dresdner Architekten Schilling & Gräbner für den Rechtsanwalt Carstens ein „Familien-
haus", das sich als über mehrere Geschosse erstreckendes Einfamilienhaus in die Blockrandbebauung einfügt. Eine ähnlich
ungewöhnliche Raumverteilung findet sich übrigens im bereits
1889 entworfenen, sogenannten „Tower House" von Voysey, das
1889 in der Zeitschrift „British Architect" veröffentlicht wurde
und 1891 leicht verändert in Bedford Park errichtet wurde.[373]
In der plastischen Differenzierung des Baukörpers, im völligen

Verzicht auf Dekor, in der partiellen Verschindelung der Fassade und in der Gruppierung und Differenzierung der Fenster
zeigt sich die Umsetzung der bereits erwähnten Gestaltungsprinzipien (Abb. 49). Die Fensterflächen wurden von feinglied-
rigen hellen Sprossen unterteilt, die typisch für diese Richtung
sind. Die Sprossenstruktur ergab nicht nur eine dekorative graphische Wirkung, sie trug auch dazu bei, die dunkel wirkende
Glasfläche mit der hellen Putzfläche farblich zu verknüpfen. Der
Entwurf datiert ins Jahr 1904. Damit entstand hier in der Blü-
tezeit des ornamentalen Jugendstils ein überaus frühes Beispiel
dieser neuen auf Formvereinfachung abzielenden Richtung.
Auch die mehrfache Erwähnung in großen deutschen Bauzeit-
schriften belegt das Innovative dieses Entwurfs.[374]

Verbreiteter – gerade bei der Miethausarchitektur – ist jedoch eine Formensprache, die sich auf die schlichten, traditionellen Hausformen des deutschen Raumes bezieht. Die in der
umfangreichen zeitgenössischen Literatur angeführten Vorbilder stammen zumeist aus der Zeit um 1800.[375] Barocke und
klassizistische Formvorbilder sind somit noch mehr oder weniger offensichtlich zu erkennen. Hinzu kommt bei einigen Autoren – auch unter Berufung auf den Heimatschutz und die na-
tionale Identität – die offene Ablehnung einer unter englischem
Einfluss ausgebildeten Formensprache.[376]

Beispiele dieses auf die Miethausarchitektur übertragenen
„Stils um 1800", der in der rustikaleren Variante auch unter den
Begriff „Heimatstil" fällt, finden sich in der Berliner Straße 131-
134 (Abb. 50), die in den Jahren vor dem Ersten Weltkrieg errichtet wurden. Typisch ist die Mittenakzentuierung durch einen
breiten Risalit mit Zwerchgiebelabschluss in Verbindung mit
schweren, geschlossenen Dachformen. Geschossübergreifende
Wandvorlagen fassen die Fensterachsen. Die Anordnung der
Fenster – häufig in Verbindung mit Loggien – ist hier wieder
regelmäßiger. Typisch ist die Betonung der Vertikalen und die
Reduzierung des Dekors auf einige wenige, häufig medaillon-
artige Formen. Tendenziell zeigt sich an der kurz vor dem Ersten Weltkrieg entstandenen Architektur, dass unter den Vorzeichen der Formvereinfachung eine formale Vereinheitlichung
erfolgt war. Allerdings gab es Ausnahmen, so findet sich in der
Lessingstraße 2 ein 1911/12 errichtetes Miethaus, das die oben
genannten Gestaltungsprinzipien ohne Anklänge an historische
Muster umsetzt und damit bereits Einflüsse der nachfolgend
beschriebenen Richtung aufweist (Abb. 51).

DER „GEIST DER NEUEN RICHTUNG"
UND DIE SUCHE NACH DEM „NEUEN, GROSSEN STIL"

Trotz des Blickes zurück, trotz der Propagierung bestimmter Formvorbilder der Vergangenheit verstanden sich diese oben genannten Gestaltungsrichtungen als Teil der Architekturreform, die sich ja in erster Linie gegen den Dekorreichtum von Historismus und Jugendstil wandte. Zeitgleich entwickelte sich jedoch eine Richtung, die das Konservative, den hier immer noch vorhandenen Anklang an bereits Bestehendes, ablehnte und nach Neuem suchte, um mit der „üblen Überlieferung zu brechen."[377]

Diese Richtung stand unter dem Einfluss der Schriften Friedrich Nietzsches, die gerade in Architektenkreisen – beflügelt durch das elitäre Künstlerbild Nietzsches – eine breite Rezeption erfuhren.[378] Dazu gehörte vor allem Nietzsches bereits 1874 veröffentlichte Historismuskritik, die sich gegen den „Karneval der Stile" wandte und die „Cultur eines Volkes" nur in der „Einheit des künstlerischen Stiles in allen Lebensäußerungen eines Volkes" verwirklicht sah.[379] Dazu gehörte aber auch Nietzsches Definition des „grossen Stils" als Ausdruck individuellen Formwollens, als Offenbarung des „Willens zur Macht", einer „Macht, die keinen Beweis mehr nötig hat, die es verschmäht, zu gefallen ..."[380]

52 *Schillerplatz 1, Theater (Planungsbeginn 1905, Bauzeit 1907/08) (Aufnahme um 1913, Registratur und Fotosammlung des Brandenburgischen Landesamtes für Denkmalpflege und Archäologisches Landesmuseum)*

Die hier formulierten ambivalenten Kunstdefinitionen, „Einheit des künstlerischen Stils" und „individuelles Formwollen", prägten auch die Architekturdiskussion der Zeit. Vor allem die Werkbunddebatte von 1914 zeigt das Problem, Forderungen nach Vereinheitlichung und Typisierung mit individuellen Gestaltungsansprüchen zu verbinden.[381] Als einer der ersten forderte Otto Wagner 1895 eine „Moderne", einen „Neustil", der „Ausdruck des modernen Lebens" sein soll.[382] In der deutschen Bauzeitung wurde seine Schrift als ein „Markstein in der Entwicklungsgeschichte einer nach neuen Idealen ringenden Zeit" bezeichnet.[383] 1901 folgte Hermann Muthesius' programmatische Schrift „Stilarchitektur und Baukunst".[384] Sowohl Wagner als auch Muthesius hatten in ihren Forderungen Anregungen der Arts-and-Crafts-Bewegung verarbeitet, ohne jedoch den Fortschrittsskeptizismus dieser Richtung zu übernehmen. Technik und Urbanität wurden bejaht und als Erweiterung der gestalterischen Möglichkeit angesehen.

Aber wie sollen sie aussehen, diese neuen Formen, die kein Stil mehr sein sollten? Als die Architekturdebatte darüber in vollem Gange war, setzten die Planungen für das Cottbuser Theater ein (Abb. 52). Das Theater bildete einen Höhepunkt der kommunalen Bautätigkeit. Zur Eröffnung heißt es, „der Monumentalbau" sei „das erste nach künstlerischen Ideen durchgebildete und unter Verwendung reichlicher Mittel ausgeführte öffentliche Gebäude."[385] Unter welchen Vorzeichen die „künstlerischen Ideen" standen, zeigt die Rede des Oberbürgermeisters, Paul Werner, zur Einweihung des Theaters am 1. Oktober 1908: *„Der Künstler, der dieses Haus geschaffen hat, steht in einer Wendezeit, in der sich eine neue Kunstrichtung offenbaren will. Zu solchen Zeiten sagt der Künstler zunächst: Ich will anders! Er ist müde der alten Kunst, er will etwas Neues sehen; es erfasst ihn eine Sehnsucht, wie uns alle im Frühjahr, wenn die Bäume blühen, aber nach dieser Zeit muss eine Zeit kommen, in der der Künstler sagt: Ich will! Und dann erst schafft er neue Meisterwerke. Wir nun meinen, dass hier ein Werk aus der zweiten Periode der neuen Kunstrichtung geschaffen ist."* [386]

Hier zeigt sich, dass sich Werner mit der aktuellen Architekturentwicklung und ihrem theoretischen Hintergrund auseinandergesetzt hatte. Aus den Akten geht hervor, dass es im wesentlichen er selbst und Stadtbaurat Bachsmann waren, welche die

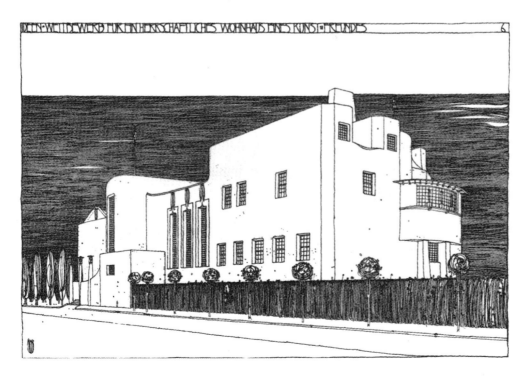

53 Wettbewerbsentwurf für das „Haus eines Kunstfreundes" von Charles Rennie Mackintosh (1902 publiziert): Vorbild für die Gestaltung des Cottbuser Theaters ? (aus: Jones, Mackintosh, 1994)

Theaterplanung betrieben. Beide favorisierten unter den Wettbewerbsentwürfen bedeutender Theaterarchitekten den Entwurf Sehrings, und ihre letztlich nicht haltbare Kostenargumentation – näheres dazu unter dem Kapitel „Die Kommune als Bauherrin" – war ausschlaggebend dafür, dass sich auch die Stadtverordneten für den Entwurf Sehrings entschieden.

Und Sehrings Entwurf war wirklich ungewöhnlich; nicht nur im Kontext der zeitgenössischen Architektur, auch im Werk Sehrings nimmt er eine Sonderstellung ein. In diesem Zusammenhang ist ein Vergleich des Cottbuser Theaters mit den anderen Theaterbauten Sehrings aufschlussreich, deren Entwürfe nur wenige Jahre zuvor entstanden sind. Dazu gehören das Theater des Westens in Berlin (1897), das Stadttheater in Bielefeld (1902-1904), das Schauspielhaus in Düsseldorf (1904/05) und das Theater in Halberstadt (1905).[387] Diese vier Theater zeigen ein sehr späthistoristisches Gestaltungsmotiv, den für Sehring typischen Stilwechsel innerhalb des Gebäudes: An das in einem reichen Neubarock gestaltete Zuschauerhaus schließt sich ein burgähnlich gestaltetes Bühnenhaus in neumittelalterlichen Formen an. Erstaunlich ist, dass das späteste dieser vier Theater, das 1905 errichtete Theater in Halberstadt, aber auch die zeitgleich zu Cottbus gebaute Stadthalle in Görlitz in Form- und Dekorfülle, aber auch in der Ausprägung der Einzelformen, wesentlich stärker dem Historismus verpflichtet sind als das Cottbuser Theater. Ein Einfluss der aktuellen zeitgenössischen Diskussion, die Formvereinfachung forderte, lässt sich somit an den anderen etwa zeitgleichen Theaterbauten Sehrings nicht festmachen. Vor diesem Hintergrund erstaunt der plötzliche formale Wechsel, aber auch der qualitative Sprung, der in Sehrings Werk mit dem Cottbuser Theaterentwurf vollzogen wurde.[388] Was könnten die Ursachen gewesen sein, wo finden sich mögliche formale Vorbilder ?

Zum einen mag der Einfluss des Auftraggebers prägend gewesen sein. Bei der Eröffnung sprach Werner vom „Geist, der unser Werk baute" und betonte, dass Stadtbaurat Bachsmann neben Sehring, „unserem feinsinnigen Künstler", den „größten Anteil" der Arbeit geleistet hätte.[389] Allerdings ist es angesichts der Persönlichkeit und der Interessen Werners – näheres dazu im Kapitel „Personen und Institutionen" – schwer vorstellbar, dass er selbst keinen Anteil daran hatte. Dass Einfluss genommen wurde, zeigt sich daran, dass selbst in einem späten Abschnitt der Planungsphase noch Veränderungen erfolgten, wie der Vergleich zwischen dem ausgeführten Bau und dem Modell von 1906/07 zeigt.[390] Direkte formale Vorbilder zu finden, ist in dieser Zeit dynamischer Stilentwicklung schwierig, zumal bei einem derartig ambivalenten Gebäude wie dem Cottbuser Theater, bei dem sich organisch schwingende und tektonisch starre Formen verbinden, wo Spätjugendstil und Neuklassizismus unter den Vorzeichen der „neuen Richtung" eine eigenwillige Verbindung eingehen. Bis heute wird über die stilistische Zuordnung diskutiert.[391]

Aufgrund der zahlreichen formalen Parallelen möchte ich jedoch einen vielbeachteten, 1902 publizierten Wettbewerbsentwurf des schottischen Architekten Charles Rennie Mackintosh vorstellen (Abb. 53), der bislang nicht in Zusammenhang mit dem Cottbuser Theater gesehen wurde. Dieser Entwurf für das „Haus eines Kunstfreundes" war von einer hochkarätigen Jury prämiert worden, zu der die bedeutendsten Architekten der Zeit gehörten, u.a. Paul Wallot, Alfred Messel, Franz Schwechten, des weiteren Joseph Maria Olbrich und Otto Wagner, Henry van der Velde und Julius Gräbner.[392] Den Wettbewerb selbst hatte der bereits zitierte, richtungsweisende Verleger Alexander Koch initiiert. Hinter diesem Entwurf, dessen Faszination nach Muthesius in dem „eigenartigen, von allem Bekannten abweichenden Gepräge lag", standen somit auch die wichtigsten Vertreter der „neuen Richtung".

Schon in der Beschreibung des „Hauses des Kunstfreundes" von Hermann Muthesius werden die formalen Parallelen zum Cottbuser Theater deutlich:
„Die Gebäude-Masse erhebt sich als schlichter, großer Block ohne jede Gliederung der Wände, deren Wirkung gerade in der ununterbrochenen Einsamkeit der Flächen gesucht wird. Die Gestaltung erhält dadurch etwas Seltsames, ja fast Geisterhaftes. Die Fenster sitzen wie zufällig an ihrer Stelle und tief zurückliegend in Mauerlöchern. Einzelne Bauteile sind straff in die Höhe gezogen, meist in Doppel-Anordnung, um das Motiv umso mehr zu betonen, …"[393]

Auch das Cottbuser Theater zeigt sich als „großer Block" mit den in „Doppel-Anordnung" hochgezogenen Treppentürmen. Die Wandflächen enden auch hier unvermittelt als reine Kante, von keinem Gesims, keiner Attika, keinem Dach umspielt. Die prägnanteste Parallele ist jedoch das Wechselspiel der geraden und geschwungenen Flächen, teils gehen diese fließend ineinander über, teils sind sie durch scharf geschnittene Kanten, von einander abgegrenzt, wodurch der Eindruck eigenständiger kubischer bzw. zylindrischer Baukörper entsteht, die sich durchdringen. Auch beim Cottbuser Theater ist die Gliederung reduziert, bilden die teils isoliert stehenden Fenster den Kontrast zu den ungegliederten Flächen.

Sehring hat die Wuchtigkeit, die Monumentalität des Baukörper jedoch abgeschwächt. Vor allem durch den umlaufenden gebänderten Sockel, aber auch durch vereinzelte flächige Dekormotive und die zahlreichen Bauskulpturen. Diese verwendete Sehring an vielen seiner Bauten. Neu sind die von Panthern gezogenen Gespanne und die monumentalen Blumenvasen, während Kränze und Putten auch schon an anderen Bauten Sehrings auftauchen (Abb. 54-55).[394] Die Motive lassen vermuten, dass die Skulptur hier zum Programm für das „Dionysische" wird, wie wir es bei Nietzsche in der „Geburt der Tragödie" beschrieben finden:[395]

54 *Schillerplatz 1, Theater (Planungsbeginn 1905, Bauzeit 1907/08): Das Panthergespann (Aufnahme 2000, Roland Wieczorek)*

„Mit Blumen und Kränzen ist der Wagen des Dionysos überschüttet: unter seinem Joche schreiten Panther und Tiger. Man verwandele das Beethoven'sche Jubellied der „Freude" in ein Gemälde und bleibe mit seiner Einbildungskraft nicht zurück, wenn die Millionen schauervoll in den Staub sinken: So kann man sich dem Dionysos nähern. Jetzt ist der Sclave freier Mann, jetzt zerbrechen alle die starren, feindseligen Abgrenzungen, die Noth, Willkür oder „freche Mode" zwischen den Menschen festgesetzt haben." [396]

Schon Ralph Berndt erwähnt einen solchen möglichen Bezug auf Nietzsche und verweist in diesem Zusammenhang, auch auf die zahlreichen ägyptisierenden Motive, wie Löwen, Obelisken und Widderköpfe, die Sehring nach Berndt „besonders konzentriert am Cottbuser Theater verwendete." In diesem Zusammenhang lässt Berndt allerdings offen, ob Sehring „von freimaurerischem Gedankengut beeinflusst wurde oder ob er einfach nur seinem persönlichen Geschmack folgte."[397] Die nähere Betrachtung der an der Planung beteiligten Personen – siehe dazu Kapitel „Personen und Institutionen" – legt freimaurerischen Einfluss nahe. Die Freimaurer waren in Cottbus eine wichtige Institution. Ein Großteil der städtischen Oberschicht, darunter auch Stadtbaurat Bachsmann und Oberbürgermeister Werner, gehörte der Cottbuser Freimaurerloge „Zum Brunnen in der Wüste" an.[398] Die Vielzahl der Bauplastik könnte somit programmatisch erklärt werden, denn der neuen Richtung zum Strengen, Schlichten stand sie entgegen. So schreibt z.B. auch Muthesius zum Haus des Kunstfreundes, Mackintosh habe „das Liebliche gebieterisch ferngehalten, um die beabsichtigte Wirkung des Straffen, Schweigsamen und deshalb Geheimnisvollen und Grossen möglichst stark herauszuheben" und fügt hinzu: „Es ist selbstverständlich, dass eine Kunstgestaltung, die sich so ausschließlich in dieser Richtung bewegt, nicht Jedermanns Sache ist." [399]

Auch in Cottbus scheint es differierende Meinungen gegeben zu haben. Während der Cottbuser Anzeiger berichtete, zu „dem in lichter Klarheit und künstlerischem Schmuck ragenden Bau" sei „nur eine Stimme der Anerkennung und Befriedigung zu vernehmen" gewesen; äußerte Stadtbaurat Bachsmann in seiner Eröffnungsrede, „der eine betrachts, der zweite verlachts, der dritte verachts, was machts". Diese Aussage Bachsmanns ergänzte Oberbürgermeister Werner in seiner anschließenden Rede mit dem Ausspruch: „Von Gefahr soll jeder schweigen; laß die blinden Rotten zeigen, dass der Feind auch schießen kann."[400] Aber selbst der sonst am stärksten schießende Feind, die „Märkische Volksstimme", als das sozialdemokratische Organ der Provinz Brandenburg, hatte an der unkonventionellen äußeren Gestaltung des Gebäudes nichts auszusetzen. Stattdessen wurde die „süßliche Schönheit" des Innenraumes kritisiert, wo Sehring „dasselbe Ornament ... in allen möglichen Variationen zu Tode hetze." Der Artikel scheint die vom Oberbürgermeister vertretene Ansicht entkräften zu wollen, bei dem Theater handele es sich um einen Bau der „neuen Kunstrichtung", wenn es weiter heißt, „jene große harmonische Gesamtwirkung in der Linienführung und Farbe, jene durch nichts verletzte einheitliche Wirkung, die auf den Beschauer erhebend einwirkt, wie ein homerischer Gesang, das ist Sehring's Stärke nicht."[401] Das Äußere, das jene „einheitliche Wirkung" zeigt, wird dagegen in der „Märkischen Volksstimme" mit keinem Wort erwähnt.

Dabei lag hier das gestalterische Wagnis: Wo finden sich in jenen Jahren, als man noch die Dekorfülle von Späthistorismus und Jugendstil gewohnt war, solche ungegliederten Flächen, solche nicht in die Gliederung eingebundenen Lochfenster? Der Innovationsgehalt der Formen zeigt sich im Vergleich mit anderen etwa zeitgleich errichteten Stadttheatern.[402] Der Großteil dieser zwischen 1904 und 1910 entstandenen Bauten steht noch stark unter dem Einfluss des Historismus, was vor allem an der Dekorfülle der Bauten, aber auch in der Ausprägung von Einzelformen deutlich wird. Zu den wenigen Beispielen, die sich in jenen Jahren um 1905 schon weitgehend von Anklängen an historische Stilformen lösen, gehört das vielbeachtete 1903/04 errichtete Dortmunder Stadttheater von Martin Dülfer.[403] Auch hier findet sich – zumindest an der Rückseite des Gebäudes – das Motiv der schwingenden Wandfläche. Auch im Bauschmuck zeigen sich Parallelen. Mit den Panthergespannen, den großen Vasen und Widderköpfen zeigt es sich als mögliches Vorbild für das Cottbuser Theater.[404] Mit dem Rustikamauerwerk und der Vielzahl der Fensterformen ergibt sich jedoch eine Kleinteiligkeit der Fassadengliederung, die zur Folge hat, dass selbst bei dem großen Bauvolumen die Geschlossenheit des Eindrucks verloren geht.

Eine andere Richtung setzt mehr auf die geschlossene Wirkung des Baukörpers in Verbindung mit stilisierten historischen Formen. In der konvexen Frontseite, aber auch in der an eine Kolossalordnung erinnernden Reihung konkaver Fensterachsen zwischen geschossübergreifenden Wandvorlagen klingen auch am Cottbuser Theater noch latent solche Motive historischer Theaterbauten an. Eine ähnliche Richtung in der Stilisierung klassischer Motive, aber auch im Wechsel von geraden und gekrümmten Wandflächen und in der partiellen Schlichtheit der Fassade findet sich an den Theatern von Oskar Kaufmann.[405] An Kaufmanns erstem Theaterbau, dem 1906-1908 erbauten Hebbeltheater in Berlin (Abb. 56) zeigen sich in den Schwingungen der Frontseite, aber auch in der vertikalbetonten Gliederung der bauplastisch akzentuierten Fensterachsen Gestaltungsmotive, die sich in anderer Umsetzung auch am Cottbuser Theater finden. In diesem Zusammenhang ist interessant, dass Kaufmann in den Jahren „von etwa 1901-1903" im Büro von Sehring gearbeitet hatte. Er soll am 1902-1904 erbauten Bielefelder Theater Sehrings mitgewirkt haben, was jedoch nicht dokumentiert ist.[406]

55 Schillerplatz 1, Theater (Planungsbeginn 1905, Bauzeit 1907/08): Putten, Blumen, Kränze: Die Attribute des Dionysos? (Aufnahme 2000, Roland Wieczorek)

In diesem Zusammenhang muss jedoch auch erwähnt werden, dass die genannten plastischen Möglichkeiten der Wandflächengestaltung — wie die Verbindung von Kubus- und Zylinderform und die daraus resultierende Fassadenschwingung, sowie die Vertikalbetonung mittels schmaler Fensterachsen — genau in jenen Jahren zum Durchbruch kamen. Bereits 1898 hatte sich Fritz Schumacher in utopischen Architekturentwürfen mit der „Durchdringung von Kubus und Kreis" befasst.[407] Seine Kohlezeichnungen wurden auf der Ersten Dresdner Bauausstellung (1900) und auf der Weltausstellung in St. Louis (1904) gezeigt und 1900 in einer Mappe unter dem Titel „Studien" in Leipzig publiziert.[408] Mit dem Motiv der „Durchdringung von Kubus und Kreis" experimentierten in den folgenden Jahren auch andere Architekten.[409] So verwendeten die Dresdner Architekten Schilling und Gräbner dieses Motiv an der 1903-1905 erbauten Christuskirche in Dresden, die 1906 in der Zeitschrift für Moderne Baukunst mit dem Hinweis „der neuen Richtung angehörend" veröffentlicht wurde.[410] Als weitere Beispiele seien hier nur die 1905-1907 erbaute Mannheimer Kunsthalle von Max Billing mit ihrer konkav einschwingenden Frontseite[411] sowie das 1908-1910 von Peter Behrens in Hagen erbaute Haus Cuno[412] genannt. Auch Schumacher setzt das Motiv an zahlreichen späteren Bauten ein. Am eindrucksvollsten zeigt es sich an seinem zwischen 1908 und 1911 erbauten Krematorium in Dresden-Tolkewitz (Abb. 57), wo an der Elbseite zylindrische Formen in einen rustierten Kubus eingeschoben werden.[413]

Die Beispiele zeigen die Dynamik der Stilentwicklung dieser Zeit. In kürzester Zeit verbreiteten sich die neuen Motive, um dann von den einzelnen Architekten ganz unterschiedlich verarbeitet zu werden. Bemerkenswert ist, dass Sehring – im Vergleich mit den innovativsten Architekten jener Jahre – als einer der ersten das sich hier bietende Gestaltungspotential erkannt hatte und am Cottbuser Theater gekonnt umsetzte.

56 Berlin, Hebbeltheater von Oskar Kaufmann (Planungsbeginn 1906, Bauzeit 1906-1908) (Aufnahme um 1908, aus: Hansen, Kaufmann, 2001)

57 Dresden-Tolkewitz, Krematorium von Fritz Schumacher (1908-1911 erbaut) (aus: Frank (Hrsg.), Schumacher, 1994)

Institutionen und Personen

Im Anschluss an die allgemeine Darstellung der stilistischen Entwicklung sollen speziellere, individuellere Faktoren untersucht werden, unter denen die kaiserzeitliche Architektur in Cottbus entstanden ist. Hier rücken Personen und Institutionen ins Blickfeld, die am Cottbuser Baugeschehen beteiligt waren.[414] Der wohl größte Bauherr dieser Zeit ist die Kommune selbst. Im Rahmen dieser Untersuchung zeigte sich die besondere Bedeutung des Oberbürgermeisters, so dass zu dessen Person eine gesonderte Darstellung erfolgt. Darüber hinaus werden Institutionen vorgestellt, die in engem Bezug zur Stadt standen. Dazu gehört die Cottbuser Freimaurerloge, der während der Kaiserzeit mehrere hundert Mitglieder aus der städtischen Oberschicht angehörten. Obwohl sie nicht öffentlich agierten, dürfte ihr Einfluss auf Meinungsbildungsprozesse nicht unerheblich gewesen sein, zumal es hier zahlreiche personelle Überschneidungen zu anderen Institutionen gab. Darüber hinaus befasst sich dieses Kapitel mit den institutionellen Strukturen der Freimaurer, da erst vor diesem Hintergrund Grundriss und Ausstattung des 1908 fertiggestellten Logengebäudes verständlich werden. Ein weiteres Kapitel wird den genossenschaftlichen Bauprojekten gewidmet, da hier inhaltliche Überschneidungen zu kommunalen Aufgaben bestehen. Gerade im Bereich des kommunalen sozialen Wohnungsbaus hatte die Stadt trotz der offensichtlichen Missstände wenig Engagement gezeigt. Die kommunale Unterstützung der Genossenschaften war jedoch nicht unerheblich.

Die Kommune als Bauherrin

Die Zunahme des kommunalen Einflusses im 19. Jahrhundert hat Fritz Schumacher anlässlich der Deutschen Städtebauausstellung von 1903 recht drastisch beschrieben:

„Die Macht der Verwaltungen ist in bezug auf die Gestaltung eigentlich sämtlicher Eindrücke, die wir in uns aufnehmen, sobald wir die vier Wände unseres Hauses verlassen, zu absoluter Herrschaft gelangt. Die Stadt hat es in der Hand, den ganzen Typus der Umgebung festzulegen, in der wir aufwachsen, in der sich unser Leben abspielt und der wir nicht entrinnen können. Diese fast unumschränkte kulturelle Macht hat sie noch nie in der Entwicklung der Menschheit besessen." [415]

KOMMUNALE PLANUNGS- UND ENTSCHEIDUNGSSTRUKTUREN

Wer war diese von Schumacher beschriebene „Stadt", dieser „unumschränkte" Entscheidungsträger kommunaler Belange? Die preußische Kommunalverfassung verteilte die Entscheidungsgewalt an mehrere Institutionen. Die kommunale Legislative bildeten die Stadtverordneten, welche die Bürger als Vertreter ihrer Belange wählten. Dass diese Belange nicht ganz paritätisch vertreten wurden, hing mit dem bereits erwähnten Dreiklassenwahlrecht zusammen. Die kommunale Exekutivmacht lag in der Hand des Magistrats, der von den Stadtverordneten gewählt wurde und die Spitze der Stadtverwaltung darstellte.[416] 1914 umfasste der Cottbuser Magistrat dreizehn Personen. Neben Oberbürgermeister und Bürgermeister bestanden drei weitere besoldete Stellen (Stadtbaurat, Syndikus, Kämmerer). Hinzu kamen acht unbesoldete Magistratsmitglieder.[417] Ähnlich sieht es in den Vergleichsstädten aus.[418] Die Stelle eines besoldeten Stadtbaurates war erst 1886, zeitgleich mit der Erlangung des Stadtkreisstatus, geschaffen worden. Von 1891 bis 1911 nahm Regierungsbaumeister Richard Bachsmann aus Kolberg diese Stelle ein. Dessen Amtszeit deckte sich somit in etwa mit der von Oberbürgermeister Werner.[419] Bachsmann und Werner waren die zentralen Personen bei der Planung der großen kaiserzeitlichen Bauprojekte. Zur Unterstützung des Magistrats arbeiteten 1907 in der Cottbuser Stadtverwaltung 213 Personen.[420] Bis 1914 erhöhte sich die Zahl der städtischen Angestellten auf 287.[421]

Um seine Planungen umsetzen zu können, musste der Magistrat Mehrheiten unter den Stadtverordneten finden.[422] Eine wesentliche Rolle für die Richtung der kommunalen Politik spielte die Stellung des Oberbürgermeisters. Er war die zentrale Figur, wenn es darum ging, Planungen gegen die in den Stadtverordnetenversammlungen oft „massiv vorgetragenen Partikularinteressen der örtlichen Unternehmerschaft und Haus- und Grundbesitzerkreise" zu verteidigen.[423] Seine Stellung wurde gestärkt durch die zunehmend komplexer werdenden kommunalen Aufgaben. Nicht nur der Umfang finanzieller Transaktionen, auch das Anwachsen der kommunalen Haushalte sowie die zunehmende Technisierung städtischer Einrichtungen verringerte die Transparenz der Planungen. Für die Stadtverordneten wurde es immer schwieriger, die Planungen von Oberbürgermeister und Stadtverwaltung zu kontrollieren und ihre Entscheidungen durch die erforderlichen Hintergrundinformationen zu untermauern.[424] Inwieweit die Cottbuser Stadtverordneten bei wichtigen Entscheidungen ausreichend informiert waren, ist schwierig nachzuvollziehen. In den Protokollen der Cottbuser Stadtverordnetenversammlungen sind selbst wichtige Beschlussfassungen, wie die zum Bau des Theaters und des späteren Erweiterungsbaus, nur im Ergebnis, nicht aber in der Diskussion protokolliert.[425]

1909, kurz vor der Stadtverordnetenwahl, erschien in der „Märkischen Volksstimme", dem sozialdemokratischen Organ für die Provinz Brandenburg, ein Artikel, der sich nicht nur mit den Stadtverordneten selbst, sondern auch mit den Aufstellungsverfahren möglicher Kandidaten vor der Wahl befasst. Anlass für den Artikel war das Verhalten der Stadtverordneten der III. Klasse. Danach waren „Handwerker- und kleine Geschäftskreise", die zu den Wählern der III. Klasse gehörten, über das passive Verhalten der von ihnen gewählten „Vertreter der dritten Abteilung empört; diese sitzen da und reden kein Wort, sie nehmen sich der Interessen der kleinen Leute in keiner Weise an." Im Zusammenhang mit den kommenden Stadtverordnetenwahlen wurde kritisiert, dass die Vertreter der I. und II. Klasse bereits in „vertraulichen Besprechungen" mit den Vereinsvorständen auf die erneute Aufstellung dieser „Nickmännchen

der dritten Abteilung" hinwirken würden. Der Artikel hatte Folgen, denn die „Märkische Volksstimme" warf dem Magistrat vor, in dem Falle, dass einer dieser Stadtverordneten der III. Klasse doch „Lust hätte kritisch zu werden, so stopft man ihm mit einigen städtischen Arbeiten den Mund. Dann bleibt er stille und preist nun mit lauter Zunge die weise Vorsicht der vieledlen Kommunalbureaukratie."[426]

Dies nahm Oberbürgermeister Werner zum Anlass, den verantwortlichen Redakteur Utz wegen Beleidigung zu verklagen. Im Prozess zeigte sich, dass der Magistrat wirklich Aufträge an Stadtverordnete vergeben hatte, entscheidend seien hier jedoch, so Werner, „sachliche Motive" gewesen. Der angeklagte Redakteur wurde übrigens von „Dr. Liebknecht aus Berlin" verteidigt. Die Sozialdemokraten nutzten den Prozess, um ihre Forderungen öffentlich zu formulieren, wonach „bei Vergebung städtischer Arbeiten grundsätzlich Magistratsmitglieder und Stadtverordnete auszuschließen seien", da diese sonst nicht mehr „unabhängig und unbeeinflusst die Interessen der Allgemeinheit vertreten" könnten. Die von Utz angeführten Fälle, die „allerlei Gerede in der Stadt" verursacht hätten, wurden jedoch durch Zeugen entkräftet. Es folgte die Verurteilung des Redakteurs zu „150 Mark Geldstrafe ev. 30 Tage Gefängnis".[427]

KOMMUNALE BAUPROJEKTE

Nachfolgend werden die wichtigsten kommunalen Bauprojekte vorgestellt, die unter der Leitung des Stadtbauamtes zwischen 1871 und 1918 entstanden. Wo fassbar, wird auch der überregionale Kontext berücksichtigt, um diese kommunalpolitischen Maßnahmen in einem größeren Kontext bewerten zu können.

GASWERK

Die ersten Gaswerke wurden von privaten Unternehmen begründet, welche die in England bereits erprobte Technik in deutschen Städten einführten.[428] Das produzierte Gas diente anfangs vor allem zu Beleuchtungszwecken. Mit der Umstellung der öffentlichen Straßenbeleuchtung auf Gaslampen entstanden 1825 in Berlin und Hannover die ersten deutschen Gasanstalten. Bis zum Jahre 1845 waren dann 21 andere deutsche Städte diesem Beispiel gefolgt.[429]

„Bereits Anfang der 1850er Jahre wurden auch in Cottbus Wünsche laut, für die Straßenbeleuchtung Gas zu verwenden. Bislang wurden wenig leuchtstarke Petroleumlampen verwendet,

die zudem von Hand nachgefüllt werden mussten. Es erhoben sich jedoch Zweifel, ob für Cottbus eine Gasanstalt rentabel wäre und ob überhaupt die Stadt aus kommunalen Mitteln solche errichten dürfe. Der Magistrat sah sich im Jahre 1853 veranlasst, eine Erhebung über das Bedürfnis für diese Einrichtung vorzunehmen, kam aber dann nach langen Verhandlungen zu dem Beschluss, dass sich die Stadt an dem Bau einer Gasanstalt nur dann beteiligen dürfe, wenn das Kapital nicht anderweitig zusammengebracht werden könne. Mit diesem Bescheide waren die Wortführer der Bürgerschaft, vor allem Stadtverordnetenvorsteher (Apotheker Nickse) nicht einverstanden. Es setzte ein jahrelanger und zeitweise recht heftiger Kampf zwischen den städtischen Körperschaften und der Bürgerschaft ein, zumal die Regierung als Aufsichtsbehörde dem Magistrat wiederholt Unrecht gab. Dieser brachte dann 1858 eine Vorlage ein, welche die Bildung einer Handelsgesellschaft zwecks Einführung der Gasbeleuchtung vorsah. Die Stadt sollte sich mit einem Drittel des Anlagekapitals beteiligen. Da die Beteiligung des Privatkapitals an dem geplanten Unternehmen wider Erwarten unzureichend war und der Magistrat inzwischen auf Grund der Erfahrungen anderer Städte in dieser Frage eine andere Auffassung erlangt hatte, beschloss er 1861 den Bau einer Gasanstalt auf städtische Kosten." [430]

Als das Cottbuser Gaswerk errichtet wurde, besaßen bereits die Hälfte der preußischen Städte ein Gaswerk, der Bauboom hielt jedoch an. In den 1860er Jahren wurden allein in Deutschland 340 neue Gasanstalten errichtet. [431] Der Großteil dieser Gasanstalten wurde von privaten Unternehmen begründet, „vielfach sogar von ausländischen, weil in Deutschland mit vereinzelten Ausnahmen wie Leipzig und Dresden weder Unternehmungslust noch Kapital genug vorhanden war." [432] Mit der Entscheidung, die Gasanstalt durch die Kommune zu finanzieren, stand Cottbus also am Anfang einer Entwicklung, die sich erst in den späten 1860er Jahren auf breiterer Basis durchsetzen sollte, da sich zu dieser Zeit abzeichnete, dass die Unternehmen ihre Monopolstellung missbrauchten. [433] Neben

58 Wasserwerk (1899 erbaut), Saarbrücker Straße
(Aufnahme 2003, Roland Wieczorek)

Dresden (1833), Leipzig (1838) und Berlin (1847) war das nicht weit entfernte Guben Vorbild, das seit 1857 eine kommunale Gasanstalt besaß.[434] Somit gab es bereits Erfahrungen mit kommunalen Betrieben, als sich der Cottbuser Magistrat für eine Errichtung auf städtische Kosten entschied. Das wesentlich kostengünstigere Gaslicht konnte sich noch lange gegenüber dem elektrischen Licht behaupten.[435] Erst nach der Erfindung der verbrauchsärmeren Metallfadenlampe im ersten Jahrzehnt des 20. Jahrhunderts wurde elektrisches Licht eine wirkliche Konkurrenz für das Gaslicht.[436]

WASSERWERK UND KANALISATION

Der Bau von Wasser- und Abwasserleitungen im gesamten Stadtgebiet war aufwendig und kostspielig. Da hier erhebliche Vorleistungen erforderlich waren, erfolgte er zusammen mit dem Bau der Wasser- und Klärwerke in der Regel von Anfang an unter kommunaler Regie.[437] Die kommunalen Verwaltungen

59 Klärwerk (1899 erbaut), Am großen Spreewehr 6 (Aufnahme 2003, Roland Wieczorek)

schoben die Entscheidungen jedoch lange Zeit hinaus, obwohl bekannt war, dass Trinkwasserverunreinigungen durch Abwasser Epidemien auslösen konnten.[438] Allerdings waren die verschiedenen technischen Alternativen auch noch nicht ausgereift.[439] Erst in den 1880/90er Jahren setzte sich das System der unterirdischen Schwemmkanalisation mit vorstädtischen Rieselfeldern durch. In Cottbus blieben mehrjährige Verhandlungen zwischen Magistrat und Stadtverordneten zu diesem Thema ergebnislos. Erst unter Oberbürgermeister Werner ließen sich die Stadtverordneten von der Notwendigkeit solcher Einrichtungen überzeugen. Ab 1893 begannen die Planungen:
„Von besonderer Wichtigkeit war die Erschließung eines geeigneten Wasservorkommens im Stadtgebiet, denn von vornerein sah man von der Verwendung von Spreewasser ab, das zu jener Zeit durch die Abwässer der Fabriken nicht nur im Stadtgebiet, sondern schon flussaufwärts stark verunreinigt war."[440]

1896 begann der Bau des Wasserwerkes im Südwesten der Stadt, wo hochwertige Grundwasservorkommen bestanden (Abb. 58).[441] 1899 waren bereits achtzig Prozent der Grundstücke an die Wasserversorgung angeschlossen.[442] 1898 begann der Bau des Klärwerkes und die Anlage der Kanalisation (Abb. 59). Bis 1913 waren dann zur Klärung der Abwasser hundert Hektar Rieselfelder im Norden der Stadt angelegt worden, um die Abwasser aus der Schwemmkanalisation nach chemischer und mechanischer Vorreinigung durch Bodenfiltration zu klären.[443] Die Finanzierung beider Einrichtungen erfolgte über Anleihen. 1,1 Millionen Mark kostete der Bau des Wasserwerkes und des Leitungsnetzes. Kanalisation und Klärwerk schlugen mit 2,7 Millionen Mark zu Buche.[444] Da damals erst fünfzig Prozent der preußischen Städte – vor allem die größeren – über eine Kanalisation verfügten,[445] hatte sich Cottbus somit schon früh die Anlage einer Abwasserentsorgung geleistet.[446] Angesichts der damals zahlreichen Neuanlagen von Straßen war es eine sinnvolle Entscheidung, da so Straßenarbeiten und die Tiefbauarbeiten für die Kanalisation koordiniert werden konnten.

SCHLACHTHOF

Vorbild für die flächendeckende Versorgung mit öffentlichen Schlachthöfen war Frankreich. 1810 war unter Napoleon I. der Bau öffentlicher Schlachthäuser in den größeren und mittleren Städten gesetzlich vorgeschrieben worden. In Deutschland führten schwere Trichinenepidemien und Fleischvergiftungen in den 1860er Jahren zu einer Verschärfung der Bestimmungen. In Preußen wurde am 18. März 1868 ein Schlachthausgesetz erlassen. Zum umfassenden Bau öffentlicher Schlachthäuser kam es dann jedoch erst nach der 1881 erfolgten Novellierung dieses Gesetzes.[447] In den 1880/90er Jahren wurden dann in fast allen deutschen Mittel- und Großstädten entsprechende Anlagen errichtet.[448] Ende 1902 gab es in Deutschland 836 öffentliche Schlachthöfe.[449] Die privaten Schlachthäuser durften von nun an nur noch mit staatlicher Konzession betrieben werden.[450]

Auch der Cottbuser Schlachthof entstand in dieser Zeit. Zwischen 1888 und 1892 wurde er im Norden der Stadt errichtet.[451] Den Eingangsbereich des großen Geländes prägt das Verwaltungsgebäude. Schlachthallen und Stallungen wurden mit dem Kühlhaus in einem großen Gebäudekomplex zusammengefasst. Für Pferde und kranke Tiere wurden separate Schlachthäuser errichtet.

ELEKTRIZITÄTSWERK UND STRASSENBAHN

Seit den späten 1880er Jahren boomte in Deutschland der Bau von Elektrizitätswerken. In den späten 1890er Jahren gingen in Deutschland jährlich etwa hundert Elektrizitätswerke in Betrieb.[452] Ähnlich wie bei den Gaswerken wurden Errichtung und Betrieb auch hier oft von Unternehmen übernommen. Die Konditionen der späteren Kommunalisierung der Betriebe wurden dann vertraglich vereinbart.[453]

In Cottbus war es vor allem der Wunsch, eine städtische Straßenbahn in Betrieb nehmen zu können, aber auch die Möglichkeit, die seit Jahren brachliegende Wasserkraft des Mühlgrabens wieder zu nutzen, die 1898 zu dem Beschluss führten, ein Wasserkraftwerk zu errichten.[454] Die im Rahmen von ersten Wettbewerben vorgestellten Projekte fanden nicht die Zustimmung der Planungskommission. Unter den Unternehmen waren Absprachen erfolgt und da „es nicht gelang, andere Firmen

60 Elektrizitätswerk (1901-1903 erbaut), Am Spreeufer 1 (Aufnahme 2003, Roland Wieczorek)

für die Übernahme der Bahn in eigener Regie zu gewinnen", beschloss die Stadt Elektrizitätswerk und Straßenbahn über städtische Mittel zu finanzieren und dafür eine Anleihe von 1,87 Millionen Mark aufzunehmen. Bei der neuen, begrenzten Ausschreibung für den „elektrischen und motorischen Teil der Zentrale, das Leitungsnetz, die Hausanschlüsse, sowie die Anlage der elektrischen Straßenbahn nebst Betriebsausrüstung" zwischen AEG und Siemens & Halske bekamen letztere 1901 den Zuschlag. Die Errichtung des Gebäudes (Abb. 60) erfolgte unter Leitung des Stadtbauamtes.[455]

Baubeginn war 1901. Bereits 1903 erfolgte die Inbetriebnahme. Von dem produzierten Strom floss 1907 nur ein geringer Teil von drei Prozent in die Straßenbeleuchtung, die damals noch größtenteils über Gas erfolgte. 27 Prozent der Produktion wurden für den Betrieb der Straßenbahn benötigt. Der Großteil, 68 Prozent, wurde an 715 Abnehmer geliefert, die 12.164 Glühlampen und 488 Bogenlampen in Betrieb hatten.[456] Dazu gehörten auch städtische Einrichtungen wie der Goethepark mit seinen Bogenlampen und später das Theater.

Bereits vor dem Ersten Weltkrieg zeichnete sich ab, dass auf dem nicht erweiterbaren Grundstück keine weiteren Maschinen zur Deckung des zunehmenden Strombedarfs aufgestellt werden konnten. 1910 erfolgten erste Planungen für einen städtischen Kraftwerksneubau an der Peitzer Chaussee außerhalb des Stadtzentrums. Der Erste Weltkrieg verhinderte diese Planungen.[457]

Das Cottbuser Elektrizitätswerk entstand damit zu einer Zeit, als die neue Technik sich bereits etabliert hatte. Bis 1903 hatten alle deutschen Städte über 50.000 Einwohner ein Elektrizitätswerk und über 77 Prozent der Städte zwischen 20.000 und 50.000 Einwohnern.[458] 1.266 Elektrizitätswerke waren damals deutschlandweit bereits in Betrieb. Die Zahl der Elektrizitätswerke in öffentlicher Hand ist jedoch in manchen Bereichen noch erstaunlich gering, so z.B. in der Provinz Brandenburg, wo es 1902 zwar zehn kommunale Betriebe gab, diese produzierten jedoch nur zwanzig Prozent der Gesamtleistung.[459] Diese Zahlen erklären sich jedoch vor dem Hintergrund der damals üblichen Bau- und Betriebsbedingungen. Große Unternehmen, wie AEG und Siemens & Halske, traten in Vorleistung und übernahmen dann für einige Jahre den Betrieb. Erst danach gingen die Werke in kommunalen Besitz über.[460]

STRASSENBAHN

1908 hatten 66 Prozent der preußischen Städte eine Straßenbahn, allerdings findet sich darunter neben elektrischen Bahnen auch noch ein beträchtlicher Anteil an Pferdebahnen.[461] Die erste größere elektrische städtische Straßenbahn Deutschlands war 1891 in Halle in Betrieb genommen worden.[462] Als die Cottbuser Stadtverwaltung 1898 ihre Elektrizitätswerks- und Straßenbahnplanung aufnahm, fand sich kein Unternehmen für die Einrichtung der Straßenbahn, so dass die Stadt selbst vorfinanzierte und Siemens & Halske mit der Ausführung beauftragte.[463] Zeitgleich wurde das große Straßenbahndepot an der Sandower Straße fertiggestellt.[464] Im Betrieb zeigten sich dann die Gründe für das ausbleibende unternehmerische Engagement, denn obwohl die Cottbuser Straßenbahn keine Konkurrenz durch Privatbahnen hatte, gehörte sie im Vergleich mit Bahnen anderer Städte zu den Bahnen mit der geringsten Frequenz.

Noch 1909 überstiegen die Ausgaben mit 249.180 Mark die Einnahmen mit 199.997 Mark um 25 Prozent. „Der Fehlbetrag konnte durch das Elektrizitätswerk ausgeglichen werden.[465] Trotz des Anstiegs der jährlichen Fahrten auf 2,5 Millionen trug sich der Betrieb auch 1913 nicht.[466] Hier zeigte sich das Problem, derartige kommunale Einrichtungen ohne die entsprechenden Einwohnerzahlen rentabel zu betreiben.[467] Die mit der Straßenbahn einhergehende Statuserhöhung drückt sich in einer eigens gedruckten Postkarte aus; auf der es heißt:
„Wandrer hemme deinen Schritt, sieh' und staun und fahre mit. Die Elektrische ist da. Cottbus Großstadt jetzt hurra!" [468]

SCHULEN UND BILDUNGSEINRICHTUNGEN

Auch das Schulwesen fiel in weiten Teilen in die Zuständigkeit der Kommunen. In den kinderreichen Industriestädten musste häufig fast das gesamte Aufkommen aus der kommunalen Einkommensteuer für das Schulwesen verwendet werden.[469] Trotz dieser hohen Lasten betrieben die Kommunen des Deutschen Reiches einen weitreichenden Ausbau des Schulsystems. Dieses „hochdifferenzierte städtische Schulsystem von der Volkschule über viele Spezialschulen bis hin zum Gymnasium" war, nach Wehler, eine „kommunalpolitische Leistung", zu der es in den anderen westlichen Ländern kein Pendant gab.[470]

Mit dem Ausbau des Schulsystems war ein hoher Raumbedarf verbunden. Mehrfach wurden in Cottbus bereits bestehende Schulgebäude anders belegt, erweitert und umgebaut. Und obwohl zahlreiche Neubauten errichtet wurden, mussten in großem Umfang noch weitere Gebäude und Räumlichkeiten für Schulzwecke umgenutzt werden.[471] Vor diesem Hintergrund beschränkt sich die nachfolgende Darstellung auf die großen schulischen Neubauprojekte, welche die Stadt zwischen 1871 und 1918 umsetzte.

Einen Schwerpunkt der baulichen Maßnahmen bildeten die Volksschulen, auch Gemeindeschulen genannt, die seit 1888 in Preußen ohne Zahlung von Schulgeld besucht werden konnten.[472] Die steigenden Einwohnerzahlen erforderten Neubauten für diesen grundlegenden Schultypus, der in den eingemeindeten Stadtteilen mit häufig nur unzureichenden Gebäuden vertreten war. Besonderer Nachholbedarf bestand in dieser Hinsicht für den 1904 eingemeindeten Stadtteil Sandow, der vorwiegend von Arbeitern bewohnt wurde.

In der Regel waren die Gemeindeschulen als Doppelschulen für Jungen und Mädchen konzipiert. 1886 wurde die Gemeindeschule an der Straße der Jugend 75 durch den Cottbuser Baumeister Carl Lebrecht Schade errichtet.[473] Die Gemeindeschule an der Sandower Str. 19 entstand 1895/96 nach einem Entwurf von Stadtbaurat Bachsmann.[474] 1912/13 wurde die Gemeindeschule am Muskauer Platz 19 nach einem Entwurf des Berliner Architekten Mäckelt errichtet.[475]

1872 waren in Preußen alle Schulen, die nicht zu den Volksschulen gehörten und nicht die Anerkennung als höhere Lehranstalten erhielten, unter dem Begriff „Mittelschule" gefasst worden. Im Zusammenhang mit diesem Schultypus waren praktische Bildungsziele formuliert worden, auch Fremdsprachen wurden hier vermittelt.[476] Für die Cottbuser Mädchenmittelschule, die aus der städtischen Bürgerschule hervorgegangen war, entstand bereits 1873 bis 1875 ein großzügiger Neubau an der Karl-Liebknecht-Straße 136, „der nach Lage, Umfang und Einrichtung in damaliger Zeit als bevorzugt" galt (Abb. 61).[477] In diesem baulichen Anspruch spiegeln sich auch die zu dieser Zeit aktuellen Bemühungen um eine Neuorganisation des Mädchenschulwesens.[478]

Die neben der Mädchenmittelschule bestehende Knabenmittelschule wurde 1890 mit der höheren Bürgerschule räumlich vereinigt.[479] Für diese Schule entstand nach Entwürfen von Stadtbaurat Schneider 1889/90 ein Neubau an der Bahnhofstr. 11 (Abb. 62). 1892 erfolgte die Umbenennung in Realschu-

61 Mädchen-Mittelschule (1873-1875 erbaut), Karl-Liebknecht-Straße 136

62 Höhere Bürgerschule (1889-1890 erbaut), Bahnhofstraße 11

63 Gymnasium (1865-1867 erbaut), Puschkinpromenade 6 (Stadtgeschichtliche Sammlungen Cottbus). (Aufnahmen 61-62: 2000, Roland Wieczorek)

le, womit sich ein Schultypus etablierte, der sich im Gegensatz zu den altsprachlich geprägten Gymnasien, auf die Lehre der „Realien", wie Naturwissenschaften, Mathematik und moderne Sprachen, konzentrierte. Der Zulauf war enorm. Um 1900 hatte die Schule über 1.100 Schüler und war damit eine der größten Preußens.[480] 1913 erfolgte die Anerkennung zur hochschulqualifizierenden Oberrealschule.[481] Damit war auch in Cottbus

eine sich bereits am Ende des 19. Jahrhunderts abzeichnende Entwicklung eingetreten. Das humanistische Gymnasium verlor seine bisherige Monopolstellung als höhere Lehranstalt, die den Universitätszugang ermöglichte.[482] Für das bis 1887 städtisch geführte Gymnasium war 1865 bis 1867 nach Entwürfen des Königlichen Hofbaurates Adolf Lohse ein Neubau an der Puschkinpromenade 6/6a errichtet worden (Abb. 63).[483]

64 Augusta-Schule (1907-1908 und 1911-1912 erbaut), Puschkinpromenade 13/14 (Aufnahme 2002, Roland Wieczorek)

Für Mädchen bestand seit 1873 eine privat geführte höhere Schule, die unter dem Namen „Augustaschule" gegründet worden war. 1895 wurde diese Schule von der Stadt übernommen. Als „Städtische höhere Mädchenschule und Lehrerinnenseminar" erhielt sie 1909 nach der 1908 erfolgten „Neuordnung des höheren Mädchenschulwesens" ihre Anerkennung als hochschulqualifizierendes Lyzeum.[484] Zwischen 1908 und 1912 entstand an der Puschkinpromenade 13/14 in zwei Bauabschnitten ein großes Schulgebäude. Nach dem „verunglückten Entwurf" des Baugeschäftes Hermann Pabel & Co. beschlossen die Stadtverordneten 1911 einen „Verbesserungsbau" in Auftrag zu geben, um dem Bau ein „architektonisches Aussehen" zu geben (Abb. 64).[485] Diesen erhielt dann das bekannte Dresdner Architekturbüro Schilling & Gräbner.[486] Zeitgleich entstand 1910 ein Neubau für das 1907 gegründete, unter staatlicher Verwaltung stehende „Königliche Preußische Lehrerseminar" in der Sielower Str. 37.[487]

Auch der Bereich der berufsbildenden Schulen erfuhr in Cottbus einen starken Ausbau.[488] Neben den üblichen Handels- und Gewerbeschulen wurde auf Initiative Oberbürgermeister Werners 1905 eine Polizeischule gegründet und 1911 eine Gemeindebeamtenschule.[489] Die aus der 1883 gegründeten Fachschule des Fabrikantenvereins hervorgegangene Webschule erlangte 1895 die Anerkennung als „Preußische Höhere Fachschule für die Textilindustrie" und erhielt 1896/97 einem großzügigen Neubau in der Saspower Straße.[490]

Die vorgestellten Beispiele zeigen den Umfang kommunaler Aktivitäten in diesem Bereich. Eine beachtliche, aber keine singuläre Leistung. Ähnliche Verhältnisse finden sich in anderen Städten.[491] Die Architektur der Cottbuser Schulbauten spiegelt die Gestaltungsentwicklung des zeitgenössischen Schulbaus auf durchaus hohem Niveau wider.[492] Der Großteil der Entwürfe entstand im Cottbuser Stadtbauamt oder bei hiesigen Bauunternehmen. Für einige Gebäude wurden überregional bedeutende Architekten herangezogen.

KRANKENHÄUSER

Auch der Ausbau der medizinischen Versorgung wurde während der Kaiserzeit intensiv betrieben. Zwischen 1877 und 1913 hat sich die Zahl der Krankenhäuser gut verdoppelt. Träger dieser Einrichtungen waren vor allem die Städte, aber auch die Kirchen.[493] Um 1900 war knapp ein Drittel aller Krankenhäuser

in Preußen in kommunalem Besitz.[494] Der Ausbau des Gesundheitswesens stand in Verbindung mit den in den 1880er Jahren im Deutschen Reich eingeführten Sozialversicherungen. Erst die regelmäßigen Zahlungen der Versicherten in die Kranken-, Unfall- und Invalidenversicherung ermöglichten die Finanzierung eines umfassender werdenden medizinischen Leistungsangebotes.[495]

Das zwischen 1912 und 1914 errichtete städtische Krankenhaus wurde unter dem Namen „Vereinigte städtische und Thiem'sche Heilanstalten" eröffnet (Abb. 65).[496] Mit dem Entwurf hatte die Stadt den Hamburger Architekten Friedrich Ruppel beauftragt, einen Experten im Bereich des Krankenhausbaues.[497] Vor der Eröffnung dieses Krankenhauses mit 332 Betten gab es in Cottbus nur ein veraltetes städtisches Krankenhaus in der Taubenstraße und zwei Privatkliniken. Eine davon wurde von dem international bekannten Unfallchirurgen, dem Geh. Sanitätsrat Prof. Dr. Carl Thiem, betrieben. Thiem, ein enger Freund des Oberbürgermeisters, wurde nach dem Verkauf seiner Klinik an die Stadt die Leitung des neuen städtischen Krankenhauses übertragen.[498]

Als das Cottbuser Krankenhaus gebaut wurde, war man im Krankenhausbau bereits wieder stärker zu den geschlossenen Anlagen, den sogenannten Korridorkrankenhäusern, zurückgekehrt. Dieser Typus war seit den 1870er Jahren durch das dezentrale Pavillonsystem zurückgedrängt worden, da diese Bauform mit ihren Einzelgebäuden besonders geeignet erschien, der Gefahr der Infektionsübertragung über die Luft vorzubeugen. Obwohl diese Annahme bereits 1878 durch den Bakteriologen Robert Koch widerlegt worden war, konnte sich die offene Bauweise trotz erheblich höherer Bau- und Betriebskosten auf breiter Basis durchsetzen, da sie die optimale Belichtung und Belüftung der Krankenräume und zudem die Trennung verschiedener Abteilungen ermöglichte.[499] Erst nach 1900 wurden wieder vermehrt baulich geschlossene Anlagen gebaut, vor allem, wenn „die Mittel beschränkt waren".[500] Nach wie vor wurde jedoch versucht, zumindest durch umgebende Grünflächen etwas von den räumlichen Qualitäten des Pavillonsystems beizubehalten. So auch in Cottbus, wo das Hauptgebäude aus einem Kernbau und zwei über Verbindungsgänge anschließenden seitlichen Flügeln bestand. Außerdem wurden auf dem immerhin rund 45.000 Quadratmeter großen Gelände ein Wirtschaftsgebäude, ein Leichenhaus, isoliert gelegene Baracken für Kranke mit an-

65 *Städtisches Krankenhaus (1912-1914 erbaut), Thiemstraße 111 (Aufnahme 2003, Roland Wieczorek)*

steckenden Erkrankungen, zwei Wohngebäude für Beamte und Ärzte sowie ein Haus für Versuchstiere errichtet.[501]

THEATER ALS BAUTEN KOMMUNALER REPRÄSENTATION

Theaterbauten fanden sich lange ausschließlich in den Residenzstädten. Mit den erweiterten finanziellen Möglichkeiten wandten sich auch die aufstrebenden Städte dieser Bauaufgabe zu. Die Theater wurden zu den Prestigebauten der Kommunen. Denn nicht nur die Theatergebäude selbst waren kostspielig, auch der Theaterbetrieb erforderte hohe Subventionen.[502] Vor allem die kleineren Städte, die mangels Nachfrage nicht auf privat finanzierte Theater hoffen konnten, mussten selbst aktiv werden. Aber selbst 1911 besaß erst die Hälfte der deutschen Städte mit mehr als achtzigtausend Einwohnern ein Theatergebäude mit einem eigenen Ensemble.[503] In Cottbus wurden bereits früh Wünsche nach einem eigenen Theatergebäude geäußert:

„Eine seit langem gefühlte Lücke im öffentlichen Leben von Cottbus ist das unzulängliche Raumverhältnis des hiesigen Theaters und war es schon stets ein heimlicher, aber leider unerfüllbarer Wunsch der tonangebenden Bürgerschaft, ein den Verhältnissen entsprechendes Theatergebäude zu besitzen."[504]

Während des 19. Jahrhunderts bestanden in Cottbus wechselnde Theaterstätten. Dazu gehörten anfangs der Fürstensaal im Schloss und große Säle in den hiesigen Hotels. Seit 1865 fanden die meisten Vorstellungen im Hotel „Goldener Ring" statt, wo ein Saal mit 341 Sitz- und 300 Stehplätzen für Theaterzwecke ausgebaut worden war. Dieser Saal blieb bis zur Eröffnung des neuen Stadttheaters 1908 in Benutzung.

Seit den 1860er Jahren kamen regelmäßig, sowohl vonseiten der Bürger als auch vonseiten einzelner Unternehmer, Überlegungen zum Neubau eines Theaters auf. Sie scheiterten jedoch zumeist an der Platzfrage, da es üblich war, dass die Kommune dafür ein städtisches Grundstück zur Verfügung stellte.[505] Hinzu kamen seit 1889 strenge Brandschutzauflagen, die für Theaterneubauten elektrische Beleuchtung forderten.[506] Nach Inbetriebnahme des Elektrizitätswerkes im Jahr 1903 war diese Auflage kein Hindernis mehr und die Stadtverordneten beschlossen noch im gleichen Jahr — übrigens mit großer Mehrheit — Planungen für einen Theaterneubau aufzunehmen. Oberbürgermeister Werner und Stadtbaurat Bachsmann unternahmen Studienreisen zu den bekanntesten deutschen Theatern. Angebote wurden eingeholt. 1905 erfolgte der Baubeschluss. Es wurde Kontakt zu bekannten Theaterarchitekten aufgenommen. 1906 lagen dem Magistrat Entwürfe von Bernhard Sehring, Heinrich Seeling und Max Littmann vor. Die Entscheidung für den Entwurf Sehrings soll dann zuerst im Magistrat gefallen sein. Dieser informierte dann die Stadtverordneten zu finanziellen und baulichen Details. Auch die Stadtverordneten entschieden sich dann für den Entwurf Sehrings, da dieser als einziger den Kostenvoranschlag von 850.000 Mark einhielt.[507] Eigenartig mutet unter diesen Umständen an, dass Sehring schon zu „Beginn der Arbeiten am Theater" feststellte, dass die Funktionsräume „viel zu gering" bemessen waren.[508] Die Folge war, dass ein Erweiterungsbau nötig wurde. Die entsprechende Magistratsvorlage beschlossen die Stadtverordneten am 15. Februar 1911. Das dazu benötigte „Baukapital von 116.692 Mark" wurde aus „bereiten Mitteln" bewilligt.

„Ferner erteilt die Versammlung die Genehmigung zur Annahme der Spenden zum Theater-Erweiterungsbau im Betrage von 17.000 Mark und 55 Mio. Ziegelsteinen und erhebt sich zu Ehren der Spender von ihren Sitzen." [509]

In der gleichen Sitzung steht die Entlastung wegen Überschreitung des für den Theaterbau selbst bewilligten Baukapitals von 793.769 Mark um 152.625 Mark auf der Tagesordnung. Damit hatten sich die geringeren Baukosten des Sehringschen Entwurfs im Vergleich zu seinen Mitbewerbern relativiert.

Angesichts der nur knapp 50.000 Einwohner und des großen Anteils an Geringstverdienern war die Entscheidung für ein kommunales Theater mit neunhundert Plätzen ein ambitioniertes Unterfangen. Die günstigsten Plätze kosteten fünfzig Pfennige, dafür musste ein Textilarbeiter 1913 etwa ein- bis zweieinhalb Stunden arbeiten.[510] 160 Plätze dieser Preisklasse standen zur Verfügung. Hinzu kamen fast hundert Plätze zu neunzig Pfennig.[511] Damit konnte sich auch die bürgerliche Unterschicht einen Theaterbesuch leisten. Dieser Aspekt des sozialen Ausgleichs wurde jedoch durch die Architektur selbst wieder aufgehoben, da innerhalb des Theaters eine strikte räumliche Trennung zwischen den besseren und den billigeren Plätzen erfolgte. So schreibt die „Märkische Volksstimme" zur Eröffnung:

„Warum der Herr Sehring den zweiten Rang gar so hoch über den ersten Rang gelegt hat, ist uns nicht recht verständlich, er hat doch schon draußen, bei der Anlage der Treppenaufgänge eine so reinliche Scheidung zwischen den Besuchern des ersten und zweiten Ranges vorgenommen, dass es tatsächlich un-

möglich ist, anders als vor dem Gebäude selbst mit den Besuchern dieses bevorzugten Platzes zusammen zu kommen. Dass, wie z.B. im Deutschen Theater in Berlin, ein Besucher des zweiten Ranges sich auch im Foyer mit den Besuchern des ersten Ranges zusammen ergehen kann, was ja wohl selbst im königlichen Opernhaus möglich ist, ist hier vollständig ausgeschlossen, es sei denn man geht in die Vorhalle des Theaters zurück und geht nun, vorausgesetzt, dass es erlaubt ist, den vollständig separierten Aufgang zu dem sehr schön ausgestatteten Foyer des ersten Ranges hinauf. Ein solch frevles Vorhaben dürfte nicht gut ausführbar sein, weil hier ja unbedingt ein Billetkontrolleur stehen muß, was bei o.g. Theater nicht der Fall sein braucht, da man durch Verbindungstüren in das große Foyer gelangen kann; doch wenn es schon so sein soll, so lassen wir die Herrschaften unter sich." [512]

Betrieb und künstlerische Leitung lagen in der Hand von Theaterdirektoren. Zur Spielzeit 1912/13 wurde „trotz erheblichem Mehraufwand" die ständige Oper mit einem eigenem Opernensemble eingeführt:[513]

„Eine Pachtsumme wurde nicht verlangt, doch sicherte sich die Stadtverwaltung vertraglich einen Einfluss auf die Bemessung der Gagen, um diese nicht unter einen angemessenen Satz absinken zu lassen. Da der Spielbetrieb sich nicht selbst trug, leistete die Stadt unter wechselnden Konditionen Zuschüsse zu den Fehlbeträgen.[514]

DER KOMMUNALE HAUSHALT

Die Gemeindeausgaben stiegen im Deutschen Kaiserreich zwischen 1870 und 1913 jährlich um 5,6 Prozent, womit sie 1913 sechs Prozent des Nettosozialproduktes erreicht hatten.[515] Angesichts des Umfangs an kommunalen Leistungen stellt sich die Frage, wie die Kommunen die wachsenden Ausgaben finanzierten.

Tabelle 4: Cottbus: Entwicklung des Stadthaushaltes[516]						
Jahr	1870	1890	1895	1900	1905	1908
Haushalt	287.100	1.372.600	1.996.000	3.193.400	5.081.400	6.709.800

Mit dem Kommunalabgabengesetz von 1893 wurde „das kommunale Finanzsystem in Preußen zum ersten Mal einheitlich und umfassend geregelt, und zwar sowohl hinsichtlich der Gebühren und Beiträge als auch bezüglich der indirekten (Verbrauchsteuern) und direkten Steuern".[517] Die wichtigste Einnahmequelle der kommunalen Haushalte war die Gemeindesteuer, die als Zuschlag auf die Einkommensteuer (Staatssteuer) erhoben wurde.[518] Der Anteil dieser Steuer an den Kommunaleinnahmen im Deutschen Reich betrug zwischen „65-95 Prozent".[519] Während der Steuersatz der Staatssteuer zwischen 1871 und 1918 keine nennenswerte Erhöhung erfuhr, wurde die Gemeindesteuer teils erheblich angehoben, um die städtischen Ausgaben finanzieren zu können.[520] Die niedrigsten Gemeindesteuersätze – zwischen achtzig und hundert Prozent der Staatseinkommensteuer – finden sich in „besseren" Städten mit vorwiegend gutsituierter Einwohnerschaft, die auf weiteren Zuzug zahlungskräftiger Bürger hofften.[521] Die höchsten Gemeindesteuersätze erhoben dagegen die Städte in der Provinz Preußen, aber auch die Industriestädte.[522] In Cottbus blieb der Gemeindesteuersatz trotz des hohen Anteils an Geringverdienern erstaunlich konstant: 1895 betrug er 156 Prozent der Staatssteuer und stieg bis 1907 nur auf 170 Prozent.[523] Im Vergleich zu Städten mit ähnlichen Einkommensverhältnissen (Tabelle 5) betrieb die Cottbuser Stadtverwaltung somit eine moderate Steuerpolitik.

Tabelle 5: Entwicklung der Gemeinde-Einkommensteuerzuschläge der Jahre 1895-1907 in %[524]					
	Cottbus	Brandenbg.	Flensburg	Hildesheim	Trier
1895	156 %	160 %	200 %	100 %	100 %
1907	170 %	200 %	225 %	180 %	200 %

Zunehmend wurden auch die Einnahmen aus den kommunalen Betrieben ein wichtiger Haushaltsposten. Für deren Erhebung hatten die Kommunen die generelle Ermächtigung.[525] Das Kommunale-Abgaben-Gesetz von 1893 empfahl den Kommunen zur Deckung ihres Finanzbedarfs sogar den Ausbau der kommunalen Betriebe.[526] Nach 1900 machten die Erträge der städtischen Betriebe im Schnitt ein Viertel der kommunalen Einnahmen aus.[527] Vielfach wurde kritisiert, dass dies eine verdeckte Besteuerung der Verbraucher bedeutete, denn aufgrund ihrer Monopolstellung konnten die städtischen Werke, wie Wasser-, Elektrizitäts- und Klärwerke, zu überaus rentablen Einrichtungen gemacht werden.[528] Neben diesen Einnahmen konnten die Kommunen seit der Miquelschen Finanzreform (1891-1893) über weitere Steuern, wie Grund- und Gebäudesteuern, sowie Gewerbe- und Betriebssteuern verfügen.[529]

Tabelle 6: Kommunales Haushaltsvolumen in Mark (Erhebungsjahre 1870-1890-1908)[532]			
	1870	1890	1908
Cottbus	287.100	1.372.600	6.709.800
Brandenburg	331.500	616.800	3.901.100
Flensburg	keine Angabe	1.301.000	4.174.500
Hildesheim	488.800	1.070.800	4.164.400
Trier	633.200	990.000	6.864.200

Einer der interessantesten Aspekte der kommunalen Finanzen ist, für welche Bereiche die Haushaltsmittel verwendet wurden. Leider lassen sich die Haushaltsdaten der Kommunen aufgrund unterschiedlicher Veranlagungs- und Erhebungsverfahren nicht exakt vergleichen.[530] Somit können hier nur Tendenzen (Tabelle 6) aufgezeigt werden, die sich aus der Entwicklung der Gesamthaushalte ergeben.[531]

Tabelle 7 zeigt, dass fast alle Vergleichstädte 1908 ihre Etats weit überzogen hatten.[534] Der Cottbuser Haushalt der aufgeführten Jahre erreichte Summen, die das Drei- bis Vierfache der Gemeindesteuereinnahmen ausmachten.[535] Daraus ergaben sich zunehmende Kosten für die Schuldenverwaltung. Mit 735.300 Mark machten diese 1908 bei einem Haushalt von 6,7 Millionen Mark bereits neun Prozent des Gesamthaushaltes aus. Knapp sechzig Prozent der Schulden der Stadt Cottbus gingen 1908 auf die Finanzierung der städtischen Werke zurück. Die höchsten Anteile hatten die Kanalisation mit 2,7 Millionen Mark und das Elektrizitätswerk mit 1,5 Millionen Mark.[536] Ausgleichsmöglichkeiten auf der Einnahmenseite gab es wenige. Ein Einnahmeposten waren die Städtischen Werke, die einen jährlichen Überschuss von etwa 75.000 bis 85.000 Mark einbrachten. Angesichts der 1908 schon hohen Ausgaben für den Schuldendienst und eines Stadthaushaltes, der weit über den Einkünften lag, erstaunt der Umfang der kommunalen Bauprojekte in den

Tabelle 7: Vergleich von Haushaltsansatz und städtischen Schulden für das Jahr 1908 in Mark[533]		
Stadt	Haushalt	Städtische Schulden
Cottbus	6.709.800	10.684.200
Brandenburg	3.901.100	9.947.600
Flensburg	4.174.500	9.496.200
Hildesheim	4.164.400	10.765.900
Trier	6.864.200	15.531.200

Jahren vor dem Ersten Weltkrieg. Dies hatte zur Folge, dass sich zwischen 1908 und 1914 die kommunale Schuldenlast verdoppelte und damit auf 21 Millionen Mark anstieg.[537]

FAZIT ZUM KOMMUNALEN BAUEN

In einer Übersicht wurden die wichtigsten kommunalen Einrichtungen und die damit verbundenen Neubauten vorgestellt. Bemerkenswert ist, dass sich – mit Ausnahme des Gaswerkes – diese Bauten bis heute, vielfach sogar nahezu unverändert, erhalten haben. Die konstante Nutzung unter öffentlicher Trägerschaft hat die meist in Folge von Umnutzungen auftretenden Substanzverluste verhindert.

Die Darstellung im Rahmen des historischen Kontextes hat gezeigt, dass einige dieser Einrichtungen, wie Wasser- und Abwassernetz, aber auch Straßenbahn und Theater, angesichts der Größe der Stadt von der Cottbuser Kommunalverwaltung schon relativ früh umgesetzt wurden. Dabei hatte sich die öffentliche Trägerschaft von Versorgungseinrichtungen erst im Laufe der Kaiserzeit durchgesetzt, wie ein Zitat aus der offiziellen Publikation der deutschen Städteausstellung von 1903 zeigt:

„Die führenden Köpfe in den Kommunen waren fast durchweg in der manchesterlichen Anschauung befangen, daß die rücksichtslose Förderung des Privatinteresses nebenher und von selbst mit Notwendigkeit zum allgemeinen Besten ausschlagen werde, zumal das freie Spiel konkurrierender Kräfte jede Schädigung mit Sicherheit ausgleichen müsse. Dazu kam das zähe Vorurteil, als ob große Betriebe nicht gut von Beamten geleitet werden könnten, denen mit dem persönlichen Vorteil am Prosperieren auch die Triebfeder tüchtiger Geschäftsführung fehle. Mit der Überwindung dieser allzu leichtherzigen volkswirtschaftlichen Parteilehre gestaltete sich allmählich auch die Anschauung über die Zweckmäßigkeit kommunaler Betriebe um. In gleicher Richtung wirkte die oft recht bittere Erfahrung, daß bei den Privatbetrieben zwar der Privatvorteil in hohen Dividenden gut, das öffentliche Wohl aber schlecht fuhr, sowie die ernüchternde Erkenntnis, daß hier teils natürliche Monopole vorlagen, teils künstliche sich herausbildeten, und jedenfalls eine wirksame Konkurrenz ausgeschlossen war. Seit zwei bis drei Jahrzehnten ist durch alles dies allmählich ein Umschwung erfolgt."[538]

Die hier vertretene Argumentationslinie richtet sich auf die städtischen Betriebe, wie Wasser- und Klärwerk, aber auch auf Gas- und Elektrizitätswerke, die bei entsprechend Einwohnerzahlen rentabel betrieben werden konnten. Aufgrund der oben geschilderten Umstände mussten in Cottbus alle diese Einrichtungen kommunal finanziert werden, während sich in größeren Städten auch private Unternehmer für Finanzierung und Betrieb fanden.

Ganz anders stellte sich die Situation dagegen bei den Einrichtungen dar, für deren Leistungsangebot keine gesicherte Abnahme bestand, dazu gehörten in Cottbus die Straßenbahn und das Theater. Defizite der Straßenbahn wurden durch Überschüsse des Elektrizitätswerkes ausgeglichen und auch das Theater wurde in Teilen durch diese Einrichtungen mitgetragen. Diese auch in anderen Städten übliche Praxis kam schon früh in die Kritik, da hier die Allgemeinheit über erhöhte Gebühren Einrichtungen mitfinanzierte, die nur von wenigen genutzt wurden.[539] In diesem Zusammenhang wurde zunehmend die Frage gestellt, wo die Grenzen „kommunaler Leistungsverwaltung" lagen.

Aber auch jenseits dieser haushaltspolitischen Aspekte waren die neuen Einrichtungen von wirtschaftlicher Relevanz für die Städte. In der Regel waren es die örtlichen Bauunternehmen, die bei der Vergabe von Bauaufträgen durch die Kommune den Zuschlag bekamen. Außerdem entstanden in Verbindung mit den neuen Einrichtungen auch langfristig Arbeitsplätze. Für die Stadt zahlten sich vor allem die Einrichtungen aus, bei denen staatliche Zuschüsse hinzukamen. Dazu gehörten zum Teil die Schulen, vor allem aber die Krankenhäuser, die über Mittel aus den Sozialversicherungen finanziert wurden. Vor diesem Hintergrund versuchte die Cottbuser Stadtverwaltung auch andere Einrichtungen in die Stadt zu holen. Dazu gehörten z.B. die bereits 1912 einsetzenden Bemühungen um die Einrichtung eines Flugstützpunktes.[540]

Welchen Umfang die kommunalen Investitionen in den Jahren vor dem Ersten Weltkrieg erreicht hatten, zeigt sich im Jahresbericht der Handelskammer für die westliche Niederlausitz von 1913. Damals berichtete die Baugewerksinnung, „dass entgegen der in vielen anderen Städten geringeren Bautätigkeit dank der zahlreichen Bauten der Stadtgemeinde dieselbe in Cottbus eine rege war"[541] Seit 1911 war die Cottbuser Kommunalverwaltung damit wichtigster Auftraggeber des lokalen Baugewerbes.

Oberbürgermeister Paul Werner (1892–1914)

Wer sich mit der kaiserzeitlichen Architektur- und Stadtentwicklung von Cottbus befasst, kommt nicht umhin, auch auf die Leistungen dieses zwischen 1892 und 1914 amtierenden Oberbürgermeisters einzugehen. Als Werner sein Amt in Cottbus antrat, war er 44 Jahre alt und verfügte bereits über langjährige Verwaltungserfahrung (Abb. 66). Anlässlich seines Ausscheidens aus dem Amt hielt er eine sehr persönlich gefärbte

66 *Oberbürgermeister Paul Werner (1848-1927): Amtszeit 1892-1913 (Stadtgeschichtliche Sammlungen Cottbus)*

Abschiedsrede, die neben den eigentlichen Fakten viel von der Persönlichkeit und vom Selbstverständnis Werners zeigt. Deshalb werden die nachfolgend vorgestellten biographischen Daten Werners durch einige Zitate aus dieser Rede ergänzt.[542]

Werner, am 13. Oktober 1848 im sächsischen Zeitz geboren, muss unter einfachen Verhältnissen in Frankfurt an der Oder aufgewachsen sein. Die Mutter starb früh, das „Leid" seiner Familie soll in „ganz Frankfurt sprichwörtlich" gewesen sein. Trotzdem konnte Werner eine höhere Schule besuchen und begann Jura zu studieren. Seine damals schon bestehenden „Reiseneigungen" finanzierte er durch das Schreiben „literarischer Beiträge". 1870, nach bestandenem Referendarsexamen, meldete er sich „zu den Waffen". Nach seiner Referendarzeit fehlten ihm „einige hundert Mark" für ein Repetitorium, so dass es nicht zu einem „schönen Assessorexamen" reichte. Daraufhin nahm er eine Stelle als Kreisrichter am Apellationsgericht in Kirchhain an und „hatte wieder Unglück", befand sich jedoch bald auf der Stelle des zweiten Bürgermeisters in Bromberg, wo er wieder eine „ziemliche Niete" gezogen haben will und daraufhin auf die Stelle des ersten Bürgermeisters in Hamm wechselte. Dies war nach Ansicht Werners „wieder ein Fehlschlag und zwar der Schlimmste seines Lebens." Zwischen ihm und dem dortigen Stadtverordnetenvorsteher muss es zu erheblichen Unstimmigkeiten gekommen sein. Werner klagt, seine „Freunde im Magistrat und in der Stadtverordnetenversammlung" seien „zum größten Teil schlaff und versuchten es mit keiner Seite zu verderben." Im Hinblick auf sich selbst, meint er, ihm sei nie eine „skrupellosere Menschenausnutzung vorgekommen"; so habe er während seiner „10jährigen angestrengten Tätigkeit nicht einen Pfennig Zulage erhalten". Nach Cottbus sei er gekommen, nicht weil er eine „Neigung zum Karrieremachen gehabt" hätte, sondern weil sein Herz an seinem Beruf hinge. Schließlich hätte er auch zur „Rechtsanwaltschaft oder zum Bankfach" gehen können und hätte sich damit „unfehlbar in kurzer Zeit eine glänzende Stellung" sichern können. Werners Einkommen als Cottbuser Oberbürgermeister war jedoch auch nicht unerheblich: Allein wischen 1898 und 1907 stiegen seine jährlichen Bezüge von 10.000 Mark auf 15.000 Mark.[543] Bei der Schilderung seiner Cottbuser Zeit lässt er durchblicken, dass er auch hier am Anfang seine Probleme mit dem Stadtverordnetenvorsteher gehabt habe. Als hier ein personeller Wechsel erfolgt sei, hätten „Kabale und Quertreibereien" jedoch ein Ende gehabt.

Latent scheinen jedoch Dissonanzen bestanden zu haben, denn in der Presseberichterstattung zum Abschied Werners wird darauf hingewiesen, dass schon die „würdige Abschiedsfeier" das Einvernehmen zeige und dass die „verschiedentlich aufgestellte Behauptung einer tiefgreifenden Unzufriedenheit unter den Beamten und Bediensteten und eines offenen Gegensatzes zwischen ihnen und dem Scheidenden" nicht wahr sei.[544]

Werner, selbst engagiert und pflichtbewusst, muss von den städtischen Beamten einiges gefordert haben, jedenfalls mehr als „die nackte Pflichterfüllung in der breit ausgetretenen Bahn der Gewohnheit". So sei er von Anfang an bestrebt gewesen, „die früher meist herrschende Einseitigkeit durch eine zielbewusste Fortbildung im Wechsel der Tätigkeit zu beseitigen."[545] Mit diesem Engagement muss er auf Kritik gestoßen sein. Dass Werner seine Vorstellungen auch gegen Widerstände durchsetzte, deutet sich auch in der Rede des Vermessungsinspektors Schmitten anlässlich seiner Abschiedsfeier an:

„Anerkennen müssen wir auch Ihren festen Willen; Ihre furchtlose Überzeugungstreue, mit der Sie für alle Maßnahmen eingetreten sind, die Sie für gut erkannt hatten. Unerschrockenheit und Selbstvertrauen verstärkte ihr Pflichtgefühl, das Sie dank ihrer Willensfestigkeit über den Rahmen des Gewöhnlichen hinausgeführt hat."[546]

Die hier erwähnten Eigenschaften dürften dazu beigetragen haben, dass Werner auch den Konflikt mit höheren Instanzen nicht scheute, wie zwei etwas heikle Angelegenheiten am Ende seiner Amtszeit zeigen.

Die eine betrifft „Bordell-Wirthschaften und Maßregeln gegen die Winkelhurerei".[547] Aufgrund des starken Anstiegs an Syphiliskranken versuchten die Kommunalverwaltungen jener Zeit durch die Registrierung der Prostituierten gegen die sogenannte „Winkelhurerei" vorzugehen. Für die unter polizeiliche Aufsicht gestellten Prostituierten bestanden rigide Auflagen: Dazu gehörten wöchentliche Untersuchungen durch den kommunalen Armenarzt, das Verbot, sich in öffentlichen Anlagen aufzuhalten oder öffentliche Veranstaltungen zu besuchen und die Auflage „nur in solchen Häusern der hiesigen Stadt, Wohnung, Schlafstelle oder sogenanntes Absteigequartier zu nehmen, welche zur Querstraße, Garten-, Drebkauer-Chaussee-, Feldstraße oder zur Sandower Vorstadt gehören." Damit war Prostitution, zumindest soweit sie öffentlich wurde, in den Süden von Cottbus, in das Gewerbe- und Arbeiterwohnviertel, sowie in den Bereich um

den Ottilienhof verwiesen worden. Als das noch unbebaute Terrain um den Ottilienhof für die zukünftige Gartenstadt erschlossen werden sollte, wurde nach Alternativstandorten für die dortigen Bordellbetriebe gesucht. Nach der Prüfung mehrerer Standorte fiel die Wahl auf die Brunschwiger Straße.[548] Allerdings hatte die Stadtverwaltung wohl nicht mit den nun einsetzenden, massiven Protesten der Anwohner gerechnet. Diese richteten ihre Beschwerden nicht nur an die Stadtverwaltung, sondern auch an das Innenministerium und die Königliche Regierung in Frankfurt an der Oder: Hier finden sich ausführliche Beschreibungen der Zustände:

„In der Nacht vom Sonnabend zum Sonntag (1. Juni) sind von abends 9 Uhr bis Sonntag früh halb 5 Uhr ca. 200 Personen in Zwischenräumen lärmend die Brunschwiger Straße entlang, teils zu Fuß und teils mit dem Automobil und per Droschke zu dem Dietrich'schen Hause gewandert. Da dieselben nicht alle aufgenommen werden konnten, so spielten sich unbeschreibliche Scenen ab. Die gemeinsten Redensarten, die sich auf den Geschlechtsverkehr bezogen, haben sich die Bordellbesucher gegenseitig zugerufen. Meine Feder sträubt sich, diese niederzuschreiben. ... Die Mieter drohen auszuziehen und die aus Neugierde dort vorbeikommenden, selbst dem Arbeiterstande angehörigen Personen, die diese Zustände mit angesehen haben, erklärten, daß sie jetzt in dieser Straße keine Wohnung umsonst haben möchten. ... Der größte Teil der Herren Stadtverordneten haben darüber ebenfalls ihre Mißbilligung zum Ausdruck gebracht und sind wohl fast sämtlich der Ansicht, daß sich diese Straße am allerwenigsten für eine derartige Einrichtung eignet."[549]

Der Regierungspräsident ersuchte nun Oberbürgermeister Werner um eine Stellungnahme. Dieser spielte die Beschwerde herunter, sah in den Anwohnerbeschwerden eine „planmäßige Agitation" und „die jetzt bestehende Erregung ist in erster Linie von dem Beschwerdeführer Klausch, welcher im ganzen Stadttheil Unterschriften zur Eingabe an die städtischen Behörden und Aufsichtsinstanzen gesammelt hat, künstlich herbeigeführt und durch zwei Artikel in der „Märkischen Volksstimme" gefördert worden." Noch im gleichen Jahr eröffneten weitere Bordelle in der Brunschwiger Straße, Ende Juli 1912 sollen es vier gewesen sein. Die Anwohner verstärkten ihre Proteste, sie ließen eine acht Seiten umfassende Protestschrift drucken. Anfang 1913 wandte sich der Kriegsveteran Wilhelm Nevoigt, „In-

haber mehrerer Orden und Ehrenabzeichen von 1866 und 1870",
als Anwohner der Brunschwiger Straße nicht nur an den Minister, sondern auch an die Kaiserin:

„Es kann nicht im Sinne einer hohen Stadtregierung liegen, einen Bürger, der durch seine Teilnahme an den drei Feldzügen
bereit war, sein Leben für sein Vaterland zu opfern, um den
kargen Erfolg eines mühevollen Lebens infolge der Errichtung
solcher Lasterhöhlen zu bringen und ihn dadurch schwer wirtschaftlich zu schädigen." [550]

Das Kabinett ihrer Majestät, der Kaiserin und Königin, lei-
tete das Schreiben an den Innenminister weiter und ersuchte
„um Prüfung und weitere Veranlassung." Auch die Presse, vor
allem die Märkische Volksstimme, sparte nicht mit Kommentaren. Bereits im März 1912 war die zu erwartende Bordellgrün-
dung als „Ergänzung der kommunalen Einrichtungen" mit dem
Hinweis „Cottbus wird Großstadt" angekündigt worden. Als öffentlich wurde, dass sich die zu erwartenden Einnahmen eines
solchen Hauses auf „jährlich mindestens 25.000 Mark belau-
fen" dürften, schlug die Märkische Volksstimme vor, die Kommunalverwaltung solle „einsichtig genug (sein), die einträg-
lichen Geschäfte in eigene Regie zu übernehmen." [551] Werner
kam zunehmend in die Kritik. Ein Schreiben von ihm an das
Regierungspräsidium ließ sittenpolizeiliche Versäumnisse der
Cottbuser Polizeiverwaltung erkennen. [552] Außerdem versuchte
Werner in einem Schreiben an den Regierungspräsidenten einen Beschwerdeführer wegen seines „liederlichen Lebenswan-
dels" zu verunglimpfen und führte an, dass dieser „kaum der
richtige Mann zur Erhebung von Beschwerden sein" dürfte. Der
verfehlte Ton deutet an, dass Werner in die Defensive geraten
war. Leider finden sich in den Akten keine weiteren Hinweise,
warum er den bis dahin gegen alle Widerstände verteidigten
Bordellstandort „Brunschwiger Straße" schließlich doch aufge-
ben musste. Bereits wenige Wochen später begannen die ersten
Prozesse gegen die Bordellbesitzer. Das eigentliche Problem war
damit jedoch nicht gelöst, denn dem „Vernehmen" nach, hatte sogar die „hiesige Ärzteschaft" die „Errichtung derartiger öffentlicher Häuser" empfohlen, „da ein großer Teil der jungen
Leute geschlechtskrank sei." [553]

Auch in weniger konfliktgeladenen Fällen agierte Werner
mit Nachdruck, z.B. wenn es darum ging, vermögende Bürger
zur Unterstützung städtischer Projekte zu bewegen. Möbius berichtet, dass Werner, als es um die Mittelbeschaffung für die

Kleinsiedlung „Eigene Scholle" ging, potentielle Anteilszeichner
selbst besuchte und mit dem Verweis darauf, dass auch er als
„armes Luder ... 3.000 Mark" gezeichnet habe, zur Beteiligung
bewegen konnte. [554] Auch bei der Anlage kommunaler Grünanlagen fragte die Stadtverwaltung private Unterstützung an. So
wurde im Cottbuser Anzeiger ein Schreiben des Magistrats veröffentlicht, das dieser an „solche Bürger" versandte, „bei denen
ein werktätiges Interesse für unsere schönen Anlagen vorausgesetzt werden darf." In dem Schreiben wurden die Bürger auf-
gefordert, für den geplanten Kaiser-Wilhelm-Augusta-Viktoria-
Hain Bäume oder Bänke zu stiften. [555]

Diese Art der Spendenpraxis brachte Werner im Zusammenhang mit dem Theater in Bedrängnis. Als Vorsitzender des
Theatervereins hatte er den Cottbuser Kommerzienrath Ludwig
Ephraim, der auch Mitglied des Theatervereins war, gebe-
ten, angesichts finanzieller Schwierigkeiten die Erweiterung
des Theaters zu unterstützen. Im April 1910 ließ Ephraim dem
Theaterverein 10.000 Mark in bar zukommen, unter der Bedingung, dass er als Geldgeber nicht genannt werde, was Werner
als Vereinsvorsitzender ihm auch zusicherte. Um den Betrag
nicht als Schenkung versteuern zu müssen, verbuchte er ihn
als „einmaligen Vereinsbeitrag" eines Mitgliedes. [556] Die Frage, ob
es sich hier um eine vom König zu genehmigende und zu ver-
steuernde Schenkung oder um einen Mitgliedsbeitrag handelt,
musste schließlich gerichtlich geklärt werden. [557] Werner hat
dann die geforderte Steuer von 500 Mark bezahlt und parallel
den Fiskus auf Rückzahlung verklagt. Er berief sich darauf, dass
auch bei der Kaiser-Wilhelm-Stiftung zur Förderung der Wis-
senschaften in Berlin neben den Mitgliedsbeiträgen die Zahlung einmaliger Stifterbeiträge bis zur Höhe von 40.000 Mark
erlaubt sei. [558] Hier legt Werner eine für die damalige Zeit er-
staunliche Unbefangenheit gegenüber der „Obrigkeit" an den
Tag. Wie umstritten der Sachverhalt war, zeigt der weitere Verlauf der Angelegenheit. Denn der sich anschließende Prozess
„in der Strafsache gegen den Oberbürgermeister Paul Werner
in Cottbus" zog sich in die Länge. Das Urteil des Königlichen
Preußischen Landgerichtes in Cottbus wurde vom Reichsge-
richt aufgehoben und an das Königlich Preußische Landgericht
in Guben delegiert. Im März 1914, nachdem Werner vom Amt
des Oberbürgermeisters zurückgetreten war, wurde der Prozess
vor den Zivilgerichten fortgesetzt. Das abschließende Urteil
am 30. Oktober 1914 durch den 2. Zivilsenat des Königlichen

Kammergerichtes hält am Vorliegen einer Schenkung und damit am Fehlverhalten Werners fest.[559] Konsequenzen hatte das für Werner nicht mehr. Er war bereits von den Cottbuser Stadtverordneten mit dem „Ehrenbürgerrecht" und mit einem „Ruhegeld in der vollen Höhe seines Gehaltes" in den Ruhestand verabschiedet worden.[560]

Abgesehen von den hier geschilderten Fällen – die Werners außergewöhnliche Beharrlichkeit zeigen – verlief Werners Amtszeit in Cottbus überaus erfolgreich. Die Umsetzung selbst großer Projekte gelang in bemerkenswert kurzer Zeit. Dass die Effizienz solcher Planungen in starkem Maße von der Persönlichkeit des Oberbürgermeisters abhing, zeigte der Verlauf des langjährigen Planungsprozesses zur Einrichtung einer kommunalen Wasser- und Abwasserversorgung:

"Schon vor dem im Jahre 1892 erfolgten Dienstantritt des Oberbürgermeisters Werner war die Frage des Baues einer Wasserleitung und einer Stadtkanalisation wiederholt Gegenstand eingehender Beratungen gewesen. Zu entscheidenden Beschlüssen hatten sie jedoch nicht geführt. ... Dem diplomatischen Geschick und der Energie des Oberbürgermeisters Werner gelang es, die zahlreichen Gegner dieser Pläne in kurzer Zeit von der unbedingten Notwendigkeit einer Wasserleitung und der Stadtkanalisation zu überzeugen." [561]

Besonderes Engagement zeigte Werner im Ausbau des Bildungswesens. Während seiner Amtszeit erfolgten Differenzierung und Ausbau des Schulsystems, gerade auch im Bereich der beruflichen Ausbildung. Besonders erwähnt seien hier nur die seit 1896 angebotenen Fortbildungskurse für „Bureauanwärter" und „jüngere Beamte", sowie die Gründung der Polizeischule (1905) und die Gründung der städtischen Schule für Verwaltungsbeamte (1910). Trotz dieser Fortschritte im Ausbau des Bildungswesens hatte Werner grundlegende Vorbehalte gegenüber dem deutschen Schulsystem. Werner, selbst ein Aufsteiger aus einfachen Verhältnissen, hatte das Schulsystem in den Vereinigten Staaten kennen gelernt und es hatte ihm vor allem deswegen gefallen, da „es jedem Schüler ermöglicht, sich ohne Unterbrechung von der untersten Klasse bis zur Universität fortzubilden, während die Dreiteilung der Schulen in Deutschland dies leider unmöglich macht."[562]

Anregungen für seine Tätigkeit holte Werner sich auf zahlreichen Dienst- und Studienreisen.[563] Hier zeigt sich ein breites Interessensspektrum, das über den Besuch der regelmäßig stattfindenden Städtetage weit hinausging. So besuchte Werner nach 1900 verschiedene Kongresse, die sich mit Wohnungsfragen, speziell zum Arbeiterwohnen, befassten. 1909 nahm er an einer vierwöchigen Studienreise mit der deutschen Gesellschaft für Gartenkunst teil. 1910 verbrachte er im Rahmen einer Studienreise drei Monate in nordamerikanischen Städten, u.a. in Washington, Chicago und Philadelphia. Besonderes Interesse zeigte er für die dortigen Verwaltungsstrukturen, aber auch für das Schulwesen.

Auch in künstlerischen Fragen bewies Werner ein versiertes Urteil. Seine Rede zur Eröffnung des Theaters zeugte von weitgehenden Kenntnissen der aktuellen Architekturdebatte. Mit dem Ankauf von Gemälden des damals noch unbekannten Karl Blechen begründete Werner 1911 die städtischen Kunstsammlungen. Bis 1915 hatte die Stadt neunzehn Werke Blechens erworben.[564]

Leider hat sich Werner privat nicht als Bauherr betätigt. In den ersten Jahren seiner Amtszeit wohnte er in der Bahnhofstr. 64. 1893/94 erwarb er ein 1892 vom Maurermeister Ewald Schulz errichtetes Haus in der später nach ihm benannten Wernerstraße 55 (Abb. 67).[565] Hier handelt es sich um ein einfaches, konventionelles späthistoristisches Wohnhaus, eigentlich ein kleines Miethaus mit zwei separaten Wohnungen, zu dem angesichts der innerstädtischen Lage ein bemerkenswert großes Gartengrundstück gehört. Werner hat hier zusammen mit seiner Frau – die Ehe blieb kinderlos – von 1894 bis zu seinem Tode 1927 gelebt.

67 Wohnhaus von Oberbürgermeister Werner, Wernerstraße 55 (1892 erbaut) (Aufnahme 2000, Roland Wieczorek)

Abschließen möchte ich mit einem Zitat Werners, das sich auf die Bauinschrift am Cottbuser Theater bezieht und angesichts seiner Biographie fast einen programmatischen Charakter bekommt:

"Deutsche Dichtkunst zu pflegen, heißt auch nicht etwa, nur deutsche Werke aufführen, sondern es heißt zugleich fremde Werke in unsere Kunst aufnehmen, um uns zu bereichern, um aus der fremden Kunst zu lernen. Zu diesem Sinne haben wir an die Front unseres Hauses geschrieben „Der deutschen Kunst". Nicht abwehren, sondern an uns heranziehen und erobern wollen wir alles, was draußen an Schönheit gedeiht, denn die deutsche Kunst schließt alles in ihre Arme, was in der Welt groß und herrlich ist und zeitigt daraus neue eigene Früchte." [566]

Die Cottbuser Freimaurerloge „Zum Brunnen in der Wüste"

Die Gründung der Freimaurerei, die zu Beginn des 18. Jahrhunderts in England erfolgt war, stand in Verbindung mit der Lösung traditioneller Bindungen an Staat und Kirche. Jenseits der in die Kritik gekommenen religiösen und politischen Leitbilder forderten die Freimauer grundlegende ethische Normen, wie Meinungs- und Entscheidungsfreiheit, Toleranz und Brüderlichkeit. Um Mitglieder, unabhängig von ihrer konfessionellen und politischen Orientierung, gewinnen zu können, wurde bewusst auf die Ausformulierung eines speziellen freimaurerischen Wertesystems verzichtet.[567] Dafür wollten die Freimauer an der „Selbstveredelung" arbeiten. Hilfestellung bei der Umsetzung dieses Anspruchs sollte der Einzelne im Rahmen der Loge, bei der sogenannten Tempelarbeit, finden: Dazu gehörten gemeinschaftlich praktizierte, geheime Rituale. Aber auch Zeichen und Symbole spielten eine große Rolle. Vorbilder fanden sich dafür in der Geschichte, vor allem in den mittelalterlichen Bauhütten und Bruderschaften, aber auch im alten Ägypten mit seiner dem Abendland fremden Kultur.[568]

Zentral ist die Bezugnahme auf Symbole des Bauens, dazu gehören Winkel, Zirkel und Säulen. Dahinter steht die Idee, dass durch die Freimaurerei aus dem „rauen Stein" des Individuums ein tragendes Element der Gesellschaft wird, das teilhat an der „Weltschöpfung" und am Bau des „Tempels der Brüderlichkeit".[569] Die Einflussnahme der Freimaurerei auf den gesellschaftlichen Prozess der Wert- und Entscheidungsfindung war somit keine direkte, sie sollte über die Mitglieder erfolgen, die sich in Logen und Logenbünden, sog. Großlogen, zusammenschlossen.

68 Loge „Zum Brunnen in der Wüste" (1907-1908 erbaut), Wilhelm-Külz-Str. 11
(Aufnahme um 1910, Stadtgeschichtliche Sammlungen Cottbus)

Die Cottbuser Loge „Zum Brunnen in der Wüste" wurde 1797 gegründet. Zu dieser Zeit hatte sich die Freimaurerei auch außerhalb Englands etabliert. In Preußen war sie durch den preußischen Kronprinzen und späteren König Friedrich II. gefördert worden, der Mitglied der ersten deutschen Loge war, die 1737 in Hamburg gegründet worden war.[570] Die Cottbuser Loge gehörte zur „Großen Landesloge der Freimaurer von Deutschland", die sich an der christlichen Lehre orientierte und sich in der Tradition christlicher Ritterorden sah.[571] Die Logenzweige wurden nach ihren Patronen benannt, die Cottbuser Loge gehörte zu den St. Johannes-Logen.[572] Die konfessionelle Orientierung dieses Logenbundes zeigt sich auch an den Berufen der Stifter der Cottbuser Loge. Unter den sieben Personen finden sich zwei Prediger der Oberkirche und ein Kirch- und Schulinspektor. Alle waren bereits Mitglieder von Berliner oder Potsdamer Logen.[573]

Ab 1820/22 hatten die Cottbuser Freimaurer ein eigenes Logengebäude in der Logenstraße 4, das kontinuierlich ausgebaut wurde. 1897, bei der Feier des hundertjährigen Jubiläums, umfassten die Cottbuser Freimaurer fast zweihundert Personen. Das bestehende Logenhaus konnte den Platzbedarf nicht mehr decken, so dass nach 1900 der Entschluss für einen Logenneubau fiel. Für die Finanzierung zeichneten die Mitglieder Anteilscheine und übernahmen Hypothekenbürgschaften.[574] 1906 wurde ein Wettbewerb ausgeschrieben. Den ersten Preis erhielt der Entwurf eines Eisenacher Architekten. Dieser Entwurf sollte „unter Angabe diverser sehr spezieller baulicher Wünsche" durch den Logenbruder und Landesbaurath Otto Techow, Berlin-Steglitz, umgearbeitet werden. Als sich dies verzögerte, wurde der Hallenser Architekt Richard Musche damit beauftragt. Die Baukommission beschloss, bei der Ausschreibung der Bauleistungen nicht nur Unternehmen von Freimaurern zu berücksichtigen.[575] Letztendlich erhielt dann mit dem Baugeschäft Hermann Pabel und Co. doch das Unternehmen eines Cottbuser Freimaurers den Zuschlag. Ausschlaggebend soll der Verzicht auf eine Streikklausel gewesen sein. Die Bauleitung erhielt der Architekt Richard Musche. 1908 wurde sie aufgrund von Unstimmigkeiten Hermann Pabel übertragen. Am 10. Juli 1907 war die von zahlreichen Weihesprüchen begleitete Grundsteinlegung. Die Einweihung erfolgte am 31. Mai 1908. Mit seinen von Neubarock und Jugendstil geprägten Bauformen zeigt das Logengebäude (Abb. 68) eine eher konventionelle, dem Zeitge-

schmack entsprechende Architektur. Mit über zwanzig Metern Breite und fast fünfzig Metern Länge hat es beachtliche Ausmaße. Auf zwei Geschossen verteilte sich eine Nutzfläche von etwa zweitausend Quadratmetern. Das Erdgeschoss wurde für Freizeitaktivitäten und gesellschaftliche Anlässe genutzt. Dieser Teil des Gebäudes wurde auch an Vereine oder an Privatleute vermietet.[576] Im südlichen Teil befanden sich ein Restaurationsbetrieb, Klub- und Gesellschaftszimmer, ein Billardraum und eine Kegelbahn. Daran schloss sich ein Gartenareal an.[577] Die Versorgungseinrichtungen mit Küche, Spülküche und weiträumigen Weinkellern, in denen über 10.000 Flaschen gelagert werden konnten, befanden sich im Kellergeschoss. Dieser Servicebereich war vom übrigen Teil des Kellers strikt getrennt, dessen Erschließung aus dem Grundriss jedoch nicht hervorgeht; nicht auszuschließen, dass es sich hier um Räume für den „Meistertempel" handelt, die stets im Kellergeschoss liegen sollen.[578]

Neben den Restaurations- und Clubräumen befand sich im Erdgeschoss ein großer Bereich für Feierlichkeiten. Die Arbeitskalender verzeichnen zahlreiche Fest- und Tafellogen. Anlass waren Geburtstage des Herrscherhauses, aber auch Jahresschlusslogen, Wahllogen, ökonomische Logen sowie Stiftungs- und Schwesternfeste.[579] Der große Festsaal mit Bühne ermöglichte eine Tafelordnung für 150 Personen. Bei der Einweihung des Theaters fand hier das Festmahl statt. In diesem Zusammenhang wurde im Cottbuser Anzeiger das Saalfoyer beschrieben:

69 Treppenhaus der Loge „Zum Brunnen in der Wüste" (1907-1908), Wilhelm-Külz-Straße 11 (Aufnahme 2000, Roland Wieczorek)

*„Im Fonds prangte inmitten einer Pflanzengruppe die vergol-
dete Büste des regierenden Monarchen, von der einen Längs-
seite grüßten die drei Kaiserbilder, von der anderen dekorative
Gewächse."* [580]

Das Foyer selbst wurde über eine kleine Vorhalle betre-
ten. Hier befand sich an der Kopfseite, bezugnehmend auf den
Namen der Loge, ein Wandbrunnen mit einer gemalten Wü-
stenlandschaft als Hintergrund. Die Erschließung der Festräu-
me war so angelegt, dass sie den Besuchern einen Einblick in
das großzügige, doppelläufige Treppenhaus (Abb. 69) ermöglichte, das ins Obergeschoss zu den Arbeitsräumen der Brüder
führte. Das Obergeschoss (Abb. 70) war jedoch ausschließlich
Logenmitgliedern vorbehalten. Dort fanden die geheim gehaltenen freimaurerischen Rituale statt, die für den Neuling mit
der Initiation durch die „Lichterteilung" begannen. [581] Entsprechend den drei freimaurerischen Graden „Lehrling, Geselle und
Meister" gab es drei Arbeitssäle für die „Tempelarbeit", die um
1900 etwa einmal im Monat stattfand. [582] Alle drei Säle waren
am Kopfende mit Stufenpodesten versehen. Die beiden großen
Säle waren fensterlos und durch eine Orgelempore miteinander
verbunden. [583] Geradezu konträr war der kleine Arbeitssaal an-

gelegt. Mit drei großen Fenstern an der Ostseite muss er licht-
durchflutet gewesen sein. Auch in der Ausstattung hob er sich
von den beiden großen Sälen ab. Während dort das Säulenmo-
tiv noch zurückhaltend eingesetzt wurde, waren den Wänden
des kleinen Arbeitssaales durchgängige Säulenreihen vorgelagert. In diesen Elementen ist die Ausstattung möglicherweise
auch als symbolisches Programm zu verstehen, das die Bedeutung der drei Grade widerspiegelt.

Die ursprüngliche Innenausstattung ist in großen Teilen
mit den späteren Umbauten verschwunden. [584] Aber unter den
noch erhaltenen Plänen finden sich Ansichten der ägyptisierenden Fassung des mittleren Arbeitssaales. [585] Der quadergef-
asste Raum wurde von einer Tonne überwölbt. Die Längswän-
de wurden untergliedert durch Holzsäulen mit Lotoskapitellen
und Inschriften der freimaurerischen Tugenden (Caritas, Silen-
tia, Prudentia, Temperantia), dazwischen befanden sich Blend-
bögen in kräftigem Rustikamauerwerk, deren Schlusssteine
verschiedene Symbole aufweisen. Im Architrav fanden sich in-
schriftenähnliche Zeichenkombinationen. An den Schmalseiten
zentrale, von Türen flankierte Wandnischen. Über den Türstür-
zen der Südwand waren die Inschriften „Lux" und „Etenebris"

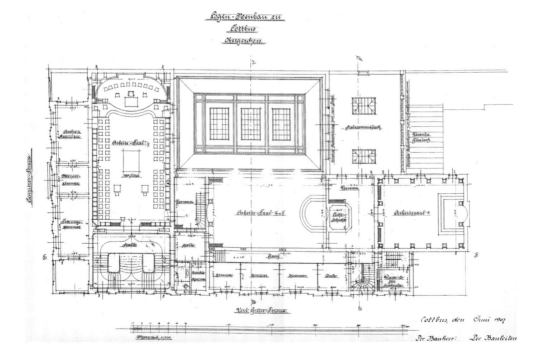

*70 Grundriss des Obergeschosses
der Loge „Zum Brunnen in der Wüste"
(1907-1908), Wilhelm-Külz-Straße 11
(Stadtgeschichtliche Sammlungen
Cottbus)*

zu lesen (Abb. 71). Die Wandnische der Nordwand mit dem Zirkelmotiv im Schlussstein war zur Aufstellung einer ägyptisierenden Stele vorgesehen. An der Bogennische der Südwand ein überdimensionierter Schlussstein mit dem Zeichen „Y". Diese Nische dürfte die einzige natürliche Lichtquelle des Raumes gebildet haben, da sich dahinter ein Lichtschacht befand.[586] Die seitlichen Türen führten in den Requisitenraum und in den Vorraum von Arbeitssaal V.

Die Planansichten des kleinen Arbeitssaales V zeigen eine von großen Säulen bestimmte Raumfassung. Zwischen den Säulenstellungen dieses Arbeitssaales zeigt eine kleine Ansicht Figurendarstellungen, möglicherweise die in der Chronik erwähnten Ölbilder der Meister vom Stuhl.[587] Die großen Arbeitssäle lagen im Inneren des Logengebäudes. Nach außen orientiert waren die Ökonomenwohnung, Räume für Sitzungen, Archiv und Requisiten, sowie über dem Hauptportal das „Meisterzimmer". Außerdem gab es zwei Räume mit den Bezeichnungen „Dunkle Kammer" und „Wartezimmer für Suchende".[588]

In der Vielzahl der Raum- und Nutzungsangebote der Cottbuser Loge zeigen sich zahlreiche Parallelen zu einem idealen Raumprogramm für Logen, das 1904 im Handbuch der Archi-

tektur vorgestellt wurde.[589] Der hier erfolgte Hinweis, dass eine Umsetzung in diesem Umfang nur selten möglich sei, macht auch deutlich, wie großzügig die Cottbuser Loge konzipiert worden war. Im Bauvolumen reichte sie an die Maße der in den frühen 1880er Jahren errichteten Großen Loge zu Preußen, genannt „Royal York zur Freundschaft", in Berlin heran, die eine Erweiterung eines 1712 von Andreas Schlüter errichteten Landhauses darstellt und als „eines der großartigsten der in Rede stehenden Gebäude in Deutschland" angesehen wurde.[590]

Neben der Johannes-Loge bildete sich in Cottbus 1867 eine Andreas-Loge, die seit 1886 auch in Cottbus vor Ort Tempelarbeit leistete. Hier konnten über den Meistergrad (3. Grad) hinaus weitere freimaurerische Grade erlangt werden. Für die Erhebung in den Gesellen- oder Meistergrad wurden sogenannte Beförderungsgebühren verlangt. Hinzu kamen jährliche Mitgliedsbeiträge (28-40 Mark) sowie Aufnahmegebühren, die um 1900 um die 120 Mark lagen und damit der Jahresmiete einer einfachen Kleinstwohnung entsprachen. Von diesen Beiträgen, 1912 immerhin 25.037 Mark, ging ein Drittel an die Große Landesloge. 117 Mark flossen aus der Logenkasse in die Unterstützungskasse. 1912 enthielt die separat geführte Unterstützungskasse 2.038

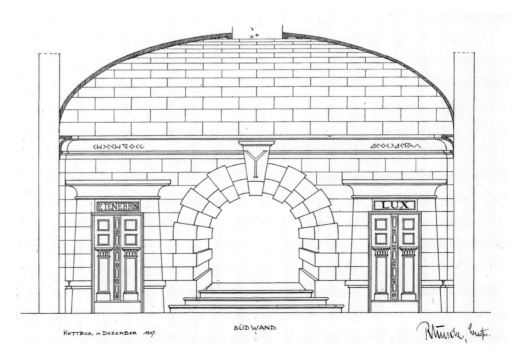

71 Ansicht des Arbeitsraumes der Brüder in der Loge „Zum Brunnen in der Wüste" (1907-1908), Wilhelm-Külz-Straße 11 (Stadtgeschichtliche Sammlungen Cottbus)

Mark, diese Gelder kamen zum größten Teil aus Sammlungen (Armenbüchse).[591] Darüberhinaus sind bei Krüger mehrere Stiftungen der Cottbuser Freimaurer erwähnt. Der Großteil kam jedoch den Witwen und Waisen verstorbener Brüder zugute. Interessant sind auch andere finanzielle Details der Cottbuser Loge: So übergab 1906 der „Hochwürdige Meister Bruder Thiem der Loge viertausend Mark zu Bauzwecken bei drei Prozent Verzinsung mit der Bedingung, die Zinsen seiner bisherigen Buchhalterin, Frl. Hedwig Rath, bis zum Lebensende zu überweisen."[592]

Die Zahl der Cottbuser Freimaurer stieg in der Kaiserzeit um etwa hundert Personen auf knapp 250 Brüder. Der stärkste Zuwachs erfolgte während der Gründerjahre von 1871 bis 1874. Danach gingen die Zahlen sogar leicht zurück, um dann nach 1905 wieder anzusteigen. Die Mitglieder gehörten zum großen Teil der städtischen Oberschicht an, darunter finden sich zahlreiche für die Entwicklung der Stadt wichtige Personen, wie Oberbürgermeister Werner, Stadtbaurat Bachsmann und der Geh. Sanitätsrat Prof. Carl Thiem, der spätere Direktor des städtischen Krankenhauses, der von 1905 bis 1917 Logenmeister war. 1900 waren knapp die Hälfte der Cottbuser Freimaurer Fabrikanten, Direktoren und Kaufleute. Die nächstgrößere Gruppe waren Beamte und Lehrer, gefolgt von den Selbstständigen.[593] Führt man sich die städtischen Sozialstrukturen vor Augen, so zeigt sich, dass die Cottbuser Freimaurer mehr als die Hälfte der städtischen Oberschicht zu ihren Mitgliedern zählen konnten.

Die Genossenschaften und ihre Bauprojekte

Unter dem Begriff „Wohnungsfrage" fasste die kaiserzeitliche Publizistik die negativen Seiten urbanen Wohnens: Den Wohnungsmangel sowie die räumliche Enge und die unhygienischen Verhältnisse in den Massenmiethäusern.[594] Eine Veränderung dieser Verhältnisse war jedoch nicht abzusehen. Die private Bauwirtschaft konzentrierte sich auf die lukrativen Segmente des Wohnungsmarktes, auf den gehobenen und mittleren Wohnungsbau. Im Kleinwohnungsbau versagten die Marktmechanismen. Aufgrund der niedrigen Löhne resultierte aus der konstant hohen Nachfrage kein wachsendes Angebot, sondern ein sinkender Wohnstandard. Die hohe Fluktuation, die geringe Solvenz, und die hohe Beanspruchung der Wohnungen erschwerten das Mietgeschäft mit Kleinwohnungen. Derartige Ursachen – neben

dem später immer wieder pauschal angeführten hohen städtischen Bodenwert als Ursache für die Kleinwohnungsknappheit – klingen auch in den Schriften Stübbens an:

„Es ist ein unangenehmes Geschäft, Arbeiterwohnungen zu vermiethen. Daher wird von wohlmeinenden Privaten nur höchst selten Kapital in solchen Häusern angelegt. Auch die Bauspeculation hält sich von solchen Unternehmungen gewöhnlich fern, weil es schwierig ist, für Arbeiter-Casernen Käufer zu finden. So kommt es, dass das Geschäft der Vermiethung kleiner Wohnungen leicht in Hände fällt, die ein halbes oder ganzes, zuweilen recht hartes Wuchergeschäft daraus machen. Die Miethe pflegt einen um so höheren Procentsatz vom Einkommen zu bilden, je kleiner das letztere ist! Die Abhilfe ist schwierig. Außer den gesetzlichen und polizeilichen Vorschriften über die gesundheitliche Einrichtung der Wohnhäuser ist es die Frage, wer für angemessene Arbeiterwohnung sorgen soll und wie sie einzurichten sind. Die Fürsorge kann von der Gemeinde, von einzelnen Großgewerbetreibenden, von Baugenossenschaften und von gemeinnützigen Aktiengesellschaften oder Stiftungen getroffen werden." [595]

Bis in die späten 1880er Jahre spielten gemeinnützige, d.h. nicht gewinnorientierte Baugesellschaften keine Rolle im Bauwesen. Zwar war 1867 ein Genossenschaftsgesetz verabschiedet worden, die Resonanz darauf blieb jedoch gering.[596] Mit dem zweiten Genossenschaftsgesetz von 1889 wurde dann die beschränkte Haftung eingeführt. Ebenso wichtig für den nun einsetzenden Aufschwung war jedoch, dass sich neue Finanzierungswege auftaten.[597] Die im Zusammenhang mit den Sozialversicherungen begründeten Landesversicherungsanstalten konnten nun einen Teil der Einlagen der Versicherten dem gemeinnützigen Wohnungsbau als Darlehen zur Verfügung stellen. Insgesamt wurden bis 1914 knapp 300 Millionen Mark an Wohnbaudarlehen vergeben.[598] Mit diesen staatlichen Finanzierungsbeihilfen war das Hauptproblem des gemeinnützigen Wohnungsbaus, die Kapitalschwäche, gelöst. Die Gesetzgebung sollte nach 1900 weitere Hindernisse aus dem Weg räumen, dazu gehörten günstige Konditionen bei der Grundstücksbereitstellung bzw. Darlehensaufnahme, aber auch Steuererleichterungen.[599] *„Die Organisationsform war – unbeschadet der Gemeinnützigkeit – sehr unterschiedlich: Aktiengesellschaften, Gesellschaften oder Genossenschaften mit beschränkter Haftung oder Stiftungen waren die häufigsten Rechtsformen. Von ih-*

nen war die Aktiengesellschaft die früheste und häufigste; erst nach 1900 nahmen die Zahl der Genossenschaften und deren Mitglieder sprunghaft zu."[600]

Der Erfolg der gemeinnützigen Bauträger lag darin, dass sie Rationalisierungseffekte und staatliche Förderung nutzten, um ihren Mitgliedern jenseits der üblichen Marktbedingungen günstigen Wohnraum zu verschaffen.[601]

ZUR WOHNUNGSSITUATION IN COTTBUS

Dass die Wohnungsfrage auch in Cottbus akut war, zeigt sich in den Jahresberichten der hiesigen Handelskammer. So hatte sich im Streikjahr 1896 herausgestellt, dass es vor allem der Mangel an Kleinstwohnungen war, der dem Zuzug von Arbeitskräften entgegenstand.[602] Daraufhin trat, unterstützt von den städtischen Behörden und dem hiesigen Fabrikantenverein, ein „Bau- und Sparverein" mit der Aufgabe ins Leben, gute und billige Arbeiterwohnungen zu beschaffen:

"Zwei Häuser mit zusammen fünfzehn Wohnungen sind bereits fertiggestellt und sollen zum 1. April bezogen werden; noch aber ist große Nachfrage nach derartigen Quartieren und nach kleinen Häusern, die leicht in den Besitz von Arbeitern übergehen können."[603]

Trotz dieser positiven Resonanz stellten Kommune und Unternehmer ihr Engagement ein. Auch in anderen Städten war das kommunale Engagement im Bereich des Arbeiterwohnungsbaus gering. Nur knapp die Hälfte der preußischen Städte wurde überhaupt aktiv und dann auch nur in geringem Umfang.[604]

„Eine eigene Baupolitik durch eigenen Wohnungsbau betreiben die Städte – abgesehen von einigen Ausnahmen – im allgemeinen nicht; sie bauten Wohnhäuser allenfalls für die städtischen Bediensteten, und auch dies nur im begrenzten Umfang."[605]

Dort, wo weitreichendere Vorstöße unternommen wurden, trafen sie „auf den erbitterten Widerstand der Hausbesitzermehrheit, die es in fast jeder Stadtverordnetenversammlung gab."[606] Mit diesen Widerständen allein ist das geringe kommunale Engagement jedoch nicht zu erklären. Denn die kommunale Unterstützung der bestehenden gemeinnützigen Baugesellschaften war umfassend. Dazu gehörte z.B. „die Gewährung von billigen Baugeldern oder billigem Bauland", die „Übernahme der selbstschuldnerischen Bürgschaft gegenüber den Kapital ausleihenden Landesversicherungsanstalten" und „Ermäßigung oder Erlass von Anliegerbeiträgen, Gebäudesteuern usw."[607]

VOM „WOHNUNGSVEREIN DER PREUSSISCHEN STAATSEISENBAHNBEAMTEN" ZUM „WOHNUNGSVEREIN COTTBUS"

1901 hatte die Preußische Staatseisenbahn einen Wohnungsfürsorgefond von zwei Millionen Mark ausgewiesen, der später auf vier Millionen erhöht wurde. Im gleichen Jahr wurden die Cottbuser Eisenbahnbeamten aktiv. 1902 wurde der „Wohnungsverein der Preußischen Staatseisenbahnbeamten zu Cottbus eGmbH" gegründet. Bereits im Gründungsjahr umfasste der Verein 145 Mitglieder, obwohl der Genossenschaftsanteil 300 Mark betrug, also fast den halben Jahreslohn eines einfachen Arbeiters. 1908 öffnete sich der Verein auch anderen Berufsgruppen, in Verbindung damit standen die Namensänderung in „Wohnungsverein zu Cottbus, eingetragene Genossenschaft mit beschränkter Haftpflicht, Cottbus" und steigende Mitgliederzahlen.[608]

Der Wohnungsverein baute vor allem in Eisenbahnnähe.[609] Schwerpunkt war die Räschener Straße, wo zwischen 1903 und 1914 21 Häuser gebaut wurden. Der nördliche Abschnitt mit den Nummern 2-8 wurde durch die Cottbuser Baufirma Dümpert & Haucke errichtet, mit welcher der Wohnungsverein bevorzugt arbeitete, im südlichen Abschnitt (9-19) erhielt die Baufirma Pabel den Zuschlag (Abb. 72).[610] 1912 berichtet die Baugewerksinnung der Handelskammer:

72 Wohnhäuser des Wohnungsvereins Cottbus, Räschener Straße 12-19 (1912-1914 erbaut) (Aufnahme 2002, Roland Wieczorek)

"Zahlreiche Wohnungen von zwei Stuben und Küche, zumeist für die Eisenbahnwerkstättenarbeiter, hat der Eisenbahnbeamten-Bauverein in diesem Jahre in der verlängerten Räschener Straße erbauen lassen. Sie waren sämtlich sofort besetzt." [611]

Der Verein baute vor allem zwei- bis dreigeschossige Mehrfamilienhäuser, die sich als Blockrandbebauung an der orthogonalen Struktur des bestehenden Bebauungsplanes orientierten.[612] In der Räschener Straße wiederholen sich bestimmte Typen, die durch wechselnde Fassadenelemente differenziert wurden. Nach dem Krieg wurden bis 1928 weitere Bauabschnitte fertiggestellt.[613]

DER „BEAMTEN-WOHNUNGS-VEREIN"

1908 folgte die Gründung des „Beamten-Wohnungs-Verein zu Cottbus eGmbH". Die Mitgliedschaft konnten anfangs nur aktive und ehemalige Beamte und Arbeiter der Reichs-, Staats- und Kommunalverwaltung sowie deren Angehörige

erwerben. 1912 öffnete sich auch dieser Verein allen, die sich im „Besitz der bürgerlichen Ehrenrechte befinden".[614] 1909 erwarb der Beamten-Wohnungs-Verein ein größeres Terrain im Norden der Stadt.[615] Der städtebauliche Entwurf für die Baumaßnahme Arndtstraße wich von den Vorgaben des Bebauungsplanes ab.[616] Mit der gekrümmten Straßenführung und der zentralen Platzaufweitung orientierte er sich an den aktuellen zeitgenössischen Gestaltungstendenzen (Abb. 73). 1910 waren die Häuser 1-6 bezugsfertig, 1911 folgten die Häuser 7-9.[617] Danach erlahmten die Aktivitäten. An der Südseite der Straße entstanden neben zwei weiteren Bauten des Beamten-Wohnungs-Vereins (16-17) vor allem Privatbauten (14-15, 18-27).[618]

Bei den von der Genossenschaft errichteten Gebäuden handelt es sich um zweigeschossige Mehrfamilienhäuser mit ausgebautem Dachgeschoss, Die Gebäude bilden eine geschlossene Blockrandbebauung unterbrochen von einzelnen freistehenden Häusern. Auch hier liegen den Gebäuden typi-

73 Wohnhäuser des Beamten-Wohnungs-Vereins, Arndtstraße 1-10, 16-17 (1908-1914 erbaut) (Aufnahme 2003, Roland Wieczorek)

sierte Hausformen zugrunde, die durch wechselnde Details in den Eingängen und in der Fassaden- und Dachgestaltung akzentuiert werden. Bemerkenswert sind die teils überaus großzügigen Grundrisse. In den bevorzugt platzierten Gebäuden Arndstraße 6 und 7 finden sich Wohnungen mit vier großen Zimmern, Bad, Küche und Mädchenkammer. Die Mieten dieser größeren Wohnungen betrugen 1913 zwischen 615 und 630 Mark, waren also nur für besser gestellte Beamte erschwinglich.[619] Hier zeigt sich, dass man das ursprüngliche Satzungsziel, „unbemittelten Familien (Mitgliedern) gesunde, preiswerte und in gewissen Grenzen unkündbare Mietwohnungen" zu beschaffen, aus den Augen verloren hatte.[620]

DAS GARTENSTADTPROJEKT AM OTTILIENHOF

Auch das von dem englischen Parlamentsstenographen Ebenezer Howard entwickelte Gartenstadtmodell beruht auf dem Genossenschaftsgedanken. Erstmals wurde es 1898 unter dem Titel „Tomorrow. A Peaceful Path of Real Reform" veröffentlicht.[621]. Der Durchbruch gelang 1902 mit der zweiten, leicht veränderten Auflage unter dem Titel „Garden Cities of Tomorrow".[622] Nach Howard sollten Gartenstädte als eigenständige genossenschaftliche Stadtgründungen auf dem Land entstehen. Durch die Umgehung der hohen städtischen Bodenpreise sollte eine offene, durchgrünte Bauweise möglich sein. Gelände und Gebäude sollten im Allgemeinbesitz bleiben und an die künftigen Bewohner zur Miete, bzw. in Erbpacht unter Vorbehalt des Wiederkaufsrechtes, vergeben werden.[623] Das Problem war auch hier, wie generell bei genossenschaftlichen Unternehmungen, die Finanzierung. Außer den künftigen Bewohnern fanden sich in der Regel keine Geldgeber, da die Rendite des eingesetzten Kapitals begrenzt war.

Die Deutsche Gartenstadt-Gesellschaft war bereits 1902 gegründet worden. Da praktische Erfolge ausblieben, wurde 1907 die Satzung geändert. Die ursprünglich intendierte städtische Autonomie wurde aufgegeben, nun sollte auch die Gründung von „Wohnsiedlungen, Gartenvorstädten und Industriekolonien und die Erweiterung bestehender Städte im Sinne der Gartenstadt" gefördert werden.[624] Auf dieser Basis erfolgte 1909 der Baubeginn der ersten deutschen Gartenstadt Hellerau bei Dresden.[625]

Etwa zeitgleich setzen die Planungen der Cottbuser Stadtverwaltung für die „Anlegung einer Gartenstadt" ein. Be-

reits 1908 sollen Planungen bestanden haben, ein Gelände am Ottilienhof[626] zu erwerben und es „dem Kleinwohnungs- und Eigenheimbau zu erschließen."[627] Kostenkalkulationen und erste Bebauungspläne für die Anlage einer „Gartenstadt am Ottilienhof" lagen 1910 vor (Abb. 74). Für den Erwerb des ca. 150.000 Quadratmeter großen Areals setzte die Stadt 170.000 Mark an.

Neben diesen Erwerbskosten wurden kommunale Vorleistungen von fast 290.000 Mark für die Erschließung veranschlagt.[628] Die Stadt verhandelte mit verschiedenen genossenschaftlichen Bauträgern.[629] Sofern sich Jahresmieten von 170 bis 190 Mark erreichen ließen, wollte der Wohnungsverein das Gelände erwerben und bebauen. Die Planungen konkretisierten sich. Ein Wettbewerb wurde ausgeschrieben. Der Cottbuser Architekt Hermann Haucke, Teilhaber des Baugeschäftes Dümpert & Haucke, fertigte Entwürfe.[630] Zwei „Musterbauten für Kleinwohnungen" werden errichtet. Möglicherweise handelt es hier um das Doppelhaus in der Joliot-Curie-Str. 36-37

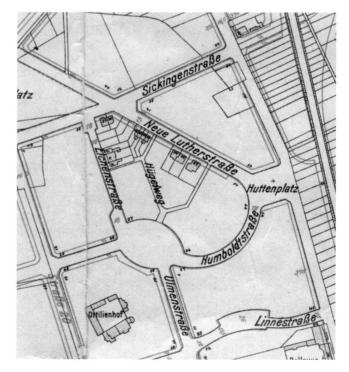

74 Die städtebaulichen Planungen zur Gartenstadt am Ottilienhof (Ausschnitt aus dem Stadtplan von 1912, Stadtgeschichtliche Sammlungen Cottbus)

(Abb. 75), das 1911/12 zusammen mit der Dreiergruppe an der Ostseite der Eichenstraße 3-5 und den Häusern Neue Luther-straße 57, 58/59 und 63-66 errichtet wurde und damit zu den ersten hier errichteten Gebäuden gehört.[631] In seiner Architektursprache hebt sich das Haus in der Joliot-Curie-Straße von den anderen Bauten ab. In den steilen Dachformen, der leicht asymmetrischen Struktur und der differenzierten, kleinteiligen Fenstergliederung klingt hier viel von der Formensprache der schlichten englischen Landhausarchitektur an, wie sie sich z.B. bei Voysey findet.[632] Mit der Typisierung von Hausformen wurden weitere Kostensenkungen angestrebt. Zudem sicherte die Stadt den Bauwilligen „gewisse Erleichterungen" zu. Trotz dieser Förderung scheiterte dieses Bauvorhaben. Ausschlaggebend sollen die Kosten für den „Anschluss an die Stadtkanalisation" gewesen sein, wodurch die Grundstücke so verteuert wurden, dass „selbst bei sparsamster Bauweise billige Mietsätze für die dort zu errichteten Kleinwohnungen nicht zu erwarten waren."[633]

Das Gelände verblieb somit vorerst im Besitz der Stadt.[634] Die bereits bestehenden städtebaulichen Planungen wurden umgesetzt. Hier zeigte man sich ganz den aktuellen städtebaulichen Gestaltungsansätzen verpflichtet. Die Straßenkrümmungen orientieren sich an der Topographie, nehmen die leichte Terrainerhebung auf. Eichen- und Huttenplatz weisen als straßenbegleitende Plätze klare geometrische Strukturen auf, auch die Straßenführungen sind größtenteils geradlinig. Den Verkauf an private Bauinteressenten hat die Stadt dann mit Auflagen verbunden. So verpflichtete ein Baustatut zur Bebauung, andernfalls hielt sich die Stadt ein Rückkaufrecht vor. Es durften nur Ein- oder Zweifamilienhäuser errichtet werden, die mit zwei Vollgeschossen und Dachgeschoss maximal zehn Meter hoch sein durften. Auch Mindestabstände und -freiflächen wurden festgelegt. Besonders betont wurde noch, dass die Ansiedlung von gesundheitsgefährdenden Betrieben ausgeschlossen sei.[635]

Angesichts des fast zeitgleichen Baubeginns von Hellerau, der ersten deutschen Gartenstadt, ist bemerkenswert, wie früh die Überlegungen zum Bau der „Gartenstadt am Ottilienhof" einsetzten. Dass man sich in Cottbus an den Hellerauer Planungen orientierte, zeigen die Planungsprotokolle. So war vor-

75 Doppelhaus, Joliot-Curie-Straße 36/37 (1911/1912 erbaut): Das gescheiterte Gartenstadtprojekt (Aufnahme 2003, Roland Wieczorek)

gesehen, nach dem „Muster von Hellerau eine Neuparzellierung des Bauterrains zu projektieren". Auch Besichtigungen der 1909 aufgenommen Bauarbeiten in Hellerau waren erfolgt.[636] Als sich dann in Cottbus die genossenschaftliche Bebauung des Terrains nicht realisieren ließ, hat man den Terminus „Gartenstadt" konsequenterweise aufgegeben. Eine derartige Praxis war keine Selbstverständlichkeit. Unter den 31 Gartenstadtgründungen, welche die Deutsche Gartenstadt-Gesellschaft 1915 verzeichnete, finden sich mehrere Beispiele, die an diesem Terminus festhielten, obwohl keine genossenschaftlichen Besitzverhältnisse bestanden.[637]

LANDGESELLSCHAFT „EIGENE SCHOLLE"

Die Gründung der Landgesellschaft „Eigene Scholle" erfolgte vor dem Hintergrund der anhaltenden Abwanderung von Arbeitskräften in die Städte. Vor allem für den Betrieb der großen Güter wurden Landarbeiter gebraucht. Wo ausländische Wanderarbeiter den Mangel nicht ausgleichen konnten, wurden Güter verkauft und aufgeteilt. Mit der „inneren Kolonisation", d.h. mit der Förderung des kleinbäuerlichen Besitzes

durch die Regierung, sollte diese Entwicklung aufgehalten werden.[638] Die rechtliche Grundlage dafür bildete die preußische Rentengutsgesetzgebung.[639] Walhecker, Autor der Publikation „Gartenrentengüter" beschrieb 1911 deren Ziele:

„Von jeher ist es das Bestreben der Regenten aus dem Hohenzollernhause gewesen, dem wirtschaftlich Schwachen zu helfen, ihn zu stärken und vorwärts zu bringen. So wies auch die Botschaft unseres großen Heldenkaisers vom 17. November 1881 auf die Fürsorge für die Bedürftigen hin und stellte sie als eine der höchsten Aufgaben eines jeden Gemeinwohls hin. ... Die Rentengutsgesetze vom 27. Juni 1890 und 7. Juli 1891 verfolgten dasselbe Ziel, den wirtschaftlich Schwachen zu stärken, ihm mit staatlichem Kredit zu einem eignem Heim, eigenem Grund und Boden zu verhelfen, ihn seßhaft zu machen. In erster Linie bezwecken die Rentengutsgesetze der Landwirtschaft zu helfen. Es gilt da, wo es nottut, mittlere und kleinere Stellen zu schaffen." [640]

Die auf dieser Grundlage geschaffenen Siedlungsstellen konnten „gegen Übernahme einer festen Geldrente zu Eigentum erworben werden."[641]

76 Wohnhäuser der Rentensiedlung „Eigene Scholle" (1911-1914 erbaut), Eigene Scholle 46-53 (Aufnahme 1914, aus: Boldt, Städtebau Cottbus, 1923)

Aus einer Erhebung der Landwirtschaftskammer von 1909 geht hervor, dass sich die Problematik des Arbeitermangels auf dem Land verschärft hatte. Allein in Brandenburg, das eine besonders starke Abwanderung zu verzeichnen hatte, fehlten 65.000 Arbeitskräfte auf den großen Gütern. Die Altersstruktur der verbliebenen Landarbeiter zeigt, dass die jüngeren Jahrgänge nahezu komplett abgewandert waren.[642] Nur ein Jahr später wurde am 28. Juni 1910 in Frankfurt an der Oder die Landgesellschaft „Eigene Scholle" gegründet. Sie war juristisch in Form einer GmbH organisiert. Hauptgesellschafter waren das preußische Finanzministerium und der Brandenburgische Provinzialverband.[643] Weitere Gesellschafter waren Städte, Kommunal- und Genossenschaftsverbände sowie Unternehmer und Großgrundbesitzer.[644]

1911 erfolgten erste Verhandlungen zwischen der Stadt Cottbus und der Landgesellschaft „Eigene Scholle" über die Anlage einer Rentensiedlung für Industriearbeiter und Handwerker. Als Standort war ein nördlich vom Nordfriedhof und westlich der Straße nach Schmellwitz gelegenes Areal von knapp 85.000

Quadratmetern im Gespräch, das die Stadt 1905 erworben hatte. Die Magistratsvorlage wurde am 31. Januar 1912 einstimmig von den Stadtverordneten beschlossen.[645] Im April 1912 wurden Ankauf und Bebauung durch die Landgesellschaft vertraglich geregelt. Die Stadt übernahm die Straßenerschließung in einfacher Ausführung und die Einrichtung der Gas- und Wasserversorgung. Wegen der hohen Kosten – man hatte seine Konsequenzen aus den Erfahrungen mit dem Gartenstadtprojekt gezogen – unterblieb der Anschluss an die Kanalisation.[646]

Der Vertrag zwischen Stadt und Landgesellschaft enthielt Bestimmungen zu den baulichen Strukturen. Unter den eingeschossigen Häusern mit ausgebautem Dachgeschoss durften maximal fünfzehn Prozent der Häuser zweigeschossig sein. Die Bauten weisen die für solche Siedlungen typischen schlichten traditionellen, ländlichen Formen auf (Abb. 76). Die Entwürfe lieferte der Berliner Architekt Fritz Beyer. Die Grundrisse spiegeln die zeitgenössischen Anforderungen an den Kleinhausbau wider. Zu jedem Haus gehörte ein kleiner Stall, dessen „besondere Wichtigkeit" in einer zeitgenössischen Veröffentlichung betont wird:

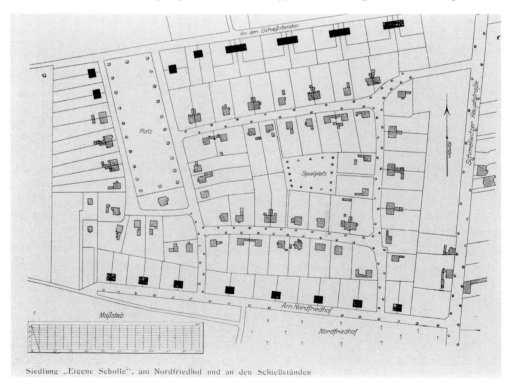

Siedlung „Eigene Scholle", am Nordfriedhof und an den Schießständen

77 Lageplan der Rentensiedlung „Eigene Scholle" (aus: Boldt, Städtebau Cottbus, 1923)

"Von besonderer Wichtigkeit ist auch ein kleiner Stall, groß genug, um ein bis zwei Schweine und eine Ziege halten zu können. Letzteres ist nicht nur im wirtschaftlichen Sinne wünschenswert, sondern für das Wohlbefinden der Familie von der größten Bedeutung. Wer in seiner Jugend das Glück gehabt hat, mit Haustieren unter einem Dach zu wohnen, wird gewiss gern an die mancherlei Freuden zurückdenken, welche man als Kind mit der Beschäftigung denselben hatte. Man denke nur an das Schlachtfest!" [647]

Zu den Auflagen gehörte auch, das maximal zehn Prozent der knapp dreizehn Ar Grundstücksfläche überbaut werden durften, um die Selbstversorgung durch Tierhaltung und Gartenbewirtschaftung gewährleisten zu können. Abhängig von der baulichen Ausstattung reichten die Preise der bebauten Grundstücke von 7.000 bis 16.700 Mark. Die Bewohner hatten etwa dreizehn Prozent des Kaufpreises als Anzahlung zu leisten. „Die Begleichung des Restkaufgeldes erfolgte durch eine an eine Rentenbank zu zahlende Geldrente in Höhe von 280 bis 460 Mark (inkl. Amortisation) im Jahr; in 60,5 Jahren war nach dem Tilgungsplan die Hypothek bei der Rentenbank beglichen". [648] Bezeichnend für die politischen Intentionen der Landgesellschaft „Eigene Scholle" sind die Kriterien, nach denen die Auswahl der Rentengutnehmer erfolgte. So enthielt der den Ansiedlungsbewerbern ausgehändigte Fragebogen außer den üblichen Fragen nach Familienstand und Einkommensverhältnissen auch Fragen zu Religion, Sektenzugehörigkeit und Muttersprache. Unter anderem wurde die Frage gestellt: „Können Sie auch polnisch sprechen?" Im Kaufvertrag zwischen der Landgesellschaft und den Siedlungsnehmern findet sich ein handschriftlicher Vermerk, dass in dem Falle, das „durch Erbgang das Rentengut an eine Persönlichkeit übergeht, die nicht das Deutsche als Hauptsprache spricht" ein Wiederkaufsrecht besteht. [649] Dieser Vermerk weist darauf hin, dass das in sorbischsprachigem Umland gelegene Cottbus als „national gefährdet" angesehen wurde. Den in § 6 des gemeinsamen Erlasses der Minister für Finanzen und für Landwirtschaft, Domänen und Forsten vom 8. Januar 1907 heißt es: „In den national gefährdeten Gegenden ist der Erwerber verpflichtet, die Stelle in deutscher Hand zu erhalten". [650] Zu dieser unter nationalen Vorzeichen stehenden Ausgrenzung von polnisch- und sorbischsprachigen Deutschen kam die Ausgrenzung der katholischen Minderheit sowie eine politische. Denn die Land-

gesellschaft wurde über die kommunale Polizeiverwaltung nicht nur über den „Leumund" des Bewerbers informiert. Sie erhielt auch Mitteilung, wenn bekannt war, dass der Bewerber Sozialdemokrat war. Vor diesem Hintergrund erstaunt es nicht, dass die „Märkische Volksstimme" das Projekt kritisierte und mutmaßte, die Siedlungsgründung sei ein „Versuch von Großagrariern und Unternehmern, sich einen Stamm ergebener und besonders in Lohnsachen williger Arbeiter zu sichern." Nicht unberechtigt ist die dort formulierte Kritik, dass die jährlich zu zahlenden Geldrenten für „einen Arbeiter viel zu hoch" seien, denn die Berufsverteilung der Rentengutnehmer zeigt, dass nur knapp die Hälfte Arbeiter waren. Über die Hälfte waren Angestellte, Beamte und Selbstständige. [651]

Das den Siedlungen zugrundeliegende Prinzip der Selbstversorgung und Autonomie sollte sich schon bald bewähren müssen. Nur zwei Jahre nachdem 1914 die 62 Grundstücke (Abb. 77) fertiggestellt worden waren, kamen die Hungerjahre des Ersten Weltkriegs.

FAZIT ZUM GENOSSENSCHAFTLICHEN WOHNUNGSBAU

Die Beispiele haben gezeigt, dass das eigentlich drängendste Problem des kaiserzeitlichen Wohnungsmarktes, der konstante Kleinstwohnungsmangel, nicht im Zentrum der genossenschaftlichen Aktivitäten stand. In den Satzungen war die potentielle Klientel zwar mit den Begriffen „wirtschaftlich schwach" und „minderbemittelt" umrissen worden. Derartige Kriterien erwiesen sich in diesem Zusammenhang jedoch als sehr dehnbar. Bemerkenswert ist, dass gerade die hiesige Baugewerksinnung diesen Umstand kritisiert, als sie 1912 über die Bauprojekte des Wohnungsvereins der Eisenbahnbeamten an die Handelskammer berichtet:

„Aber für die freien Arbeiter mit geringem und nicht feststehendem Einkommen, die also demnach nur 120 bis 180 Mark Miete aufwenden können und mit einer Stube und Küche, zuweilen auch nur mit einer Stube, vorlieb nehmen, wurde nichts gebaut. Hier hilft auch nicht der Privatbau, weil hohe Grund- und Boden-, sowie Baupreise neben der schweren Steuerbelastung des Grundbesitzes einerseits, die scharfen und einschränkenden Bestimmungen der Baupolizeiordnung für die Städte andererseits, dies im Stadtgebiet unrentabel und damit unmöglich machen. So werden die Familien der Arbeiter und der Handwerksgehilfen mit dem allmählichen Eingehen der billigeren Kleinwohnungen

in den alten Häusern der Stadt voraussichtlich mehr und mehr zum Wohnen in die Nachbardörfer abwandern." [652]

Dass es sich hier um eine generelle Tendenz handelt, geht aus einer Feststellung des Wohnungsreformers Kampffmeyer hervor:

„Den Arbeitern, welche nicht regelmäßig so viel verdienen, dass sie von einem Jahreseinkommen von 700-800 Mk. mindestens 100 Mk. Miete für eine Familienwohnung zahlen können, ist genossenschaftlich überhaupt nicht zu helfen." [653]

Allerdings belegt eine 1901 gemachte Erhebung zu Genossenschaftswohnungen erhebliche Differenzen in den Mietpreisen.[654] An den Cottbuser Bauprojekten wird auch deutlich, dass nicht alle Möglichkeiten genutzt wurden, um möglichst günstigen Wohnraum zu schaffen. So bilden fünfgeschossige Miethäuser, wie sie im privaten Bausektor nach 1900 die Regel waren, im genossenschaftlichen Bauwesen die Ausnahme. Eine der zentralen Ursachen für den Verzicht auf diese Möglichkeit der Kostensenkung war die genereller werdende Unzufriedenheit mit der Wohnform „Miethaus". Nicht mehr nur die Mietkaserne, das Miethaus als solches war in die Kritik geraten.

„Leiden doch unter den traurigen Miethsverhältnissen nicht nur die Armen, die Arbeiterfamilien, welche von der Hand in den Mund leben, sondern fast der ganze Mittelstand..." [655]

In Verbindung damit stand die Idealisierung des Kleinhauses, die selbst vom deutschen Architektenverein betrieben wurde.[656] Zudem vermittelte die zeitgenössische Diskussion den Eindruck, dass allein die „künstliche" Bodenwertsteigerung, infolge „gewerbsmäßiger Spekulation", das preiswerte, erschwingliche Kleinhaus verhindere.[657] Auch führende Wohnreformer wie Rudolf Eberstadt argumentierten in dieser Richtung:

"Wo eine maximale Nutzung der Bodenfläche etwa durch Mietskasernen zulässig war, stieg auch der Bodenwert." [658]

Zur Eindämmung der Bodenwertsteigerung und -spekulation forderte dieser Zweig der Wohnreformbewegung eine kommunale Bebauungsplanung, die schon früh in den vorstädtischen Bereichen intervenieren solle, um über Bauordnungen offene Bebauungsformen festzulegen. Diese sollte die Bodenwertsteigerung infolge geringer Nutzungserwartung abbremsen und damit sollten sich auch hier Kleinhäuser realisieren lassen.[659] Dieser Ansatz erfuhr vor allem von ökonomischer Seite Kritik, da er andere kostenverursachende Faktoren ignorierte,

dazu gehörten sowohl Mehrkosten infolge der Beschränkung der Grundstücksausnutzung als auch wesentlich höhere Erschließungskosten.[660] Dass es vor allem diese Faktoren waren, welche die Errichtung von Kleinhäusern und kleinen Miethäusern verteuerten, hatten ja auch die Cottbuser Beispiele gezeigt.

Erst mit der Zeit stellte sich heraus, dass der Bodenpreis als Kostenfaktor überschätzt worden war.[661] An der Ablehnung des Miethauses änderte sich jedoch nichts, wie 1907 ein Kritiker formulierte:

"Man lebte also friedlich und einig bei dem Dogma, dass die Mietkaserne an allem Übel schuld sei. „Fort mit den Mietkasernen!" war eine so einfache und einleuchtende Parole für die Wohnungsreform. Man wollte sich in dem Frieden und der Einigkeit nicht stören lassen durch die lästige Frage, ob denn wirklich die Mieten immer mit der Erhöhung der Häuser wachsen und mit deren Verkleinerung abnehmen." [662]

Solche Argumentationsmuster verbanden sich mit den anfangs mehr berufs- und später mehr klassenspezifisch orientierten Gruppeninteressen der Genossenschaftsmitglieder und führten letztendlich dazu, dass die Cottbuser Baugewerksinnung auch 1913 noch mahnte:

„Wünschenswert wäre es, wenn die Bauvereine sich mit dem Bau von kleinsten Wohnungen beschäftigten, an denen es in der Stadt am meisten fehlt." [663]

Zusammenfassung

Jede Stadt ist ein Gefüge, ein System, in dem wirtschaftliche, politische, soziale Strukturen ineinander greifen. Die kaiserzeitliche Entwicklung von Cottbus hat gezeigt, wie sich solche Faktoren wechselseitig befördern und beschleunigen, aber auch blockieren können. So belegen die Produktionszahlen der Cottbuser Tuchindustrie die Abhängigkeit der wirtschaftlichen Entwicklung von den infrastrukturellen Rahmenbedingungen. Erst mit dem Anschluss von Cottbus an das Eisenbahnnetz in den 1860er Jahren, der ja auch durch die Stadt befördert und mitfinanziert worden war, hatten sich die Exportbedingungen so entwickelt, dass sich für die hiesigen Fabrikanten ihre Produktionssteigerungen überhaupt lohnten. Der nun einsetzende wirtschaftliche Aufschwung mit steigenden Beschäftigten- und damit auch Einwohnerzahlen war die Grundlage des städtischen Wachstums.

Zu Beginn der Kaiserzeit beschleunigte sich diese Entwicklung und zwar so sehr, dass Cottbus in dieser Zeit im „Zuwachs alle anderen größeren brandenburgischen Städte" außer Berlin übertraf.[664] Angesichts dieser Entwicklung wurde Cottbus von Bismarck als „Wasserkopf der Niederlausitz" bezeichnet, da die Stadt „alle Kräfte der Umgebung anziehe" und ihre Entwicklung auf Kosten des Umlandes betreibe.[665] Im Hinblick auf die Arbeitskräfte trifft das zu. Die meisten Industriearbeiter kamen aus der Region, entzogen den umliegenden Gutsherrschaften die Landarbeiter. Mit dem Erlangen des Stadtkreisstatus Mitte der 1880er Jahre bekam Cottbus dann – auch topographisch bedingt – den Status des Zentrums der Niederlausitz. Architektonischer Ausdruck sind die Gerichts- und Verwaltungsbauten, die zu dieser Zeit entstanden. Verdichtung und Konzentration bedeuteten für die wachsenden Städte Problem und Chance zugleich. Erst die

Zunahme der Einwohnerzahlen schuf die Voraussetzungen für den effizienten Betrieb von Versorgungseinrichtungen, ermöglichte die Umsetzung technischer Neuerungen. Cottbus, das vergleichsweise spät in den Prozess von Industrialisierung und Urbanisierung eingetreten war, hatte den Vorteil, dass hier auf Lösungen zurückgegriffen werden konnte, die sich andernorts bereits bewährt hatten. Trotzdem war die Stadt auf den in den 1870er Jahren einsetzenden Wachstumsschub planerisch unzureichend vorbereitet. Erst mit dem Preußischen Fluchtliniengesetz von 1875 stand den Kommunen ein städtebauliches Lenkungsinstrumentarium zur Verfügung. Die damit verbundenen planerischen Möglichkeiten, wie die Erstellung eines Bebauungsplanes für das gesamte Stadtgebiet, wurden jedoch erst unter Oberbürgermeister Werner, der im Jahr 1892 sein Amt antrat, genutzt. Nun verlor die Stadtplanung ihren reagierenden Charakter. Fast alle kommunalen Großprojekte wurden in Werners bis 1914 dauernder Amtszeit in Angriff genommen.

Anfangs zeichneten sich die Planungen durch einen äußerst pragmatischen Ansatz aus. Angesichts einer Enteignungsgesetzgebung, die schwierige und langwierige Umlageverfahren zur Folge gehabt hätte, entwickelte die Stadtverwaltung Planstrukturen, die sich an bestehenden Verkehrswegen und Flurgrenzen orientierten und damit auch eine zügige Umsetzung ermöglichten. Dort, wo eine freie Gestaltung möglich war, wurden vorwiegend schmale längsrechteckige Baublöcke mit Parzellen von geringer Tiefe umgesetzt. Damit wurden zumindest durch die städtebaulichen Planungen tiefe Hofbereiche verhindert, welche die Grundstücksverdichtung beförderten. Denn durch die bereits 1888 erlassene Bauordnung war keine Begrenzung der Bebauungsdichte erfolgt.

Unter dem Aspekt gestalterisch motivierter Planfiguren war der Stadtbebauungsplan von Cottbus kein sonderlich ambitionierter Plan: Sternplätze mit Radialstraßen, besonders hervorgehobene Platzanlagen finden sich hier nicht. Ein Blick auf in dieser Hinsicht ambitioniertere Stadtplanungen zeigt jedoch auch, dass derartige Planungen der Stadtverwaltung auf Widerstände vonseiten der Grundbesitzer stießen, da sie mit Enteignungen sowie mit hohen Folgekosten bei der Erschließung verbunden waren.[666] Darüber nimmt die Cottbuser Bebauungsplanung von 1894 einen bereits 1876 von Baumeister formulierten und später bei Stübben weiterentwickelten Planungsansatz auf, bei dem die Blockstrukturen differenziert wurden, um unterschiedlichen Nutzungen entgegenzukommen.[667] Bedingt durch Eingemeindungen und den Wandel der städtebaulichen Leitbilder erfolgte 1907 eine Überarbeitung des Bebauungsplanes. In diesem Zusammenhang entstanden auch vereinzelte Planungen, die mit kleinen Schmuckplätzen und abwechslungsreicher Straßenführung auf die Erzielung „wohltuender Raumeindrücke" ausgerichtet waren und damit den neuen, durch Sitte vorbereiteten Gestaltungsidealen folgten.

Eine besondere Rolle spielte die Cottbuser Grünflächenplanung, die ein ganz eigenes, in weiten Teilen von der Bebauungsplanung unabhängiges Profil zeigt. Mit der Verknüpfung der verschiedenen Grünanlagen entwickelte die Stadtverwaltung ein Planungskonzept, das wahrscheinlich von ganz aktuellen Vorbildern in den Vereinigten Staaten beeinflusst wurde, die Oberbürgermeister Werner bekannt gewesen sein müssen.

Die Cottbuser Grünflächenplanungen zeichnen sich auch dadurch aus, dass im Bestand enthaltene Entwicklungspotentiale erkannt wurden und durch Überformungen und Ergänzungen – mit vergleichsweise geringem Aufwand – herausgearbeitet wurden. Dazu gehört die Umwandlung des Befestigungsringes in einen Grünring, der Ausbau der Spreeufer zu Promenaden, die Umgestaltung der gewerblich geprägten Mühleninsel in eine Parkanlage und die Anlage eines Waldparks in einem aufgelassenen Tagebaugebiet. Durch diese Bereitschaft an einen gestalterisch disparaten Bestand anzuknüpfen, gelang die Aufwertung städtebaulich schwieriger Ausgangssituationen.

Wohn- und Gewerbenutzungen waren im kaiserzeitlichen Cottbus nicht getrennt, aber es bildeten sich Schwerpunkte heraus. So konzentrierten sich die Fabriken entlang von Spree und Mühlgraben. Der angrenzende Vorort Sandow entwickelte sich zum Arbeiterwohnviertel.

Im größten Stadterweiterungsgebiet, der westlichen Stadterweiterung, entstanden mit der Bahnhof- und Karl-Liebknecht-Straße die beiden repräsentativen Hauptachsen der Stadt. Wichtige hier errichtete öffentliche Einrichtungen, wie Theater, Kreishaus und Casino, unterstrichen diese Bedeutung. Aber selbst in diesem Kontext wurde – wie in den anderen Stadterweiterungsgebieten auch – das Miethaus zur dominierenden Bebauungsform. Außer im Kontext der Fabriken entstanden Villen vor 1900 fast nur an den Rändern der öffentlichen Grünanlagen. Erst nach 1905 bildeten sich im Norden und Süden von kleinteiliger, offener Bebauung geprägte Bereiche, die jedoch von sehr begrenztem Umfang waren.

Die charakteristische Bebauungsform für das in den Stadterweiterungsgebieten vorherrschende Miethaus ist die geschlossene Blockrandbebauung. Der Anteil der spekulativ – also ohne Auftraggeber durch die Bauunternehmer – errichteten Bauten nahm im Laufe der Kaiserzeit zu: Von dreißig Prozent im Jahr 1904 stieg er auf vierzig Prozent kurz vor dem Ersten Weltkrieg. Die Auftragsverteilung durch private Bauherren, beispielhaft für das Jahr 1903 untersucht, zeigt, dass vier große Cottbuser Bauunternehmen neunzig Prozent der privaten Aufträge erhielten. Rationalisierungseffekte ergaben sich für die Unternehmen aus der Vereinheitlichung von Grundrissen und Ausstattungen, davon wurde jedoch moderat Gebrauch gemacht. Hinzu kam, dass das breite Formenspektrum der Kaiserzeit gezielt zur Fassadenvariation eingesetzt wurde, so dass die Vereinheitlichung nur dort offensichtlich wurde, wo Häuser zeitgleich und direkt nebeneinander errichtet wurden.

Die durch den Historismus geprägte Architektur, die in Cottbus entstand, war bis in die 1890er Jahre relativ konventionell. Zu Beginn der Kaiserzeit bestimmte die von italienischen Vorbildern geprägte Neurenaissance das Bild. Nach und nach fanden neue Formen aus anderen Stilrichtungen Eingang in die Architektur, zuerst an der gehobenen Miethausarchitektur. An der einfachen Miethausarchitektur hielten sich bereits etablierte, teils schon überholte Strömungen dagegen sehr lange. Gegen Ende des 19. Jahrhunderts wurden die regelmäßigen, tektonischen Gliederungsstrukturen zunehmend aufgegeben. Es entwickelte sich eine Vorliebe für das Asymmetrische, für stadträumliche Akzente, für einen selbständiger werdenden

Dekor. Mit der Aufnahme weiterer Stilformen und Gestaltungsmuster verstärkten sich im Späthistorismus die bislang latenten stilpluralistischen Tendenzen. In dieser Phase, die etwa das letzte Jahrzehnt des 19. Jahrhunderts umfasst, entstanden Bauten, die sich von den geschlossenen stilistischen Vorbildern gelöst hatten und eine ganz individuelle Gestaltung aufweisen. Die Übergänge zum Jugendstil waren fließend. Vielfach verbanden sich späthistoristische Gestaltungsmuster mit den neuen Dekorformen.

Der Beginn des Jugendstils fällt in Cottbus in eine Phase reger Bautätigkeit. Vor allem in der westlichen Stadterweiterung finden sich zahlreiche qualitätvolle Beispiele, in erster Linie aus der frühen ornamentalen Phase des Jugendstils. Bemerkenswert ist die Individualität der Entwürfe und die daraus resultierende formale Vielfalt, mit der diese Stilrichtung in Cottbus vertreten ist. Nach 1910 bestimmte der „Stil um 1800" mit seinen schlichten neubarocken und neuklassizistischen Formen die Miethausarchitektur, die im Zuge dieser Entwicklung wieder von einheitlicheren Formen geprägt wird. Wohnhausentwürfe, die unter dem Einfluss der englischen arts-and-crafts-Bewegung stehen, finden sich in Cottbus nur vereinzelt.

In einer außergewöhnlichen Breite und Dichte ist das stilistische Spektrum der kaiserzeitlichen Architektur in der westlichen Stadterweiterung vertreten. Zwischen 1880 und 1914 wurde dieses von gehobener Miethausarchitektur geprägte Stadtviertel mit dem Theater im Zentrum in weiten Teilen bebaut. Hier haben sich die städtebaulichen Strukturen der Kaiserzeit, aber auch die Gebäude selbst mit ihren originalen Details so umfangreich erhalten, dass das Gebiet 1998 als Denkmalbereich unter Schutz gestellt wurde.

Ein weiterer Faktor bei der Entstehung von Architektur wurde mit der Vorstellung von Personen und Institutionen, die das Baugeschehen beeinflusst haben, beleuchtet. Am aktivsten waren hier neben der Kommune selbst die Baugenossenschaften: Deren mit öffentlichen Mitteln geförderte Miethäuser gehen über den Standard der zeitgenössischen Miethausarchitektur hinaus, entsprachen jedoch vielfach nicht dem in den Satzungen formulierten sozialen Anspruch, Wohnraum für Minderbemittelte zu schaffen. Allerdings zeigt sich hier auch, dass es nicht ausschließlich Gruppeninteressen waren, welche die Entstehung wirklich günstigen Wohnraums verhinderten. Es war auch das die öffentliche Meinung bestimmende Architek-

turideal des „Klein- und Bürgerhauses", das einer effizienteren, verdichteteren Bauweise im Wege stand.

Ähnliche Differenzen finden sich bei den Cottbuser Freimaurern, die weite Teile der Cottbuser Oberschicht zu ihren Mitgliedern zählen konnten. Trotz des erheblichen finanziellen Potentials dieser Institution, das ja auch in der Ausstattung der Loge seinen Ausdruck findet, waren die postulierten karitativen Aktivitäten bescheiden. Ausgeprägter war dagegen der Repräsentationsanspruch der Cottbuser Freimaurer. Seinen Ausdruck fand er im Logenneubau von 1908, der ein überaus großzügiges Raumprogramm aufweist, das den Vergleich mit bedeutender großstädtischer Logenarchitektur nicht zu scheuen braucht.

Von zentraler Bedeutung für die städtebauliche Entwicklung und für das kommunale Baugeschehen waren der Magistrat und die Stadtverordneten. Führender Kopf der Verwaltung war von 1892 bis 1914 Oberbürgermeister Paul Werner. Über zwanzig Jahre war er für die Planungsvorlagen verantwortlich, über welche die Stadtverordnete zu entscheiden hatten. Werner war eine ambitionierte und vielseitige Persönlichkeit. Seine in Zusammenarbeit mit Stadtbaurat Bachsmann erarbeiteten Bauprojekte schien er ohne große Widerstände vonseiten der Stadtverordneten durchsetzen zu können. Die überregionale vergleichende Betrachtung der kommunalen Bauten zeigte, dass Werner die planerischen Spielräume nutzte. Viele der kommunalen Einrichtungen entstanden im Vergleich mit anderen Städten gleicher Größe bemerkenswert früh. In den letzten Jahren vor dem Krieg wurde der Magistrat zum Hauptauftraggeber des kommunalen Baugewerbes. In Verbindung damit stand jedoch auch eine rasant ansteigende kommunale Verschuldung.

Zentraler Bau der kommunalen Repräsentation war das 1908 eingeweihte Stadttheater. Hier manifestierte sich der kulturelle Anspruch der Stadt, nicht nur durch den Betrieb selbst – seit der Spielzeit 1912/13 leistete man sich in Cottbus ein eigenes Opernensemble –, auch durch eine außergewöhnliche Architektur. Der durch den Magistrat protegierte Entwurf Sehrings zeigt Parallelen zu den innovativsten Bauten der Zeit. Auf den qualitativen Sprung, der sich hier im Werk Sehrings vollzog, wurde hingewiesen. Mögliche, in der Arbeit von Ralph Berndt noch nicht erwähnte Ursachen wie der Einfluss der kommunalen Auftraggeber und aktueller Vorbilder wie der 1902 publizierte Wettbewerbsentwurf zum „Haus eines Kunstfreundes" wurden aufgezeigt.

Mit dem Theater wurde das städtische Kulturleben auf eine neue Stufe gestellt. Wie groß der Nachholbedarf einer aufstrebenden Stadt wie Cottbus in dieser Hinsicht war, bzw. wie er empfunden wurde, wird in der Eröffnungsrede von Oberbürgermeister Werner deutlich:

„Das von diesem Tage ab eine neue künstlerische Aera für unsere Stadt beginnt, dass wir nicht mehr kunsthungrig daneben zu stehen brauchen, wenn in irgend einer Großstadt ein packendes neues Bühnenwerk gegeben wird, das für unsere Verhältnisse zu raumfordernd, zu künstlerisch anspruchsvoll und darum unerreichbar ist. Alles, auch das größte, können wir uns jetzt leisten." [668]

Hier wird der Anspruch deutlich, der hinter solchen Projekten stand. Das Aufholen gegenüber der Großstadt war dabei sicherlich nur ein Aspekt. Hinzu kam, dass gerade in den kleineren Städten die mit der Urbanisierung verbundenen Fortschritte, die erweiterten kommunalen Möglichkeiten, besonders deutlich wurden, da sie auf einem niedrigen Niveau eingesetzt hatten. Zudem traten hier die negativen Begleiterscheinungen des Urbanisierungsprozesses, wie bauliche Verdichtung und städtebauliche Monotonie, nicht in den Extremen auf wie in den Großstädten.

Für die Kommunalverwaltungen kleinerer Städte, wie Cottbus, waren somit die Erfolge ihrer Politik offensichtlicher. Unterstützt wurde diese Politik durch ein teils bemerkenswert ausgeprägtes kommunales Engagement von Teilen der bürgerlichen Oberschicht, das in großzügigen Spenden und Stiftungen seinen Ausdruck fand. Gerade hier dürfte die Identifikation auch daraus erwachsen sein, dass dieser Teil der Einwohnerschaft mit seinem Steueraufkommen die finanzielle Basis für die zahlreichen neuen, öffentlichen Einrichtungen geschaffen hatte. Daraus resultierte ein neues bürgerliches Selbstbewusstsein, das getragen wurde vom Stolz auf das Erreichte, auf das selbst Geschaffene, und das dann auch in der Architektur zunehmend nach einem ihm gemäßen, eigenständigen Ausdruck suchte und damit zur Dynamik der Stilentwicklung dieser Zeit beitrug. Abschließen möchte ich deshalb mit einem Zitat von Peter Behrens, das diese Zeitströmung prägnant zum Ausdruck bringt:

„Wir sind ernst geworden, wir nehmen unser Leben bedeutsam, die Arbeit steht uns hoch im Wert. ... Wir fühlen, dass wir für das praktische Leben etwas erreicht haben, was nie da war und *was nicht verlierbar ist, und dieses Gefühl stimmt uns froh. ... Wir haben uns und unsre Zeit erkannt, unsre neuen Kräfte, unsre neuen Bedürfnisse. ... Wir können ein Übriges leisten mit unsren Kräften und werden dann grössere und höhere Bedürfnisse haben, und werden auch diese stark und schön befriedigen. Wir gehen einer – Unserer Kultur entgegen. Darum werden wir einen neuen Stil haben, einen eignen Stil in allem, was wir schaffen."* [669]

Anhang

Anmerkungen

1 Auf die einzelnen Artikel wird in den jeweiligen Kapiteln verwiesen.

2 Henning, Friedrich-Wilhelm: Der wirtschaftliche Wandel im Zeitalter der Industrialisierung (1800-1914), in: Verwaltungsgeschichte Ostdeutschlands 1815-1945. Organisation-Aufgaben-Leistungen der Verwaltung (hrsg. von Gerd Heinrich, Friedrich-Wilhelm Henning, Kurt G.A. Jeserich), Stuttgart/Berlin/Köln 1993, S. 30

3 Zuckermann, Brigitta: Standortentwicklung und Standortverteilung der Tuchindustrie im Bezirk Cottbus in der Zeit von 1870 bis 1967 – eine historisch-geographische Analyse, Sonderheft der Reihe Geschichte und Gegenwart des Bezirkes Cottbus, Cottbus 1981, S. 8

4 Härtel, Ricardo: Vom Beginn des 19. Jahrhunderts bis zur Reichsgründung (1800-1871), in: Geschichte der Stadt Cottbus, Berlin 1994, S. 70, 79. Fiedler, Emil: Die Entwicklung der Tuchindustrie in Cottbus, in: Die Provinz Brandenburg in Wort und Bild, 2 (1912), S. 260; Zuckermann, 1981, S. 47

5 Henning, 1993, S. 30; Lehmann, Rudolf: Geschichte der Niederlausitz, Berlin 1963, S. 591

6 Zuckermann, 1981, S. 20

7 Zuckermann, 1981, S. 19: Außerdem war die Wolle von höherer Qualität, da sie gleichmäßiger versponnen war.

8 Schmidt, Fritz: Schloss Cottbus und seine Bewohner, Cottbus 1920, S. 31-36; Lehmann, 1963, S. 594-595; Ackermann, Ingrid; Cante, Marcus; Mues, Antje: Stadt Cottbus, Teil 1: Altstadt und innere Stadtteile, Reihe Denkmaltopographie Bundesrepublik Deutschland, Denkmale in Brandenburg 2.1, Worms 2001, S. 29

9 Eine der wenigen gut ausgebauten Verbindungen war die 1843 bis 1845 fertiggestellte Kunststraße zwischen Berlin und Cottbus. Lehmann, 1963, S. 597-598, 603; Vogel, Werner: Brandenburgische Verwaltungsgeschichte im 19. Jahrhundert (1815-1871), in: Verwaltungsgeschichte Ostdeutschlands 1815-1945. Organisation-Aufgaben-Leistungen der Verwaltung (hrsg. von Gerd Heinrich, Friedrich-Wilhelm Henning, Kurt G.A. Jeserich), Stuttgart/Berlin/Köln 1993, S. 727; Zuckermann, 1981, S. 48; Fiedler, 1912, S. 260

10 Zuckermann, 1981, S. 17

11 Zuckermann, 1981, S. 21

12 Fiedler, 1912, S. 261

13 Lehmann, 1963, S. 607, 612-619; Schmidt, Fritz: Die Entwicklung der Cottbuser Tuchindustrie, Cottbus 1928, S. 215

14 Adamy, Kurt und Hübener Kristina: Die preußische Provinz Brandenburg im Deutschen Kaiserreich (1871-1918), in: Brandenburgische Geschichte (hrsg. von Ingo Materna und Wolfgang Ribbe), Berlin 1995, S. 507, 530-535; o.A.: Hundert Jahre deutsche Eisenbahn. Jubiläumsschrift zum hundertjährigen Bestehen der deutschen Eisenbahnen (hrsg. von der Hauptverwaltung der Deutschen Reichsbahn), 1935, Nachdruck München 1988, Abb. Eisenbahnnetz 1850, 1870 und 1885; Lehmann, 1963, S. 599; Methling, Harry: Die Entwicklung des Eisenbahnnetzes in der ehemaligen Provinz Brandenburg bis zum Jahre 1939, in: Jahrbuch für brandenburgische Landesgeschichte 1959, S. 78

15 Brandenburgisches Landeshauptarchiv: Rep. 6 B, Kreisverwaltung Cottbus Nr. 1502: Acta des Landräthlichen Amts zu Cottbus betr. die Anlage und Unterhaltung einer Pferdeeisenbahn vom Schwielochsee nach Cottbus 1843-1878

16 Methling, 1959, S. 66-67, 78; Ackermann/Cante/Mues, 2001, S. 382; Lehmann, 1963, S. 600

17 Ackermann/Cante/Mues, 2001, S. 24; Lehmann, 1963, S. 615; Zuckermann, 1981, S. 48; Methling, 1959, S. 66, 78: Eröffnungsdaten der verschiedenen Linien: 1866 Cottbus-Berlin; 1867 Cottbus-Görlitz; 1870 Cottbus-Großenhain; 1871 Cottbus-Guben; 1872 Halle-Cottbus-Forst-Sorau, 1876 Cottbus-Frankfurt/Oder; 1897 Cottbus-Strau-Opitz.

18 Wehler, Hans-Ulrich: Deutsche Gesellschaftsgeschichte Bd. 3: Von der „Deutschen Doppelrevolution" bis zum Beginn des Ersten Weltkrieges 1849-1914, München 1995, S. 66

19 Dazu gehörten das bereits im Gebiet des Norddeutschen Bund erlassene Freizügigkeitsgesetz vom November 1867 und das Gewerbefreiheitsgesetz vom Juni 1869, die beide 1871 vom Reich übernommen wurden. Wehler, Hans Ulrich: Das Deutsche Kaiserreich 1871-1918 (Reihe Deutsche Geschichte, Bd. 9), 6. bibl. ern. Auflage, Göttingen 1988, S. 19; Wehler, 1995, S. 60; Escher, Felix: Brandenburg und Berlin 1871 bis 1914/18, in: Verwaltungsgeschichte Ostdeutschlands 1815-1945. Organisation-Aufgaben-Leistungen der Verwaltung (hrsg. von Gerd Heinrich, Friedrich-Wilhelm Henning, Kurt G.A. Jeserich), Stuttgart/Berlin/Köln 1993, S. 737-756; Matzerath, Horst: Urbanisierung in Preußen 1815-1914, Stuttgart 1985, S. 12, 241-371

20 Henning, 1993, S. 26; Adamy/Hübener, 1995, S. 525

21 Wehler, 1995, S. 43

22 Wehler, 1995, S. 81-82: Nachdem mit der Aktienrechtsnovelle von 1870

die staatliche Genehmigungspflicht und Haftungspflichten der Gesellschaftsgründer aufgehoben worden waren, wurden zwischen 1871 und 1873 2,78 Mrd. Mark in 928 neugegründete Aktiengesellschaften angelegt. Tilly, Richard H.: Vom Zollverein zum Industriestaat. Die wirtschaftlich-soziale Entwicklung Deutschlands 1834 bis 1914, München 1990, S. 80, 98

23 Brandenburgisches Landeshauptarchiv: Rep. 6 B, Kreisverwaltung Cottbus Nr. 1509: Acta des Königlichen Landraths-Amts zu Cottbus: Aktienzeichnung für die Berlin-Görlitzer Eisenbahn durch den Kreis Cottbus 1865-1872; Schmidt, Fritz, 1920, S. 42

24 Lehmann, 1963, S. 608; Fiedler, 1912, S. 263

25 Wehler, 1995, S. 637-653

26 Schmidt, Fritz, 1928, S. 253

27 Brandenburgisches Landeshauptarchiv: 5007: Jahresberichte der Handelskammer des Kreises Cottbus 1881-1884; Schmidt, Fritz, 1928, S. 253. Bei Schmidt leicht differierende Angaben aufgrund unterschiedlicher Webstuhltypen, das Verhältnis von mechanischen (1007) zu Handwebstühlen (87) entspricht jedoch in etwa den Angaben im Handelskammerbericht.

28 Wehler, 1995, S. 577; Fiedler, 1912, S. 264

29 Brandenburgisches Landeshauptarchiv: 5007: Jahresberichte der Handelskammer des Kreises Cottbus 1896, S. 7: Streikdauer 22. Februar bis 20. April 1896.

30 Brandenburgisches Landeshauptarchiv: 5007: Jahresberichte der Handelskammer des Kreises Cottbus 1896, S. 9

31 Zuckermann, 1981, S. 134, Tabelle 3; Schmidt, Fritz, 1928, S. 253. Bei Schmidt leicht differierende Angaben, danach 1913 110 Betriebe mit 7.887 Arbeitern.

32 Wehler, 1995, S. 67, 83

33 Wehler, 1995, S. 550

34 Zuckermann, 1981, S. 145, Tabelle 15

35 Laux, Hans-Dieter: Demographische Folgen des Verstädterungsprozesses. Zur Bevölkerungsstruktur und natürlichen Bevölkerungsentwicklung deutscher Städtetypen 1871-1914, in: Urbanisierung im 19. und 20. Jahrhundert. Historische und geographische Aspekte (hrsg. von Hans Jürgen Teuteberg), Köln/Wien 1983, S. 65-93, vor allem 71-73

36 Brandenburgisches Landeshauptarchiv: 5007: Jahresberichte der Handelskammer des Kreises Cottbus 1909, S. 59-60

37 Brandenburgisches Landeshauptarchiv: 5007: Jahresberichte der Handelskammer des Kreises Cottbus 1909, S. 67

38 Zuckermann, 1981, S. 134, Tabelle 3; Matzerath, 1985, S. 267, Anm. 12, 17 und 270

39 Wehler, 1995, S. 356

40 Nipperdey, Thomas: Deutsche Geschichte 1866-1918, Bd. II: Machtstaat vor der Demokratie, München 1998, S. 75-109

41 Wehler, 1995, S. 356-358

42 Adamy/Hübener, 1995, S. 504-507

43 Escher, 1993, S. 745-746. Hier Verweis auf Kreisordnung für die Provinzen Preussen, Brandenburg, Pommern, Posen, Schlesien und Sachsen vom 13. Dezember 1872 (GS 1872, S. 661), Novellierung 1881 (GS 1881, S. 155).

44 Matzerath, 1985, S. 245-250; Escher, 1993, S. 741. Der Regierungsbezirk Potsdam zeigte sich z.B. wesentlich restriktiver bei der Entlassung von Städten in die Kreisfreiheit als der Regierungsbezirk Frankfurt an der Oder.

45 Adamy/Hübener, 1995, S. 512-513; Escher, 1993, S. 744

46 Matzerath, 1985, S. 349; Kuhfahl: Verfassung und Verwaltung der deutschen Städte, in: Die deutschen Städte. Geschildert nach den Ergebnissen der ersten deutschen Städteausstellung zu Dresden 1903 (hrsg. von Robert Wuttke), Bd. 1, Leipzig 1904, S. 8

47 Für die Städte bestand die 1808 erlassene preußische Städteordnung (GS 1808, S. 324), die 1831 auch in der Niederlausitz eingeführt wurde. Ab 1853 galt dann die revidierte Städteordnung für die sechs östlichen Provinzen Preußens, diese blieb bis zum Ende des Kaiserreiches gültig. Matzerath, 1985, S. 29, 110, 347-349; Oertel, O.: Die Städteordnung für die östlichen Provinzen der Preußischen Monarchie vom 30. Mai 1853, 3. Auflage, Liegnitz 1900; Ackermann/Cante/ Mues, 2001, S. 22

48 Matzerath, 1985, S. 110, 225: Gemeindeordnung für den Preußischen Staat vom 11. März 1850 (GS 1850, S. 213)

49 Kuhfahl, 1904, S. 7

50 Matzerath, 1985, S. 357; Evert, Georg: Die Staats- und Gemeindewahlen im preussischen Staate, Ergänzungsheft XVII der Zeitschrift des Königlich Preussichen Statistischen Bureaus, Berlin 1895, S. XXIV-XXX; Hirsch, Paul und Lindemann, Hugo: Das kommunale Wahlrecht (Sozialdemokratische Gemeindepolitik. Kommunalpolitische Abhandlungen, Heft 1), Berlin 1905

51 Silbergleit, Heinrich: Preussens Städte. Denkschrift zum 100jährigen Jubiläum der Städteordnung vom 19. November 1808, Berlin 1908, S. 185; Matzerath, 1985, S. 358; Nipperdey, 1998, S. 512; Tilly, 1990, S. 148

52 Baron, Alfred: Der Haus- und Grundbesitzer in Preussens Städten, Jena 1911, S. 16

53 Silbergleit, 1908, S. 181

54 Steitz, Walter: Kommunale Wohnungspolitik im Kaiserreich am Beispiel der Stadt Frankfurt am Main, in: Urbanisierung im 19. und 20. Jahrhundert (hrsg. von Hans Jürgen Teuteberg), Köln/Wien 1983, S. 398; Matzerath, 1985, S. 296

55 Matzerath, 1985, S.292; Eberstadt, Rudolf: Handbuch des Wohnungswesens und der Wohnungsfrage, 3. umgearbeitete und erweiterte Auflage 1917, S. 270-274, 318-350

56 Gurlitt, Cornelius: Der deutsche Städtebau, in: Die deutschen Städte. Geschildert nach den Ergebnissen der ersten deutschen Städteausstellung zu Dresden 1903 (hrsg. von Robert Wuttke), Bd. 1, Leipzig 1904, S. 24 ff.; Hartog, Rudolf: Stadterweiterungen im 19. Jahrhundert, Stuttgart 1962, S. 20

57 Allgemeines Preußisches Landrecht 1794, Teil 1, Titel 8, § 36. Gültig bis zum 1. Januar 1900, als es durch das Bürgerliches Gesetzbuch abgelöst wurde. Lezius, H.: Das Recht der Denkmalpflege in Preußen. Begriff, Geschichte und Organisation der Denkmalpflege, Berlin 1908, S. 13, 48-49; Mohr de Pérez, Rita: Die Anfänge der staatlichen Denkmalpflege in Preußen. Ermittlung und Erhaltung alterthümlicher Merkwürdigkeiten (hrsg. vom Brandenburgischen Landesamt für Denkmalpflege und Archäogischen Landesmuseum), Worms 2001, S. 79-80, 259-260

58 Mohr de Pérez, 2001, S. 79-111

59 Mohr de Pérez, 2001, S. 89

60 Buch, Felicitas: Studien zur Preußischen Denkmalpflege am Beispiel konservatorischer Arbeiten Ferdinand von Quasts, Worms 1990, S. 11; Lezius, 1908, S. 13, 15: Für gefährdete, in Privatbesitz befindliche Denkmale bestand seit 1874 die Möglichkeit der Enteignung unter Zahlung von Entschädigung.

61 Lezius, 1908, S. 18

62 Buch, 1990, S. 26; Helfert, Joseph Alexander von: Denkmalpflege. Öffentliche Obsorge für Gegenstände der Kunst und des Altertums nach dem Stande der neuen Gesetzgebung in den verschiedenen Culturstaaten, Wien und Leipzig 1897, S. 12; Lezius, 1908, S. 20-21, 57-63; Kneer, August: Die Denkmalpflege in Deutschland mit besonderer Berücksichtigung der Rechtsverhältnisse, Mönchengladbach 1915, S. 57-66

63 Lezius, 1908, S. 44-45

64 Lezius, 1908, S. 59

65 Kohte, Julius: Ferdinand von Quast (1807-1877). Konservator der Kunstdenkmäler des Preußischen Staates, in: Deutsche Kunst und Denkmalpflege 1977, S. 114-131; Lezius, 1908, S. 26

66 Christl, Andreas: Die Ur- und Frühgeschichte des Naturraumes um die Stadt bis zum 12. Jahrhundert, in: Geschichte der Stadt Cottbus, Berlin 1994, S. 17-18; Kunze, Peter: Die Sorben/Wenden in der Niederlausitz. Ein geschichtlicher Überblick, 1996, S. 3-17; Christl, Gundula und Andreas: Die mittelalterliche Stadt von ihrer Entstehung bis zum Ende des 15. Jahrhunderts, in: Geschichte der Stadt Cottbus, Berlin 1994, S. 19-22

67 Christl, Andreas, 1994, S. 9-18; Lehmann, 1963, S. 19-33

68 Schmidt, Fritz, 1920, S. 39-43

69 Stadtgeschichtliche Sammlungen Cottbus. Stadtarchiv: Hilpert, Richard: John and William Cockerill. Die Wollspinnerei auf dem Schloß in Cottbus 1816-1857, Maschinenschrift, Cottbus 1964

70 Brandenburgisches Landeshauptarchiv: Rep. 3 B, I Hb Nr. 908: Durchführung von Reparaturen am Schloßturm in Cottbus 1857-1877

71 Brandenburgisches Landeshauptarchiv: Rep. 3 B, I Hb Nr. 908: Durchführung von Reparaturen am Schloßturm in Cottbus 1857-1877

72 Brandenburgisches Landeshauptarchiv: Rep. 3 B, I Hb Nr. 908: Durchführung von Reparaturen am Schloßturm in Cottbus 1857-1877

73 Brandenburgisches Landeshauptarchiv: Rep. 3 B: Reg. Frankfurt/Oder: StädteBauSachen Cottbus 1857-1877

74 Schmidt, Fritz, 1920, S. 39-43

75 Schmidt, Fritz, 1920, S. 44

76 Ackermann/Cante/Mues, 2001, S. 133; Härtel, 1994, S. 82

77 Stadtgeschichtliche Sammlungen Cottbus. Stadtarchiv: 537/4260: Der Schlossturm; Schmidt, Fritz, 1920, S. 44

78 Stadtgeschichtliche Sammlungen Cottbus. Stadtarchiv: 537/4260: Der Schloßturm

79 Stadtgeschichtliche Sammlungen Cottbus. Stadtarchiv: 537/4260: Der Schloßturm

80 Schmidt, Fritz, 1920, S. 45

81 Karg, Detlef: Vor 150 Jahren: Bestallung des ersten Konservators in Preußen. Ferdinand von Quast, in: Brandenburgische Denkmalpflege 1993, Heft 1, S. 5-8; Kohte, 1977, S. 114-136; Stadtgeschichtliche Sammlungen Cottbus. Stadtarchiv: 537/4260: Der Schloßturm

82 Meinecke, Andreas: Der Immediatbaufonds Potsdams als Wegbereiter der Denkmalpflege in der Provinz Brandenburg 1840 bis um 1900, in: Brandenburgische Denkmalpflege 2001, Heft 1, S. 33; Buch, 1990, S. 44

83 Stadtgeschichtliche Sammlungen Cottbus. Stadtarchiv: 537/4260: Der Schloßturm

84 Stadtgeschichtliche Sammlungen Cottbus. Stadtarchiv: 537/4260: Der Schloßturm

85 Härtel, 1994, S. 83

86 Stadtgeschichtliche Sammlungen Cottbus. Stadtarchiv: 537/4260: Der Schloßturm

87 Stadtgeschichtliche Sammlungen Cottbus. Stadtarchiv 537/4260: Der Schloßturm

88 Stadtgeschichtliche Sammlungen Cottbus. Stadtarchiv 537/4260: Der Schloßturm

89 Stadtgeschichtliche Sammlungen Cottbus. Stadtarchiv: 537/4260: Der Schloßturm

90 Schmidt, Fritz, 1920, S. 41, 45

91 Schmidt, Fritz, 1920, S. 45

92 Schmidt, Fritz, 1928, S. 45: Das neue Landgericht wurde unter Regierungsbaumeister Mannsdorf und Kreisbaumeister Frick zwischen 1876-1877 errichtet. Die Übergabe erfolgte am 3.2.1877.

93 o.A.: Das neue Amtsgericht und Gefängnis in Kottbus, in: Zentralblatt der Bauverwaltung 1909, Heft 45, S. 309-311; Schmidt, Fritz, 1928, S. 45

94 Christl, Gundula und Andreas, 1994, S. 27: Die Befestigung bei der Stadtgründung erfolgte durch eine Graben-Wallstruktur mit Palisade. Die Entstehung der Stadtmauer mit ihren zahlreichen Weichtürmen wird über Keramikfunde im Fundamentbereich und über archivalische Quellen in die erste Hälfte des 14. Jahrhunderts datiert.

95 Voss, Kaija: Mittelalterliche Stadtbefestigungen im Land Brandenburg. Ein Beitrag zu Denkmalpflege und Stadtgestaltung, Weimar 1999, S. 243-248

96 Lezius, 1908, S. 48-49; Mohr de Pérez, 2001, S. 259

97 Allerhöchste Kabinettsordre vom 20.6.1830 (GS 113), zitiert nach Lezius, 1908, S. 50-56; Mohr de Pérez, 2001, S. 261-262

98 Brandenburgisches Landeshauptarchiv: Rep. 3 B, I Hb Nr. 911: Die Unterhaltung der Stadtmauern 1878-1894, Blatt 92-93

99 Brandenburgisches Landeshauptarchiv: Rep. 3 B, I Hb Nr. 911: Die Unterhaltung der Stadtmauern 1878-1894, Blatt 92-93; Lezius, 1908, S. 50-56

100 Stadtgeschichtliche Sammlungen Cottbus. Stadtarchiv: 537/4256: Die Abtragung des Mühlenthors zu Cottbus, des Luckauer Thores, des Spremberger, sowie den Abbruch der Stadtmauern überhaupt (1838-1841) und 537/4258: Der Abbruch des Berliner, Spremberger und Sandower Thores (1864-1886)

101 Brandenburgisches Landeshauptarchiv: Rep. 3 B, I Hb Nr. 910: Erweiterung des inneren Stadtbezirkes in Cottbus durch Abbruch der Stadtmauer 1862-1870

102 Brandenburgisches Landeshauptarchiv: Rep. 3 B, I Hb Nr. 910: Erweiterung des inneren Stadtbezirkes in Cottbus durch Abbruch der Stadtmauer 1862-1870

103 Ackermann/Cante/Mues, 2001, S. 92-108; Niemann, Alexander: Cottbus. Die historischen Grünanlagen und die Bundesgartenschau 1995, in: Brandenburgische Denkmalpflege 1995, Heft 1, S. 147

104 Brandenburgisches Landeshauptarchiv: Rep. 3 B, I Hb Nr. 911: Unterhaltung der Stadtmauern in der Stadt Cottbus 1878-1894

105 Brandenburgisches Landeshauptarchiv: Rep. 3 B, I Hb Nr. 911: Unterhaltung der Stadtmauern in der Stadt Cottbus 1878-1894

106 Voss, 1999, S. 244; Donner, Helmut: Von der Reichsgründung bis zum Ende des I. Weltkrieges (1871-1918), in: Geschichte der Stadt Cottbus, Cottbus 1994, S. 107-108

107 Liersch, Dora und Heinrich: Geschichtliches und das Neueste vom Spremberger Turm, in: Cottbuser Zeitung 2000, Heft 3, S. 4-6; Härtel, 1994, S. 71-73

108 Ackermann/Cante/Mues, 2001, S. 94; Reißmann, Kurt: Die Kunstdenkmäler des Stadt- und Landkreises Cottbus, Berlin 1938, S. 64

109 Stadtgeschichtliche Sammlungen Cottbus. Stadtarchiv: B 512: Erzäh-lungen zum Nutzen und Vergnügen. Eine Wochenschrift, 16. Bd., 411. Stück, Cottbus, 13. Januar 1811, S. 326-329, 412. Stück, S. 341-346; 413. Stück, S. 358-362

110 Ackermann/Cante/Mues, 2001, S. 93-96

111 Lezius, 1908, S. 24-35; Kneer, 1915, S. 61

112 Voss, 1999, S. 59

113 Lezius, 1908, S. 44-45; Kneer, 1915, S. 118-128

114 Kneer, 1915, S. 62-63; Escher, 1993, S. 743

115 Reißmann, 1938, S. 66-86; Ackermann/Cante/Mues, 2001, S. 63-80

116 Ackermann/Cante/Mues, 2001, S. 66; Reißmann, 1938, S. 79

117 Schmidt, Erich: Unsere Oberkirche. Aus vergangenen Tagen und neuerer Zeit vorhandene Nachrichten, Cottbus 1938, S. 12-13

118 Mäckelt, Arthur: Die Oberkirche in Cottbus, in: Geschäftsbericht der Brandenburgischen Provinzialkommission für Denkmalpflege und des Provinzialkonservators 1911-1913, S. 154

119 Ackermann/Cante/Mues, 2001, S. 66: Noch ein weiterer, hier gar nicht erwähnter Verlust war zu verzeichnen: Die steinernen Chorschranken, die den Altarraum vom Umgang abgrenzten und wahrscheinlich noch aus der Erbauungszeit stammten, wurden durch schmiedeeiserne Gitter ersetzt. Mäckelt, 1913, S. 154

120 Mäckelt, 1913, S. 154; Schmidt, Erich, 1938, S. 13-14

121 Allerdings erstaunt es, dass gerade hier Kritik geübt wurde. Denn die Veränderung am unteren Chorfries, wo Maßwerk wie am Langhaus ein-gefügt wurde, war eigentlich wesentlich gravierender. Reißmann, 1938, S. 79; Ackermann/Cante/Mues, 2001, S. 66-67

122 Mäckelt, 1913, S. 154

123 Mäckelt, 1913, S. 158

124 Reißmann, 1938, S. 86-95; Haberland, Max: Altes und Neues über die Klosterkirche zu Kottbus. Zur Wiedereröffnung derselben am 1. Novem-ber 1908, Kottbus 1908; Ackermann/Cante/Mues, 2001, S. 81-89

125 Haberland, 1908, S. 20; Ackermann/Cante/Mues, 2001, S. 83

126 Cottbuser Anzeiger 31. Januar 1908: Zur Erneuerung der Klosterkirche; Haberland, 1908, S. 18

127 Haberland, 1908, S. 19

128 Cottbuser Anzeiger 22. Januar 1908: Zu Renovierungsarbeiten in der Klosterkirche

129 Archiv der Superintendentur Cottbus: A II, Fach 8, Nr. 22: Bauliche Repa-raturen Klosterkirche 1860, 1874-1920, 1935

130 Archiv der Superintendentur Cottbus: A II, Fach 8, Nr. 22: Bauliche Repa-raturen Klosterkirche 1860, 1874-1920, 1935

131 Ackermann/Cante/Mues, 2001, S. 83; Archiv der Superintendentur Cott-bus: A II, Fach 8, Nr. 22: Bauliche Reparaturen Klosterkirche 1860, 1874-1920, 1935

132 Ob die Maßnahmen an der Klosterkirche dazu beitrugen, dass Büttner das Amt des Provinzialkonservators entzogen wurde, geht aus den Un-terlagen nicht hervor.

133 Archiv der Superintendentur Cottbus: A II, Fach 8, Nr. 22: Bauliche Repa-raturen Klosterkirche 1860, 1874-1920, 1935

134 Archiv der Superintendentur Cottbus: A II, Fach 8, Nr. 22: Bauliche Repa-raturen Klosterkirche 1860, 1874-1920, 1935

135 Archiv der Superintendentur Cottbus: A II, Fach 8, Nr. 22: Bauliche Repa-raturen Klosterkirche 1860, 1874-1920, 1935

136 Archiv der Superintendentur Cottbus: A II, Fach 8, Nr. 22: Bauliche Repa-raturen Klosterkirche 1860, 1874-1920, 1935

137 Archiv der Superintendentur Cottbus: A II, Fach 8, Nr. 22: Bauliche Repa-raturen Klosterkirche 1860, 1874-1920, 1935

138 Archiv der Superintendentur Cottbus: A II, Fach 8, Nr. 22: Bauliche Repa-raturen Klosterkirche 1860, 1874-1920, 1935

139 Lezius, 1908, S. 154

140 Stadtgeschichtliche Sammlungen Cottbus. Stadtarchiv: 464/3405: Acta des Magistrats zu Cottbus betreffend: Bauberatung

141 Silbergleit, 1908, S. 52-55, S. 7, Tabelle 6 c und d

142 Kalwa, Robert: Cottbus 1914-1936. Aus dem Entwicklungsgang einer Mittelstadt, Cottbus 1937, S. 11

143 Silbergleit, 1908, S. 7

144 Silbergleit, 1908, S. 170

145 Silbergleit, 1908, S. 4-7, Tabelle 1

146 Silbergleit, 1908, S. 243: In Bezug auf die Aussagefähigkeit des Verhält-nisses von Einwohnern und Steuerpflichtigen schreibt Prof. Dr. Heinrich Silbergleit, Direktor des Statistischen Amtes der Stadt Berlin: „Innerhalb gewisser Grenzen mag die Ziffer als bezeichnend angesehen werden können für das allgemeine wirtschaftliche Gepräge des Ortes, insoweit als sie das relative Vorkommen von Personen mit bestimmten Minde-steinkommen - mehr als 900 Mark - angibt. Jene Grenzen, aber der for-malen Vergleichbarkeit sind bestimmt durch die bestehenden Verschie-denheiten des Veranlagungsverfahrens, durch das Mehr oder Weniger an scharfer Erfassung der Pflichtigen. Daß diese Verhältnisse sehr erheb-liche Abweichungen der Ziffer zu erklären vermöchten, dürfte aber kaum anzunehmen sein."

147 Silbergleit, 1908, S. 450-451, Tabelle 1: In 56 der 110 erfassten Städte (1895-1907) beginnt die Steuerpflichtigkeit bei 420 Mark.

148 Zuckermann, 1981, S. 23, 43

149 Silbergleit, 1908, S. 244, Tabelle 16

150 Silbergleit, 1908, S. 426-431, Tabelle 4 a und c

151 Wehler, 1995, S. 711

152 Silbergleit, 1908, S. 430-431, Auswertung Tabelle 4

153 Silbergleit, 1908, S. 450-451, Tabelle 1: In allen fünf Städten besteht Steuerpflicht ab einem Einkommen ab 420 Mark. Nur in Flensburg wer-den ab 1901 erst Einkommen ab 660 Mark besteuert.

154 Schwippe, Heinrich Joh.: Zum Prozess der sozialräumlichen innerstäd-tischen Differenzierung im Industrialisierungsprozess des 19. Jahrhun-derts. Eine faktorialökologische Studie am Beispiel der Stadt Berlin 1875-1910, in: Urbanisierung im 19. und 20. Jahrhundert. Historische und geographische Aspekte (hrsg. von Hans Jürgen Teuteberg), Köln/Wien 1983, S. 241-308

155 Laux, 1983, S. 71-73

156 Gesetz betreffend die Anlegung und Veränderung von Straßen und Plät-zen in Städten und ländlichen Ortschaften vom 2. Juli 1875 (Nr. 8375), in: Gesetz-Sammlung für die Königlichen Preußischen Staaten, Berlin, 1875, Nr. 40, S. 561-566; Wehler, 1995, S. 531: „Außerdem haben die Fluchtliniengesetze, die seit 1868/75 entstanden, die Rechtslage verein-heitlicht. Sie statteten die aufkommende Stadtplanung mit einem Kor-pus an Normen aus, die bis zum Bundesbaugesetz von 1960 weithin gül-tig geblieben sind."

157 Eberstadt, 1917, S. 271

158 Thienel-Saage, Ingrid: Städtische Raumplanung 1850-1920: Der Bebau-ungsplan von den Umgebungen Berlins, in: Kommunale Leistungsver-waltung und Stadtentwicklung vom Vormärz bis zur Weimarer Repu-blik (hrsg. von Hans Blotevogel), Köln/ Wien 1990, S. 198; Böhm, Hans:

Rechtsordnung und Bodenpreise als Faktoren städtischer Entwicklung im Deutschen Reich zwischen 1870 und 1937, in: Urbanisierung im 19. und 20. Jahrhundert. Historische und geographische Aspekte (hrsg. von Hans Jürgen Teuteberg), Köln 1983, S. 216: „Eine wirkungsvolle gesetzliche Regelung der Zwangsumlegung von Grundstücken, die sich nicht in den Bebauungsplan einpassen ließen, bestand lediglich in Hessen, Baden und Sachsen."

159 Croon, Helmuth: Staat und Städte in den westlichen Provinzen Preußens 1817-1875. Ein Beitrag zum Entstehen des preußischen Bau- und Fluchtliniengesetzes von 1875, in: Stadterweiterungen 1800-1875 (hrsg. von Gerhard Fehl und Juan Rodriguez-Lores), Hamburg 1983, S. 72; Hartog, 1962, S. 107-108; Albers, Gerd: Vom Fluchtlinienplan zum Stadtentwicklungsplan, in: Archiv für Kommunalwissenschaften 1967, S. 192-197

160 Matzerath, 1985, S. 292; Eberstadt, 1917, S. 273, 318-350; Thienel-Saage, 1990, S. 183-201

161 Kuhfahl, 1904, S. 2-13; Fehl, Gerhard und Rodriguez-Lores, Juan: Aufstieg und Fall der Zonenplanung. Städtebauliches Instrumentarium und stadträumliche Ordnungsvorstellungen zwischen 1870 und 1905, in: Bauwelt 12 – Stadtbauwelt 72, 1982, S. 444, Anm. 4; Eberstadt, 1917, S. 269-274; Krabbe, Wolfgang R.: Die deutsche Stadt im 19. und 20. Jahrhundert, Göttingen 1989, S. 40

162 Böhm, 1983, S. 214-240

163 Ein Jahr zuvor, am 1. Januar 1872, waren die Gemeinden Brunschwig am Berge, Brunschwig in der Gasse und Brunschwig Rittergut Gemeinde, sowie Ostrow eingemeindet worden. Silbergleit, 1908, S. 170

164 Stadtgeschichtliche Sammlungen Cottbus. Stadtarchiv: 462/3389: Erläuterungsbericht betreffend den generellen Entwurf zum Stadtbebauungsplan für Cottbus, 1. Februar 1893 (mit Straßenprofilen) und Erläuterungsbericht betreffend den generellen Entwurf zur Ergänzung und Abänderung des Bebauungsplans der Stadt Cottbus, 1. Februar 1907

165 Stadtgeschichtliche Sammlungen Cottbus. Stadtarchiv: Kartensammlung Film-Nr. 198 (Stadtpläne und Baufluchten): Rein-Karte von der Kreis Stadt Cottbus von Lorzing 1862 und Plan der Kreis-Stadt Cottbus mit den angrenzenden Ortschaften. Mit Berücksichtigung der Neubauten bis zum Jahre 1867 gezeichnet und lithographiert nach dem im Jahre 1861 aufgenommenen Plane von Lortzing (Nr. 49); Abbildung bei Ackermann/Cante/Mues, 2001, S. 24

166 Stadtgeschichtliche Sammlungen Cottbus. Stadtarchiv: 462/3389: Erläuterungsbericht betreffend den generellen Entwurf zum Stadtbebauungsplan für Cottbus, 1. Februar 1893 (mit Straßenprofilen) und Erläuterungsbericht betreffend den generellen Entwurf zur Ergänzung und Abänderung des Bebauungsplans der Stadt Cottbus, 1. Februar 1907

167 Stadtgeschichtliche Sammlungen Cottbus. Stadtarchiv: 462/3386: Anfragen bei 25 Städten über die Aufstellung von Bebauungsplänen.

168 Ackermann/Cante/Mues, 2001, S. 466-467: Abbildung des Stadtplanes von 1892

169 Stadtgeschichtliche Sammlungen Cottbus. Stadtarchiv: 462/3389: Erläuterungsbericht betreffend den generellen Entwurf zum Stadtbebauungsplan für Cottbus, 1. Februar 1893 (mit Straßenprofilen) und Erläuterungsbericht betreffend den generellen Entwurf zur Ergänzung und Abänderung des Bebauungsplans der Stadt Cottbus, 1. Februar 1907

170 Ackermann/Cante/Mues, 2001, S. 35

171 Stadtgeschichtliche Sammlungen Cottbus. Stadtarchiv: 462/3387: Ergänzung und Abänderung des Stadtbebauungsplanes, 1893-1911, Handakten Oberbürgermeister Werner, S. 10-14

172 Stadtgeschichtliche Sammlungen Cottbus. Stadtarchiv: 462/3389: Erläuterungsbericht betreffend den generellen Entwurf zum Stadtbebauungsplan für Cottbus, 1. Februar 1893 (mit Straßenprofilen) und Erläuterungsbericht betreffend den generellen Entwurf zur Ergänzung und Abänderung des Bebauungsplans der Stadt Cottbus, 1. Februar 1907

173 Abbildungen bei Ackermann/Cante/Mues, 2001, S. 24, 35, 466-467.

174 Zum Begriff „Stadtfeld": Bei ihrer Gründung erhielten viele mittelalterliche Städte Boden vom Landesherren übertragen. Diese Stadtfelder durften nicht bebaut werden. Giessler, Gabriele: Grünanlagen und Gärten in Flensburg, Flensburg 1988, S. 32-33

175 Zum Vergleich Cullen, Michael S. und Kieling, Uwe: Berlin in Plänen. Berliner Stadtkarten von 1798 bis 1990, Berlin 1991: Interessant sind in diesem Zusammenhang Stübbens Empfehlungen für Blockgrößen: Gewerbe 100 auf 200 Meter, Einfamilienhäuser in offener Bebauung 100 auf 200 Meter, Miet- und Geschäftshäuser 60 auf 120 Meter. Stübben, Hermann Josef: Der Städtebau, Handbuch der Architektur, 4. Teil, 9. Halbband, 3. Auflage, Leipzig 1924, S. 54

176 Stadtgeschichtliche Sammlungen Cottbus. Stadtarchiv: 462/3389: Erläuterungsbericht betreffend den generellen Entwurf zum Stadtbebauungsplan für Cottbus, 1. Februar 1893 (mit Straßenprofilen) und Erläuterungsbericht betreffend den generellen Entwurf zur Ergänzung und Abänderung des Bebauungsplans der Stadt Cottbus, 1. Februar 1907

177 Bruch, Ernst: Berlin's bauliche Zukunft und der Bebauungsplan, in: Deutsche Bauzeitung 1870, S. 69-70

178 Baumeister, Reinhard: Grundzüge für Stadterweiterungen nach technischen, wirtschaftlichen und polizeilicher Beziehungen, in: Deutsche Bauzeitung 1874, S. 265; Fehl/Rodriguez-Lores, 1982, S. 444

179 Stübben, 1890/1980, S. 47

180 Stadtgeschichtliche Sammlungen Cottbus. Stadtarchiv: 462/3389: Erläuterungsbericht betreffend den generellen Entwurf zum Stadtbebauungsplan für Cottbus, 1. Februar 1893 (mit Straßenprofilen) und Erläuterungsbericht betreffend den generellen Entwurf zur Ergänzung und Abänderung des Bebauungsplans der Stadt Cottbus, 1. Februar 1907

181 Bruch, 1870, S. 94-95; Stübben, 1890/1980, S. 44-47

182 Berichte zur ersten General-Versammlung des Verbandes deutscher Architekten- und Ingenieurvereine, in: Deutsche Bauzeitung 1874, S. 321-323, 329-332, 337-339, 345-346-348, 353-356. Hier S. 337-338: „Das Strassennetz soll zunächst nur die Hauptlinien enthalten, wobei vorhandene Wege thunlichst zu berücksichtigen, sowie solche Nebenlinien, welche nach lokale Umstände bestimmt vorgezeichnet sind." Auch Sitte, 1889/1983, S. 130-131, 141 und Stübben 1890/1980, S. 50, 75 sprachen sich für dieses integrative Verfahren aus.

183 Stadtgeschichtliche Sammlungen Cottbus. Stadtarchiv: 462/3389: Erläuterungsbericht betreffend den generellen Entwurf zum Stadtbebauungsplan für Cottbus, 1. Februar 1893 (mit Straßenprofilen) und Erläuterungsbericht betreffend den generellen Entwurf zur Ergänzung und Abänderung des Bebauungsplans der Stadt Cottbus, 1. Februar 1907

184 Bruch, 1870, S. 101-102, 151-152

185 Berichte zur ersten General-Versammlung des Verbandes deutscher Architekten- und Ingenieurvereine, in: Deutsche Bauzeitung 1874, S. 345; Thienel-Saage, 1990, S. 188-189

186 Böhm, 1983, S. 220

187 Polizei-Verordnung vom 21. April 1888, abgedruckt im Adressbuch der Stadt Cottbus 1889, S. 25-27

188 Stübben, 1890/1980, S. 60-61; Stübben, 1924, S. 59, Abb. 84

189 Bruch, 1870, S. 101
190 Correspondance Nr. 9891 vom 26. Februar 1806, zitiert nach Kieß, Walter: Urbanismus im Industriezeitalter. Von der klassizistischen Stadt zur Garden City, Berlin 1991, S. 140
191 Kieß, 1991, S. 181-199
192 Bruch, 1870, S. 102
193 Stübben, 1890/1980, S. 82
194 Stübben, 1890/1980, S. 68; Gesetz betreffend die Anlegung und Veränderung von Straßen und Plätzen in Städten und ländlichen Ortschaften vom 2. Juli 1875 (Nr. 8375), in: Gesetz-Sammlung für die Königlichen Preußischen Staaten, Berlin 1875, Nr. 40, S. 565
195 Eberstadt, 1917, S. 273: Festgelegt durch Ausführungsbestimmung des Ministeriums für Handel, Gewerbe und öffentliche Arbeiten vom 18. Mai 1876 (§ 7).
196 Polizei-Verordnung vom 21. April 1888, abgedruckt im Adressbuch der Stadt Cottbus 1889, S. 25-27
197 o.A: Führer durch Cottbus und Umgebung (hrsg. vom Magistrat der Stadt Cottbus), Cottbus 1912, S. 26; Straßenbreitenerhebung über Laser-Distometer.
198 Polizei-Verordnung vom 21. April 1888, abgedruckt im Adressbuch der Stadt Cottbus 1889, S. 25-27
199 Stadtgeschichtliche Sammlungen Cottbus. Stadtarchiv: 462/3389: Erläuterungsbericht betreffend den generellen Entwurf zum Stadtbebauungsplan für Cottbus, 1. Februar 1893 (mit Straßenprofilen) und Erläuterungsbericht betreffend den generellen Entwurf zur Ergänzung und Abänderung des Bebauungsplans der Stadt Cottbus, 1. Februar 1907
200 Stadtgeschichtliche Sammlungen Cottbus. Stadtarchiv: Film-Nr. 198: Kartensammlung (Stadtpläne/Baufluchten): Baufluchtlinienplan zur Festsetzung von Vorgärten im nördlichen Theile der Bahnhofstraße zu Cottbus, 1897, Maßstab 1 : 5000 (Nr. 92)
201 Polizei-Verordnung vom 21. April 1888, abgedruckt im Adressbuch der Stadt Cottbus 1889, S. 25-27
202 Polizei-Verordnung vom 21. April 1888, abgedruckt im Adressbuch der Stadt Cottbus 1889, S. 26
203 Stübben, 1890/1980, S. 52
204 Stübben, 1890/1980, S. 52
205 Silbergleit, 1908, S. 170: Am 1. Juli 1904 folgt die Eingemeindung von Brunschwig Gutsbezirk und Sandow mit etwa 5.100 Personen. Damit waren auch nicht unerhebliche Vergrößerungen des Stadtbezirkes verbunden. So brachte die Eingemeindung der vier Brunschwigs einen Flächenzuwachs von knapp 300 Hektar, die von Sandow sogar 580 Hektar. Nach diesen Eingemeindungen hatte das Cottbuser Stadtgebiet eine Gesamtfläche von 2.352 Hektar; Wehler, 1995, S. 531: „Schließlich hat die Eingemeindungspolitik eine weitsichtige Entwicklungsplanung ermöglicht. Sie verlief in drei Wellen. Bis 1885 diente sie überwiegend der Konsolidierung der Stadtgemeinde. Von 1885 bis 1900 hielt die nachholende Eingemeindung an, wurde aber durch die antizipierende ergänzt. Diese überwog dann seit 1901, als innerhalb von zehn Jahren 57 Städte rund 966 Quadratkilometer mit 1.025 Millionen neuen Einwohnern in ihren Gemeindebezirk einbezogen. Das waren Vorgänge von einer außergewöhnlichen Größenordnung, die einer selbstbewussten Zukunftsplanung entgegenkam. Während die großen Städte, weiträumig in ihr Umland ausgriffen, wurden übrigens in derselben Zeit nur zwölf Landgemeinden mit dem Stadtrecht ausgestattet."
206 Stadtgeschichtliche Sammlungen Cottbus. Stadtarchiv: 462/3389: Erläuterungsbericht betreffend den generellen Entwurf zum Stadtbebauungsplan für Cottbus, 1. Februar 1893 (mit Straßenprofilen) und Erläuterungsbericht betreffend den generellen Entwurf zur Ergänzung und Abänderung des Bebauungsplans der Stadt Cottbus, 1. Februar 1907
207 Sitte, Camillo: Der Städtebau nach seinen künstlerischen Grundsätzen, Wien 1889, Reprint der 4. Auflage von 1909, Braunschweig/Wiesbaden 1983
208 Mönninger, Michael: Vom Ornament zum Nationalkunstwerk. Zur Kunst- und Architekturtheorie Camillo Sittes, Braunschweig/Wiesbaden 1998, S. 9, 13; Sitte, Camillo: Enteignungsgesetz und Lageplan, in: Der Städtebau 1904, Heft 1, S. 5-8, Heft 2, S. 17-19, Heft 3, S. 35- 39; Fehl, Gerhard: Camillo Sitte als „Volkserzieher" – Anmerkungen zum deterministischen Denken in der Stadtbaukunst des 19. Jahrhunderts, in: Städtebau um die Jahrhundertwende. Materialien zur Entstehung der Disziplin Städtebau (hrsg. von Gerhard Fehl und Juan Rodriguez-Lores), Köln u.a. 1980, S. 172-222; Fischer, Theodor: Nachruf auf Camillo Sitte, in: Deutsche Bauzeitung 1904, S. 33-34; Karnau, Oliver: Hermann Josef Stübben. Städtebau 1876-1930, Braunschweig/Wiesbaden 1996, S. 124-127
209 Sutcliffe, Anthony: Urban planning in Europe and North America before 1914: International aspects of a prophetic movement, in: Urbanisierung im 19. Jahrhundert. Historische und geographische Aspekte (hrsg. von Hans Jürgen Teuteberg), Köln/Wien 1983, S. 462: 1902 erschien die französische Übersetzung unter dem Titel „L'art de batir les villes".
210 Fehl, Gerhard: Stadtbaukunst contra Stadtplanung. Zur Auseinandersetzung Camillo Sittes mit Reinhard Baumeister, in: Stadtbauwelt 65, 1980, S. 451-461; Mönninger, 1998, S. 67: Zur Auseinandersetzung zwischen den Architekturtheoretikern Werner Hegemann und Elbert Peets, ob Sitte eher ein mittelalterliches oder ein barockes Stadtmodell propagiert.
211 Sitte, 1889/1983, S. 97
212 Sitte, 1889/1983, S. 119
213 Henrici, Karl: Gedanken über das moderne Städte-Bausystem, in: Deutsche Bauzeitung 1891, Nr. 14, S. 81-82 und Nr. 15, S. 86-91; Stübben, Hermann Josef: Über einige Fragen der Städtebaukunst, in: Deutsche Bauzeitung 1891, Nr. 21, S. 122-128; Stübben, Hermann Josef: Über einige Fragen der Städtebaukunst, in: Deutsche Bauzeitung 1891, Nr. 25, S. 150-155; Henrici, Karl: Individualismus im Städtebau, in: Deutsche Bauzeitung 1891, Nr. 49, S. 295-298 und Nr. 50, S. 301-302; Henrici, Karl: Langweilige und kurzweilige Straßen, in: Deutsche Bauzeitung 1893, Nr. 44, S. 271-274; Stübben, Hermann Josef: Die Einseitigkeit im Städtebau und ihre Folgen, in: Deutsche Bauzeitung 1893, Nr. 57, S. 349-350, Nr. 61, S. 373-374, Nr. 68, S. 415-418; Stübben, Hermann Josef: Zur schönheitlichen Gestaltung städtischer Straßen, in: Deutsche Bauzeitung 1893, Nr. 48, S. 294-296; Curdes, Gerhard und Oehmichen, Renate (Hrsg.): Künstlerischer Städtebau um die Jahrhundertwende. Der Beitrag von Karl Henrici, Köln u.a. 1981
214 Henrici, Karl: Gedanken über das moderne Städte-Bausystem, Deutsche Bauzeitung 1891, Nr. 14, S. 90-91
215 Sitte, 1889/1983, S. 131-143
216 Sitte, 1889/1983, S. 130
217 Sutcliffe, 1983, S. 469: In Deutschland, „where the mechanistic plans of Hobrecht's generation had provoked too violent a swing towards Henrician meanderings."
218 Albers, Gerd: Der Städtebau des 19. Jahrhunderts im Urteil des 20. Jahrhunderts, in: Beiträge zur Rezeption der Kunst des 19. und 20. Jahrhunderts (hrsg. von Wulf Schadendorf), München 1975, S. 67

219 Verhandlungen auf der XVII. Wanderversammlung des Verbandes deutscher Architekten- und Ingenieurvereine in Mannheim 1906, in: Deutsche Bauzeitung 1906, Nr. 50, S. 580: Bachmann bezieht sich hier auf eine Formulierung Carl Henricis, die in einem Referat Prof. Hocheders zu den Grundsätzen des Städtebaus zitiert wurde.

220 Stadtgeschichtliche Sammlungen Cottbus. Stadtarchiv: Kartensammlung (Stadtpläne/Baufluchten) Film Nr. 198: Siehe dort Fluchtlinienpläne ab 1911: Nr. 253, 272-273, 277

221 Auch hier wieder ein Bezug zu den „Grundsätzen des Städtebaus", die auf der XVII. Wanderversammlung des Verbandes deutscher Architekten und Ingenieurvereine in Mannheim 1906 diskutiert wurden (Deutsche Bauzeitung 1906, Nr. 50, S. 557). Dort hatte Reinhard Baumeister in seinem Referat „Lockmittel" als „ebenso wichtig wie Zwangsmittel" eingestuft.

222 Stadtgeschichtliche Sammlungen Cottbus. Stadtarchiv: 462/3389: Erläuterungsbericht betreffend den generellen Entwurf zum Stadtbebauungsplan für Cottbus, 1. Februar 1893 (mit Straßenprofilen) und Erläuterungsbericht betreffend den generellen Entwurf zur Ergänzung und Abänderung des Bebauungsplans der Stadt Cottbus, 1. Februar 1907

223 Stadtgeschichtliche Sammlungen Cottbus. Stadtarchiv: 462/3389: Erläuterungsbericht betreffend den generellen Entwurf zum Stadtbebauungsplan für Cottbus, 1. Februar 1893 (mit Straßenprofilen) und Erläuterungsbericht betreffend den generellen Entwurf zur Ergänzung und Abänderung des Bebauungsplans der Stadt Cottbus, 1. Februar 1907

224 Brandenburgisches Landeshauptarchiv: Rep. 3 B, I Hb, Nr. 657: Erlaß einer Baupolizeiverordnung für Städte Bd. 1 1910-1931: Polizeiverordnung betreffend Abänderung der Baupolizeiverordnung für die Städte des Regierungsbezirkes Frankfurt a.O. vom 28. November 1895.

225 Dabei hatten in anderen Regierungsbezirken solche Planungsinstrumentarien schon seit den 1890er Jahren Eingang in die örtlichen Bauordnungen gefunden. Fehl/Rodriguez-Lores, 1982, S. 443-450; Gruner: Die Baupolizei, in: Die deutschen Städte. Bd. 1 (hrsg. von Robert Wuttke), Leipzig 1904, S. 67-93; Hartog, 1962, S. 108-113: Die erste Zonenbauordnung wurde in Frankfurt a.M. erlassen.; Gerhard Fehl und Juan Rodriguez-Lores: Die „gemischte Bauweise". Zur Reform von Bebauungsplan und Bodenaufteilung zwischen 1892 und 1914, in: Bauwelt 36 – Stadtbauwelt 71, 1981, S. 1577-1588; Baumeister, 1876, S. 83; Stübben, 1924, S. 641-655; Krabbe, Lenkungsverwaltung, 1990, S. 164: „Seit den 1890er Jahren trat schließlich das Prinzip der Zonung beim Erlaß von Bauordnungen in den Vordergrund, d.h. die unterschiedlichen Bauzonen einer Stadt erhielten unterschiedliche Bauvorschriften. Solch eine Bauordnung wurde im Einvernehmen mit den Planungen der Kommunalverwaltung als Polizeiordnung erlassen. In dem nach Stadtfunktionen differenzierten Weichbild galten - je nachdem ob als Wohngebiet, als Industriegebiet oder gemischtes Wohn- und Gewerbegebiet deklariert - detaillierte Vorschriften über die Bebaubarkeit der Grundstücke."

226 Bednarek, Andreas: Die städtebauliche Entwicklung von Görlitz im 19. Jahrhundert, Schriftenreihe des Ratsarchivs der Stadt Görlitz Bd. 15 (hrsg. von der Stadtverwaltung Görlitz), Görlitz 1991, S. 11, Anm. 31; Baumeister, 1876, S. 8

227 Nipperdey, Thomas: Deutsche Geschichte 1866-1918, Bd. I: Arbeitswelt und Bürgergeist, München 1998, S. 23-28

228 Stadtgeschichtliche Sammlungen Cottbus. Stadtarchiv: 462/3389: Erläuterungsbericht betreffend den generellen Entwurf zum Stadtbebauungsplan für Cottbus, 1. Februar 1893 (mit Straßenprofilen) und Erläuterungsbericht betreffend den generellen Entwurf zur Ergänzung und Abänderung des Bebauungsplans der Stadt Cottbus, 1. Februar 1907

229 Böhm, 1983, S. 218

230 Jork, Otto: Baufluchtlinien und Bebauungspläne, in: Die Entwicklung Brandenburgs unter Oberbürgermeister Dreifert 1905-1914. Sonderdruck aus dem Brandenburger Anzeiger vom 30. April 1914, 4. Blatt, Nr. 100; Bodenschatz, Harald und Seifert, Carsten: Stadtbaukunst in Brandenburg an der Havel, Berlin 1992, S. 132, 141, 146, 150, 152-153

231 Jork, Otto: Brandenburg in der Vergangenheit und Gegenwart. Brandenburg 1880, 2. Auflage 1903, S. 14; Jork, 1914; Bodenschatz/Seifert, 1992, S. 132, 141, 146, 150, 152-153

232 Heise, Karl-August: Die alte Stadt und die neue Zeit. Stadtplanung und Denkmalpflege Triers im 19. und 20. Jahrhundert, Trier 1999, S. 30, 54-55; Reck, Hans-Hermann: Die Stadterweiterung Triers. Planung und Baugeschichte vom Beginn der preußischen Zeit bis zum Ende des Ersten Weltkrieges (1815-1918), Trier 1990, S. 322-324, 394-396

233 Karnau, 1996, S. 328

234 Heise, 1999, S. 62, 65

235 Ostermann, Patrick: Stadt Trier. Altstadt. Reihe Denkmaltopographie Bundesrepublik Deutschland. Kulturdenkmäler in Rheinland-Pfalz Band 17.1, Worms 2001, S. 65

236 Ostermann, 2001, S. 68, 372-379.

237 Ettrich, Berthold: Park und Schloss Branitz im Wandel der Geschichte, in: 150 Jahre Branitzer Park. Garten-Kunst-Werk. Wandel und Bewahrung, Berlin 1998, S. 40-43; Ackermann/Cante/Mues, 2001, S. 48

238 Niemann, 1995, S. 138

239 Stadtgeschichtliche Sammlungen Cottbus. Stadtarchiv: A II 3.3e.12: Verschönerungsverein zu Cottbus. Satzungen, Vorstand und Hauptversammlungen 1872 -1917: Genaues Gründungsdatum 25. April 1872 und Niemann, 1995, S. 144

240 Stadtgeschichtliche Sammlungen Cottbus. Stadtarchiv: A II 3.3e.12: Verschönerungsverein zu Cottbus. Satzungen, Vorstand und Hauptversammlungen 1872 -1917

241 Stadtgeschichtliche Sammlungen Cottbus. Stadtarchiv: A II 3.3e.12: Verschönerungsverein zu Cottbus. Satzungen, Vorstand und Hauptversammlungen 1872 -1917

242 Ackermann/Cante/Mues, 2001, S. 49

243 Bertram: Die deutsche Gartenkunst in den Städten, in: Die deutschen Städte. Geschildert nach den Ergebnissen der ersten deutschen Städteausstellung zu Dresden 1903 (hrsg. von Robert Wuttke), Bd. 1, Leipzig 1904, S. 154

244 Diese vor der Stadtmauer liegenden Flächen waren ursprünglich durch Wall- und Grabenstrukturen geprägt und erstreckten sich auf einer Länge von anderthalb Kilometern bei einer Breite von etwa fünfzig Metern. Die Stadtmauer selbst lag auf dem inneren Wall. Davor lag getrennt durch den „Stadtgraben" der „Kleine Wall", dem wiederum ein kleiner, schmaler Graben vorgelagert war. Wie der Stadtplan von 1784 zeigt, hatte allein der „Kleine Wall" eine Breite von etwa 25 Metern. Erste Einebnungsmaßnahmen erfolgten mit dem 1726 begonnenen Bau der Neustadt an der Südseite der Altstadt, und mit der um 1800 erfolgten Anlage des Viehmarktes, heute Berliner Platz. Farbabbildung des Plans von 1784 in Ackermann/Cante/Mues, 2001, S. 458-459, siehe dort auch S. 92-108, sowie Abbildung des Stadtplans von 1830/40, S. 462-463; Niemann, 1995, S. 147

245 Niemann, 1995, S. 147

246 Niemann, 1995, S. 142-158

247 Als Beispiele für Städte, die das Festungsgelände erwerben mussten, nennt Karnau Köln und Posen. Karnau, 1996, S. 135; Bernatzky, Aloys: Von der mittelalterlichen Stadtbefestigung zu den Wallgrünflächen von Heute. Ein Beitrag zum Grünflächenproblem deutscher Städte, Berlin/Hannover/Sarstedt 1960; Hennebo, Dieter: Öffentliche Park- und Grünplanung als kommunale Aufgabe in Deutschland, in: Kommunale Leistungsverwaltung und Stadtentwicklung vom Vormärz bis zur Weimarer Republik (hrsg. von Hans Blotevogel), Köln/Wien 1990, S. 172

248 Günther, Harri und Harksen, Sibylle (Bearb.): Peter Joseph Lenné. Katalog der Zeichnungen, Tübingen/Berlin 1993, S. 154: Planungsbeginn 1833; Voss, 1999, S. 56

249 Stübben, 1890/1980, S. 506

250 Bernatzky, 1960, S. 31-40, 47, 89

251 Stadtgeschichtliche Sammlungen Cottbus. Stadtarchiv: 462/3389: Erläuterungsbericht betreffend den generellen Entwurf zum Stadtbebauungsplan für Cottbus, 1. Februar 1893 (mit Straßenprofilen) und Erläuterungsbericht betreffend den generellen Entwurf zur Ergänzung und Abänderung des Bebauungsplans der Stadt Cottbus, 1. Februar 1907

252 Als Beispiele für Städte, die auf der Deutschen Städteausstellung von 1903 gärtnerisch gestaltete Ringanlagen präsentierten, nennt Bertram, 1904, S. 162: Leipzig, Münster i.W., München, Erfurt, Freiberg und Würzburg.

253 o.A.: Führer durch Cottbus und Umgebung, 1912, S. 17; Ackermann/Cante/Mues, 2001, S. 193

254 Niemann, 1995, S. 149

255 Niemann, 1995, S. 151

256 Stübben, 1890/1980, S. 439-513, v.a. 506, Abb. 844; Stübben, 1924, S. 322; Jork, 1880/1903, S. 12-13

257 Entwurf zur Ergänzung und Abänderung des Bebauungsplanes der Stadt Cottbus vom 1. Februar 1907. Hier wurden Empfehlungen Stübbens, 1890/1980, S.77-106 aufgenommen.

258 Giessler, 1988, S. 66

259 Jork, Otto: Die öffentlichen Gartenanlagen, in: Die Entwicklung Brandenburgs unter Oberbürgermeister Dreifert 1905-1914. Sonderabdruck aus dem Brandenburger Anzeiger vom 30. April 1914, 4. Blatt, Nr. 100; Bodenschatz/Seifert, 1992, S. 172

260 Nach Kalwa, 1937, S. 196 waren diese schon vor 1892 fertiggestellt.

261 Kalwa, 1937, S. 196; Niemann, 1995, S. 151; Ackermann/Cante/Mues, 2001, S. 48-49

262 Stadtgeschichtliche Sammlungen Cottbus. Stadtarchiv: A II 3.3e.12: Verschönerungsverein zu Cottbus. Satzungen, Vorstand und Hauptversammlungen 1872 -1917

263 Stadtgeschichtliche Sammlungen Cottbus. Stadtarchiv: Kartensammlung (Stadtpläne und Baufluchtlinienpläne), Film Nr. 198: Baufluchtlinienplan behufs Abänderung der Baufluchtlinen für den Ostrower Damm 1903, M 1 : 500 (Nr. 218 und 219)

264 Ackermann/Cante/Mues, 2001, S. 51

265 Ackermann/Cante/Mues, 2001, S. 49

266 Kalwa, 1937, S. 196

267 Stadtgeschichtliche Sammlungen Cottbus. Stadtarchiv: A II 3.3e.12: Verschönerungsverein zu Cottbus. Satzungen, Vorstand und Hauptversammlungen 1872 -1917

268 Hinweis findet sich in Abschiedsrede von Oberbürgermeister Werner. o.A.: Abschiedsfeier für Oberbürgermeister Werner, in: Cottbuser Anzeiger 31. März 1914

269 Potente, Georg: Der Ausflug nach Kottbus und Branitz am 19. Juli 1906, in: Gartenflora 1906, S. 427

270 Stübben, 1890/1980, S. 210.

271 Zu Breslau: Richter, Hugo: Breslau als Gartenstadt, in: Breslau. Deutschlands Städtebau (bearb. von Georg Hallama), 2. Auflage 1924, Reprint Bindlach 1996, S. 51-52: Bei der auf einen Erlaß Napoleons I. zurückgehenden Breslauer Ringstraße handelt es sich zum größten Teil um Uferpromenaden entlang des ehemaligen Wallgrabens, nur ein Teilstück erstreckt sich entlang der Oder; Zu Koblenz: Abbildung der Rhein-Anlagen auf dem Stadtplan von 1888: o.A.: 2000 Jahre Koblenz. Stadtatlas (hrsg. vom Landesvermessungsamt Rheinland-Pfalz und der Stadt Koblenz), Koblenz 2000, S. 22-23; Ompteda, Ludwig von: Rheinische Gärten von der Mosel bis zum Bodensee. Bilder aus alter und neuer Gärtnerei, Berlin 1886: Hier entstand zwischen 1856 und 1866 unter Garteninspektor Weihe, der wohl von seinem Cousin, dem preußischen Gartendirektor Lenné, beraten wurde, eine sich über drei Kilometer entlang des Rheinufers erstreckende parkartig ausgestaltete Uferpromenade. Zur Urheberschaft dieser Planungen finden sich verschiedene Hinweise: Hinz, Gerhard: Peter Joseph Lenné. Landschaftsgestalter und Städteplaner, Göttingen/Zürich/Frankfurt a.M. 1977, S. S. 51-86; Dehio, Georg (Begr.): Handbuch der Deutschen Kunstdenkmäler. Rheinland-Pfalz und Saarland, 2. bearbeitete und erweiterte Auflage, Berlin 1984, S. 498; Zu Freiburg: Schmidt, Leo: Stadtcharakter und Architektur. Freiburger Baugeschichte seit 1800, in: Geschichte der Stadt Freiburg, Bd. 3: Von der Badischen Herrschaft bis zur Gegenwart, Stuttgart 1992 (hrsg. von Heiko Haumann und Hans Schadek), S. 561-586, Abb. 98: Die kleine Parkanlage entlang der Dreisam ist schon im Plan von 1877 verzeichnet. Charakteristisch sind Brezelwege. Es erfolgt keine Anknüpfung an uferbegleitende Promenaden. Zu Hamburg: Frank, Joachim W.: Hamburg in historischen Stadtplänen. Die Entwicklung der Stadt seit dem 16. Jahrhundert (hrsg. von Ernst Christian Schütt), Berlin 1995: Im Plan von Hamburg und Altona 1803 finden sich erste Promenaden auf den Wallanlagen. Nach der „Demolierung" der Befestigungsanlagen wurden diese ausgebaut. Im Plan von 1819 mit Erweiterungen von 1839 wurden Binnenalster und der die Altstadt einfassende Befestigungsgraben dann von Alleen und Grünanlagen mit gekrümmten Wegführungen gesäumt. Auch nach dem großen Brand von 1842 hatten diese Grünanlagen in weiten Bereichen Bestand.

272 Stübben, 1890/1980, S. 439

273 Sutcliffe, 1983, S. 470-471

274 Kayser, H.: Nordamerikanische Parkanlagen, in: Der Städtebau 1905, Heft 9, S. 113-123: Vorgestellt werden die Grünanlagen von Washington, New York, Boston und Chicago.

275 Kayser, 1905, S. 121

276 Stadtgeschichtliche Sammlungen Cottbus. Stadtarchiv: A I 1 g 2; 46/0236: Dienerakte Paul Werner, Oberbürgermeister 1892-1914. Es dürften auch Geschäftsbeziehungen der Cottbuser Fabrikanten dorthin bestanden haben. Allerdings sind in den Stadtgeschichtlichen Sammlungen keine Unterlagen vorhanden, die dies belegen können.

277 Silbergleit, 1908, S. 174-175, 256-57

278 Silbergleit, 1908, S. 174-175, 256-57

279 Diese wurden 1906 auf der XVII. Wanderversammlung des Verbandes deutscher Architekten- und Ingenieurvereine in Mannheim formuliert. siehe: o.A.: Deutsche Bauzeitung 1906, S. 442, 462, 485, 495-497, 503-507, 519-520, 524-525, 536-538, 547-548, 556-558, 568-573, 577-582, 604-605

280 Auch hier zeigt sich ein von Sitte entwickeltes Gestaltungsprinzip, dass auch bei den Verhandlungen auf der XVII. Wanderversammlung des Verbandes deutscher Architekten- und Ingenieurvereine in Mannheim 1906 empfohlen wurde, siehe: Deutsche Bauzeitung Nr. 50, 1906, S. 581

281 Richart, Winfried: Vom Naturideal zum Kulturideal. Ideologie und Praxis der Gartenkunst im deutschen Kaiserreich, 2. Auflage, Berlin 1987

282 Schmidt, Erika: Stadtparks in Deutschland, Varianten aus der Zeit von 1860 bis 1910, in: Die Gartenkunst 1989, Heft 1, S. 104-124. Eine der ersten öffentlichen und auf bürgerliche Initiative zurückgehenden Stadtparkanlagen in Deutschland wurde zwischen 1825 und 1829/35 in Magdeburg mit dem Kloster-Berge-Garten angelegt. Der Entwurf stammte vom preußischen Gartendirektor Peter Josef Lenné (1789-1866). vgl. Günther/Harksen, 1993, S. 193-195; Auch der 1856 von den Stadtverordneten beschlossene Görlitzer Stadtpark gehört zu den „frühen deutschen Anlagen", die durch die Kommune selbst finanziert und der breiten Öffentlichkeit zugängig gemacht wurden." Bednarek, 1991, S. 22-24

283 Hennebo, 1990, S. 170-173

284 Buttlar, Florian von (Hrsg.): Lebenslauf, in: Peter Joseph Lenné. Volkspark und Arkadien, Ausstellungskatalog, Berlin 1989, S. 69-82

285 Grützner, Felix: Gartenkunst zwischen Tradition und Fortschritt. Walter Baron von Engelhardt (1864-1940), Bonn 1998, S. 44

286 Grützner, 1998, S. 49-75; Hier Hinweise auf folgende Publikationen: Jäger, Hermann: Lehrbuch der Gartenkunst, Berlin/Leipzig 1877; Falke, Jakob von: Der Garten – Seine Kunst und Kunstgeschichte, Berlin/Stuttgart 1884; Lichtwark, Alfred: Moderne Gartenkunst, in: Die Gegenwart 28, 1885, S. 326-328; Jäger, Hermann: Gartenkunst und Gärten sonst und jetzt – Handbuch für Gärtner, Architekten und Liebhaber, Berlin 1888, S. 471

287 Grützner, 1998, S. 49-75. Hier Hinweise auf folgende Beiträge: Avenarius, Ferdinand: Dresdner Bericht – Über die zweite internationale Gartenbau-Ausstellung in Dresden, in: Der Kunstwart 1896, Heft 16, S. 252; Avenarius, Ferdinand: Piepenbrinks im Garten, in: Der Kunstwart 1899, Heft 19, S. 205; Avenarius, Ferdinand: o.T. in: Der Kunstwart 1900, Heft 11, S. 442-443; Avenarius, Ferdinand: Künstler, achtet auf unsere Gärten, in: Der Kunstwart 1900, 2. Maiheft, S. 154-56, Schneider, Camillo Karl: Über Gartenkunst, in: Der Kunstwart 1901, 2. Aprilheft, S. 54-60, dieser veröffentlicht später: Schneider, Camillo Karl: Deutsche Gartengestaltung und Kunst, Leipzig 1904; Kampffmeyer, Hans: Wieder einmal: unsere Hausgärten, in: Der Kunstwart 1902, 1. Märzheft, S. 529-531

288 Nach seiner 1889 erschienenen bahnbrechenden Publikation zu den künstlerischen Grundsätzen des Städtebaus, die sich ja vor allem mit stadträumlichen Fragen befasst, äußerte sich Sitte 1900 mit „Großstadt-Grün" auch zur zeitgenössischen Gartengestaltung. Sitte, Camillo: Großstadt-Grün, in: Der Lotse, Hamburgische Wochenschrift für deutsche Kultur 1, 1900/1901, S. 139-163. Dieser Artikel erscheint als Anhang in den späteren Auflagen von „Der Städtebau nach seinen künstlerischen Grundsätzen". Schultze-Naumburg, Paul: Kulturarbeiten Bd. 2 „Gärten", München 1902; Kirchner, Richard: Kritische Beleuchtung der von dem Landbauinspektor Dr. ing. Muthesius in seinen kürzlich zu Dresden, Berlin und Breslau gehaltenen Vorträgen entwickelten Ansichten über die deutsche Gartenkunst, in: Gartenkunst 1904, Heft 3, S. 52-54; Muthesius, Hermann: Erwiderung des Dr. Muthesius auf vorstehenden Artikel, in: Gartenkunst 1904, Heft 3, S. 54-56

289 Grützner, 1998, S. 62-71. Hier Hinweise auf: Zahn, Fritz: Die Gartenkunst auf der Internationalen Kunst- und Großen Gartenbau-Ausstellung zu

Düsseldorf, in: Gartenkunst 1904, Heft 7, S. 126-128 und Heft 8, S. 141-144; Hoffmann, August (Bearbeiter): Hygienische und soziale Betätigung deutscher Städte auf den Gebieten des Gartenbaus, im Auftrag des Vorstandes der Internationalen Kunstausstellung und Grossen Gartenbauausstellung Düsseldorf 1904; Schäfer, Wilhelm: Gedanken zur Gartenbau-Ausstellung in Düsseldorf, in: Die Rheinlande 1904, S. 412

290 Behrens war damals Direktor der Düsseldorfer Kunstgewerbeschule. Dazu Moeller, Gisela: Peter Behrens in Düsseldorf – Die Jahre von 1903-1907, Bonn/Weinheim 1991, S. 322-337

291 Niemann, 1995, S. 144

292 Cottbuser Anzeiger 2. Oktober 1908, S. 1

293 Ackermann/Cante/Mues, 2001, S. 344

294 Kohlschmidt, Siegfried: Chronik der Stadt Cottbus, in: Cottbus und Umgebung, Bad Soden-Salmünster 1994, S. 66

295 Cottbuser Anzeiger 2. Oktober 1908, S. 1

296 Lesser, Ludwig: Volksparke heute und morgen, Berlin-Zehlendorf 1927; Maaß, Harry: Der deutsche Volkspark der Zukunft. Laubenkolonie und Grünfläche, Frankfurt a. d. Oder 1913; Grunert, Heino: Ein Volkspark in Hamburg. Der Hamburger Stadtpark als Objekt der Gartendenkmalpflege, in: www.kunsttexte.de 2/2002, S. 1

297 Lesser, 1927, S. 6: So verweist Lesser auf die Möglichkeit, Volksparke in vorhandenen Waldstücken anzulegen.

298 Cottbuser Anzeiger 17. April 1909

299 Abgedruckt im Adressbuch der Stadt Cottbus von 1889, S. 25-27: Polizeiverordnung, verabschiedet auf der Basis der §§ 5 und 6 des Gesetzes über die Polizei-Verwaltung vom 11. März 1850 (Gemeindeordnung), sowie der §§ 143 und 144 des Gesetzes über die Organisation der allgemeinen Landesverwaltung vom 30. Juli 1883. Erst 1913 wurden mit der Baupolizeiordnung für die Städte des Regierungsbezirkes Frankfurt a. O. vom 28. Oktober 1913 die gesetzlichen Rahmenbedingungen verschärft. Zimmermann, Clemens: Wohnen als sozialpolitische Herausforderung. Reformerisches Engagement und öffentliche Aufgaben, in: Geschichte des Wohnens, Bd. 3: 1800-1918. Das bürgerliche Zeitalter (hrsg. von Jürgen Reulecke), Stuttgart 1997, S. 616: Mit einer solche Bauordnung stand Cottbus im Trend der Zeit, denn in den 1880er Jahren fanden Höhenbeschränkungen der Gebäude in Verbindung mit Mindestbreiten der Straßen auf breiterer Basis Eingang in die Bauordnungen. Vorgaben über die maximale Bebauungsdichte eines Grundstückes in Verbindung mit Staffelbauordnungen finden sich erst in den 1890er Jahren.

300 Baumeister, Richard: Moderne Stadterweiterungen, Hamburg 1887, S. 76. Zitiert nach Thienel-Saage, 1990, S. 187

301 o.A.: Berichte zur General-Versammlung des Verbandes deutscher Architekten- und Ingenieurvereine 1874, in: Deutsche Bauzeitung 1874, S. 339. Die hier beschlossenen Grundzüge wurden bis 1906 nicht aktualisiert.

302 Wohnqualitativen Aspekten wurde erst in der Baupolizeiordnung für die Städte des Regierungsbezirkes Frankfurt a. O. vom 28. Oktober 1913 Rechnung getragen: Nun mussten die Hinterhäuser einen Mindestabstand von sechs Metern aufweisen und auch die Hofflächen sollten mindestens achtzig Quadratmeter umfassen.

303 Wehler, 1995, S. 550

304 Wischermann, Clemens: Mythen, Macht und Mängel: Der deutsche Wohnungsmarkt im Urbanisierungsprozeß, in: Geschichte des Wohnens, Bd. 3, 1800-1918. Das bürgerliche Zeitalter (hrsg. von Jürgen Reulecke), Stuttgart 1997, S. 377

305 Stadtgeschichtliche Sammlungen Cottbus. Stadtarchiv: 463/3400-3402. Baukonsense zur Gebäudesteuer ab 1865 vorliegend (3400). Nachweisung der erteilten Bauerlaubnisse 1895-1910 (3401) und 1911-1924 (3402) Allerdings sind erst ab 1895 auch die ausführenden Unternehmen verzeichnet, so dass eine entsprechende Erhebung möglich ist.

306 Stadtgeschichtliche Sammlungen Cottbus. Stadtarchiv: 464/3401: Nachweisung der erteilten Bauerlaubnisse 1895-1910: Von knapp fünfzig Neubauprojekten im Jahr 1903 wurden sechs von Dümpert & Haucke, neun von Klammer, zwölf von Pabel und fünfzehn von Patzelt ausgeführt, die restlichen verteilten sich auf sechs andere Unternehmen. Nur zwei Neubauten erfolgten in Eigenregie also ohne Auftrag.

307 Stadtgeschichtliche Sammlungen Cottbus. Stadtarchiv: 464/3401: Nachweisung der erteilten Bauerlaubnisse 1895-1910: Bei der Auswertung der Bauerlaubnisse gibt es allerdings leichte Unschärfen, da bei einzelnen Neubauten das ausführende Bauunternehmen nicht angegeben ist.

308 Ackermann/Cante/Mues, 2001, S. 341, 394-396. Als Beispiel seien hier die Friedrich-Ludwig-Jahn-Straße oder die Lausitzer Straße genannt. Matzerath, 1985, S. 281-282

309 Beispiele dafür finden sich in der ab 1874 von Wilhelm Gattel bebauten Wilhelm- und Marienstraße, die sogar nach den Vornamen des Unternehmers und seiner Frau benannt wurden, in der Wernerstraße 11-15 (1887-1893 erbaut durch Paul Broeßke), in der Karl-Liebknecht-Str. 114-116 (1895/1896 erbaut durch Ernst Scheibe) und 123-125 (1891-1892 erbaut durch Paul Broeßke) und in der Wernerstr. 39-44 (1907-1912 erbaut durch Glatz & Schulz).

310 Adressbücher der Stadt Cottbus 1876-1913:
1876: Neun Maurer- und Baumeister, drei Dachdecker, 66 Tischler, sechs Zimmermeister (Besitzer von Holzschneidemühlen)
1887/88: Sechs Mauermeister, davon fünf auch Inhaber von Baumaterialienhandlungen, acht Dachdecker, 61 Tischler, sechs Zimmermeister, ein Stuckateur.
1905: Zwölf Bauunternehmer, neun Maurermeister, zwei Architekten, neun Baumaterialienhandlungen (Hier kaum noch personelle Überschneidungen.), dreizehn Dachdecker, 63 Tischler, sieben Zimmermeister, zwei Stuckateure (Walter Adler und die Stuck-und Kunststeinfabrik Hottendorf & Heuer).
1913: Sechzehn Bauunternehmer, zehn Maurermeister, zehn Architekten, sechs Baumaterialienhandlungen, zehn Dachdecker, 58 Tischler, sieben Zimmermeister, zwei Stuckateure.

311 So bekamen die Zimmereien Konkurrenz durch den Baustoff Stahl. Zunehmend wurden Holzbalkendecken durch Steineisendecken ersetzt. Wechselnde Auftragslagen müssen auch die Ziegeleien und Dachdecker erfahren haben. Nach 1850 verschwanden im städtischen Bereich die steilen, ziegelgedeckten Dächer fast völlig und wurden durch Flachdächer mit Holzcement- oder Teerpappendeckung ersetzt, die hinter einer Attika verborgen blieben. Erst mit der Wiederentdeckung der Dachlandschaft im Späthistorismus verbesserte sich die Auftragslage in diesem Bereich.

312 Adressbücher der Stadt Cottbus 1888-1914. Geist, Johann Friedrich und Kürvers, Klaus: Das Berliner Mietshaus 1862-1945, München 1984, S. 258-263

313 Stadtgeschichtliche Sammlungen Cottbus. Stadtarchiv: 13.3.-01/1121. Der Grabstein Walter Adlers (1867-1912) findet sich auf dem Südfriedhof.

314 Adressbuch der Stadt Cottbus 1901, Anzeigenteil S. 24: Anzeige Stuckgeschäft Walter Adler, Adressbuch der Stadt Cottbus 1893, Anzeigenteil S. 12: Anzeige Stuckgeschäft Walter Adler

315 Stadtgeschichtliche Sammlungen Cottbus. Stadtarchiv: Abt. 1 B II FaPa A Nr. 108/3/8/106, Akte 0271; 13.3.-01/175 und PZ 66

316 Stadtgeschichtliche Sammlungen Cottbus. Stadtarchiv: 13.3.-01/1121

317 Schmidt, Leo: Straßenkreuzer der Kaiserzeit. Mechanismen der Spekulationsarchitektur am Beispiel Freiburg-Wiehre, in: Denkmalpflege in Baden-Württemberg, Nachrichtenblatt des Landesdenkmalamtes 1986, Heft 1, S. 30-41.

318 Posener, Julius: Berlin auf dem Weg zu einer neuen Architektur. Das Zeitalter Wilhelms II. (1979), 2. Auflage, München/New York 1995, S. 319-362

319 Geist/Kürvers, 1984; Haenel, Erich und Tscharmann, Heinrich: Das Mietwohnhaus der Neuzeit, Leipzig 1913, S. 16-28

320 Baumeister, 1876, S. 85; Schwippe, 1983, S. 242-243

321 Hobrecht, J.: Über die öffentliche Gesundheitspflege und die Bildung eines Central-Amts für öffentliche Gesundheitspflege im Staate, Stettin 1869, S. 17 ff. In Auszügen nachgedruckt in: Eberstadt, Rudolf: Handbuch des Wohnungswesens und der Wohnungsfrage, 2. vermehrte und erweiterte Auflage, Jena 1910, S. 240-241

322 Stübben, 1890/1980, S. 52

323 Stübben, 1890/1980, S. 52

324 Wehler, 1995, S. 24

325 Stübben, 1890/1980, S. 53

326 Geßner, Albert: Das deutsche Miethaus, München 1909, S. 2, Zitiert nach Posener, 1979/1995, S. 320

327 Saldern, Adelheid von: Im Hause, zu Hause. Wohnen im Spannungsfeld von Gegebenheiten und Aneignungen, in: Geschichte des Wohnens, Bd. 3: 1800-1918. Das bürgerliche Zeitalter (hrsg. von Jürgen Reulecke), Stuttgart 1997, S. 185

328 Saldern, 1997, S. 211, 227, 235

329 Saldern, 1997, S. 173-192; Zimmermann, 1997, S. 503-637

330 Stadtgeschichtliche Sammlungen Cottbus. Stadtarchiv: 13.3.-01/203 und 204, PZ 353 und 163

331 Ein besonders markantes Beispiel findet sich in der Töpferstr. 2.

332 Muthesius, Stefan: Das englische Vorbild. Eine Studie zu den deutschen Reformbewegungen in Architektur, Wohnbau und Kunstgewerbe im späteren 19. Jahrhundert, München 1974, S. 96-118

333 Hammerschmidt, Valentin W.: Anspruch und Ausdruck in der Architektur des späten Historismus in Deutschland (1860-1914), Frankfurt/M. 1985. Dort auch Erörterung der Begriffsgeschichte (S. 21-30). Mit dem Begriff „Späthistorismus" wird in vorliegender Arbeit die am Ende des 19. Jahrhunderts vorherrschende Gestaltungstendenz umschrieben, die Formen verschiedener Stilrichtungen in einem Gebäude frei zu kombinieren, um neue, individuelle Gestaltungsmöglichkeiten zu erlangen.

334 Kruft, Hanno-Walter: Geschichte der Architekturtheorie. Von der Antike bis zur Gegenwart, 2. unveränderte Auflage, München 1986, S. 365

335 Milde, Kurt: Neorenaissance in der deutschen Architektur des 19. Jahrhunderts. Grundlagen, Wesen und Gültigkeit, Dresden 1981, S. 175-179

336 Semper, Gottfried: Der Stil in den technischen und tektonischen Künsten oder praktische Ästhetik. Ein Handbuch für Techniker, Künstler und Kunstfreunde, 2 Bde., Frankfurt 1860, München 1863, Reprint mit Einführung von Adrian von Buttlar Mittenwald 1977, S. XII

337 Semper, Gottfried: Über Baustile (1869), in: Kleine Schriften (hrsg. von

Hans und Manfred Semper) Berlin und Stuttgart 1884, Reprint Mittenwald 1979, S. 426

338 Semper, 1869/1979, S. 426. Allerdings hat schon Semper selbst in diesem Zusammenhang die Beliebigkeit kritisiert, mit der historische Formen verwendet wurden.

339 Börsch-Supan, Eva: Berliner Baukunst nach Schinkel 1840-1870, München 1977, S. 174-179

340 Milde, 1981, S. 142-175; Dolgner, Dieter: Historismus. Deutsche Baukunst 1815-1900, Leipzig 1993, S. 54-60

341 Geist/Kürvers, 1984, S. 259-262

342 Stilistisch steht die Lausitzer Straße am Ende einer Entwicklung, da sich um 1890 in anderen Bereichen mit gehobener Miethausarchitektur, wie Bahnhof- und Karl-Liebknecht-Straße, bereits Formen zeigen, die den Gestaltungstendenzen des Späthistorismus entsprechen.

343 Sitte, 1889/1983, S. 113

344 Lübke, Wilhelm: Geschichte der Renaissance in Deutschland, Bd. 1, Stuttgart 1873 und Lübke, Wilhelm: Geschichte der Renaissance in Deutschland (Geschichte der neueren Baukunst II), 2 Bde., Stuttgart 1882

345 Gurlitt, Cornelius: Geschichte des Barockstiles und des Rococo in Deutschland, Stuttgart 1889; Wölfflin, Heinrich: Renaissance und Barock. Eine Untersuchung über Wesen und Entstehung des Barockstils in Italien, Basel 1888, 8. Auflage, Basel/Stuttgart 1986

346 Hammerschmidt, 1985, S. 66

347 Muthesius, Hermann: Stilarchitektur und Baukunst. Wandlungen der Architektur im XIX. Jahrhundert und ihr heutiger Standpunkt, Mühlheim a. d. Ruhr 1901, S. 44

348 Koch, Alexander: Alexander Koch, in: Der deutsche Buchhandel in Selbstdarstellungen (hrsg. von Gerhard Menz), Leipzig 1925, S. 32-70, v.a. S. 38

349 Haslam, Malcolm: Jugendstil. Seine Kontinuität in den Künsten, Stuttgart 1990: Zu wichtigen am Ende des 19. Jahrhunderts gegründeten Zeitschriften gehörten: The Studio (1893); Die Jugend (1896); Deutsche Kunst und Dekoration (1897); Kunst und Kunsthandwerk (1898)

350 Haslam, 1990 S. 43-44: Die Einführung der fotomechanischen Halbtonreproduktion ermöglichte die Illustrierung durch Fotografien. Die 1893 gegründete Zeitschrift „The Studio" war die erste Zeitschrift für angewandte Kunst, die nahezu ausschließlich mit Fotografien illustriert war, und ihr Einfluss in Europa und den Vereinigten Staaten war enorm.

351 Koch, Alexander: Vorwort zum IV. Jahrgang, Deutsche Kunst und Dekoration, 7, 1900/01, S. II f.

352 Hermand, Jost: Vorwort, in: Jugendstil (hrsg. von Jost Hermand), 3. unveränderte Auflage, Darmstadt 1992, S. IX-XII

353 Meyers Großes Konversationslexikon 6. A. Bd. 10, Leipzig und Wien 1909: Stichwort „Jugendstil". Auch Sternberger datiert den Durchbruch des Jugendstil in die Jahre 1895/96. Siehe dazu Sternberger, Dolf: Jugendstil. Begriff und Physiognomik, in: Die neue Rundschau 2, 1934, S. 255-271, abgedruckt in: Jugendstil (hrsg. von Jost Hermand), 3. unveränderte Auflage, Darmstadt 1992, S. 27-46, v.a. S. 34; Haslam, 1990, S. 45: Das 1892/93 von Victor Horta in Brüssel erbaute Haus Tassel war nach Haslam die „weltweit früheste Manifestation eines voll ausgereiften Jugendstils." Seine Anregungen fand Horta bei Violett-le-Duc, im Pflanzenstudium und in Zeitschriften zur japanischen Kunst. Siehe dazu Dernie, David und Carew-Cox, Alastair: Victor Horta, London 1995. Zu den ganz frühen Vertretern gehört auch Antoni Gaudi mit seinem originellen Palau Güell (1886-1889) in Barcelona. Loyer, Francois: Jugendstil

in Katalonien, Köln 1997, S. 56-61.

354 Michalski, Ernst: Die entwicklungsgeschichtliche Bedeutung des Jugendstils, Repetitorium für Kunstwissenschaft, 46, 1925, S. 133-149, abgedruckt in: Jugendstil (hrsg. von Jost Hermand), 3. unveränderte Auflage, Darmstadt 1992, S. 8-26

355 1899 gibt der Mediziner, Philosoph und Zoologieprofessor Ernst Haeckel eine Reihe zu den „Kunstformen der Natur" heraus. Im gleichen Jahr erscheint sein hunderttausendfach verkauftes Buch „Welträtsel". Hinweis bei Michalski, 1925 /1992, S. 16

356 Pevsner, Nikolaus: Pioneers of Modern Design (1960), deutsche Übersetzung unter dem Titel „Wegbereiter moderner Formgebung von Morris bis Gropius", Köln 1983, S. 82ff.; Fahr-Becker, Gabriele: Jugendstil, Köln 1996; Schmalenbach, Fritz: Jugendstil. Ein Beitrag zu Theorie und Geschichte der Flächenkunst, Würzburg 1935

357 Endell, August: Möglichkeit und Ziele einer neuen Architektur, in: Deutsche Kunst und Dekoration Bd. 1, Okt. 1897-März 1898, S. 141-153; zitiert nach Scharabi, M.: Architekturgeschichte des 19. Jahrhunderts, Tübingen/Berlin 1993, S. 340

358 Als Beispiele seien hier genannt die Wernerstr. 8, die August-Bebel-Str. 11 und 87, die Schillerstraße 42 und verschiedene Bauten in der Bonnaskenstraße.

359 Auswertung der Innenbegehungen von über dreihundert Miethäusern in der westlichen Stadterweiterung.

360 Breuer, Gerda: Ästhetik der schönen Genügsamkeit oder „Arts and Crafts" als Lebensform. Programmatische Texte, Braunschweig 1998; Davey, Peter: Arts-and-Crafts-Architektur (1995), deutsche Übersetzung Stuttgart 1996

361 Ruskin, John: Die sieben Leuchter der Baukunst (1849), 3. leicht veränderte Auflage 1880, deutsche Übersetzung Dresden 1900, Nachdruck Dortmund 1994, S. 65-71; Ruskin, John: Steine von Venedig, Bd. II (1853), deutsche Übersetzung Jena 1904, S. 183ff.

362 Hitchmough, Wendy: C.F.A. Voysey, London 1997; Backemeier, Sylvia (Hrsg.): W. R. Lethaby 1857-1931. Architectur, design and education, Ausstellungskatalog, London 1984; Rubens, Godfrey: William Richard Lethaby. His life and work 1857-1931, London 1986

363 Dohme, Robert: Das englische Haus. Eine kultur- und baugeschichtliche Skizze, Braunschweig 1888: Hier sind bereits wesentliche Aspekte aufgezeigt, die die Debatte nach 1900 prägen werden.

364 Kruft, Hanno-Walter: Die Arts-and-Crafts-Bewegung und der deutsche Jugendstil, in: Von Morris zum Bauhaus. Eine Kunst gegründet auf Einfachheit, Hanau 1977, S. 25-40

365 Muthesius, Hermann: Die englische Baukunst der Gegenwart. Beispiele neuer englischer Profanbauten mit Grundrissen, Textabbildungen und erläuterndem Text, 4 Bde., Leipzig/Berlin 1900-1903, Muthesius, Hermann: Stilarchitektur und Baukunst, Mühlheim a. d. Ruhr 1901; Muthesius, Hermann: Das englische Haus. Entwicklung, Bedingungen, Anlage, Aufbau, Einrichtung und Innenraum, 3 Bde. (1904/05), 2. Auflage 1908-1911

366 Mebes, Paul: Um 1800. Architektur und Handwerk im letzten Jahrhundert ihrer traditionellen Entwicklung, Bd. 1, München 1908; Friedrich Ostendorf: Sechs Bücher vom Bauen, 3 Bde., Berlin 1914-1920

367 Schultze-Naumburg Paul: Kulturarbeiten, 9 Bde., München 1901-1917; Posener, 1979/1995, S. 191-222

368 Schmalenbach, Fritz: Jugendstil und neue Sachlichkeit, in: Das Werk 24, 1937, S. 129-134, abgedruckt in: Jugendstil (hrsg. von Jost Hermand), 3.

unveränderte Auflage, Darmstadt 1992, S. 68-77

369 Stadtgeschichtliche Sammlungen Cottbus. Stadtarchiv: 13.3.-01/280 und 13.3.-01/84.

370 Muthesius, Hermann: Landhäuser. Abbildungen und Pläne ausgeführter Bauten mit Erläuterungen des Architekten, München 1912, S. 111-112

371 Beispiele dafür finden sich in der Bahnhofstr. 50, Rudolf-Breitscheid-Str. 2 und Schillerstr. 36.

372 Stadtgeschichtliche Sammlungen Cottbus. Stadtarchiv: 13.3.-01/203-204, 13.3.-01/676, PZ 353 und 163

373 Domestic architecture. By C.F.A. Voysey No. 2, in: British Architect VOL XXXI, 25. January 1889; Zitiert nach Hitchmough, Wendy: C.F.A. Voysey, London 1997, S. 36-39

374 o.A.: Wohnhaus Carstens in Guben (!), in: Deutsche Bauzeitung 1907, Nr. 12, S. 81; o.A.: Das Einzelwohnhaus der Neuzeit. Wohnhaus Carstens in Guben (!), in: Der Baumeister 1907, Heft 4, S. 48; Haenel, Erich und Tscharmann, Heinrich (Hrsg.): Das Einzelwohnhaus der Neuzeit, 1909, S. 58-59

375 Schultze-Naumburg, 1901-1917; Mebes, 1908; Ostendorf, 1914-1920

376 So findet sich bei Ostendorf sogar die „Verbesserung" der englisch beeinflussten Entwürfe von Muthesius, deren asymmetrische Baukörper und vielteilige Dachstrukturen er „vereinfacht" und zu einem „richtigen und klaren Gebilde" macht. Ostendorf, Friedrich: Sechs Bücher vom Bauen, Bd. 1, 1913, 2. veränderte und vermehrte Auflage, Berlin 1914, S. 34

377 Großherzog Ernst Ludwig und die Ausstellung der Künstlerkolonie in Darmstadt von Mai bis Oktober 1901 (hrsg. von Alexander Koch mit Texten von Georg Fuchs, Kurt Breysig, Felix Commichau und Benno Rutenauer), Darmstadt 1901

378 Frenzel, Ivo: Prophet, Wegbereiter, Verführer. Friedrich Nietzsches Einfluss auf die Kunst, Literatur und Philosophie in Deutschland, in: Deutsche Kunst im 20. Jahrhundert. Malerei und Plastik 1905-1985, Ausstellungskatalog Stuttgart 1986, S. 75-79: Hier Hinweis auf auszugsweise Veröffentlichung von Nitzsches Zarathustra in der erste Ausgabe der Zeitschrift Pan (1894); Fechter, Paul: Nietzsches Bildwelt und der Jugendstil (1935), in: Jugendstil (hrsg. von Jost Hermand), Darmstadt 1979, S. 347-357; Scharabi, 1993, S. 310, Anm. 516, 311-320: Dort Hinweis auf: Buddensieg, Tilmann: Zur Frühzeit von August Endell. Seine Münchener Briefe an Kurt Breysig, in: Festschrift für Eduard Trier zum 60.Geburtstag, Berlin 1981, S. 223-250, v.a. S. 243: Bereits 1893 schreibt Endell: „Nietzsche wird jetzt viel gelesen."; Schumacher, Fritz: Strömungen in deutscher Baukunst seit 1800 (1935), Neuauflage der 2. Auflage von 1955, Braunschweig/Wiesbaden 1982, S. 103: „Aber unter der Oberfläche der interessanten Müdigkeit war ein Kampfgeist leise in die Strömung der Zeit geflossen, und deshalb siegten die Symptome neuen Lebens. Dieser Kampfgeist findet seinen symbolhaften Ausdruck in der Gestalt von Friedrich Nietzsche, dessen feurige Pfeile im Herzen der jungen Generation zu wirken begannen."; Neumeyer, Fritz: Mies van der Rohe. Das kunstlose Wort. Gedanken zur Baukunst, Berlin 1986, S. 83

379 Nietzsche, Friedrich: Vom Nutzen und Nachtheil der Historie für das Leben (1874). Unzeitgemäße Betrachtungen II, in: Kritische Studienausgabe 1 (hrsg. von Giorgio Colli und Mazzino Montinari), München 1988, S. 243-334; v.a. S. 274; Buddensieg, Tilmann: Das Wohnhaus als Kultbau. Zum Darmstädter Haus von Behrens, in: Peter Behrens und Nürnberg. Geschmackswandel in Deutschland. Historismus, Jugendstil und die Anfänge der Industrieform, München 1980, S. 37-48

380 Nietzsche, Friedrich: Götzendämmerung 11 (1888), in: Kritische Studi-

enausgabe 6 (hrsg. von Giorgio Colli und Mazzino Montinari), München 1988, S. 119

381 Campbell, Joan: Der deutsche Werkbund 1907-1934 (1978), deutsche Übersetzung München 1989, S. 73

382 Wagner, Otto: Moderne Architektur. Seinen Schülern ein Führer auf diesem Kunstgebiete (1895), 3. wenig veränderte Auflage, Wien 1902, S. 64. 1895 hatte Wagner hier seine Vorlesungen veröffentlicht. Bereits 1899 folgt die zweite, 1902 die dritte Auflage. Die vierte Auflage erscheint unter dem Titel „Die Baukunst unserer Zeit. Dem Baukunstjünger ein Führer auf diesem Kunstgebiete", Wien 1914, Reprint 1979. Siehe dazu auch Streiter, Richard: Architektonische Zeitfragen. Eine Sammlung und Sichtung verschiedener Anschauungen mit besonderer Beziehung auf Professor Otto Wagners Schrift „Moderne Architektur", Berlin 1898

383 Zitat in Anmerkung der Redaktion (S. 14) zu einer kritischen Rezension von Karl Henrici: Moderne Architektur, in: Deutsche Bauzeitung 1897, Nr. 3, S. 14-15, 18-20.

384 Muthesius, Hermann: Stilarchitektur und Baukunst, Mühlheim an der Ruhr 1901, S. 54: Muthesius fordert hier die „strenge Sachlichkeit" als den „Grundzug modernen Empfindens".

385 o.A.: Das neue Stadttheater, in: Cottbuser Anzeiger 2. Oktober 1908, S. 1-2

386 o.A.: Die Einweihung des neuen Theaters, in: Cottbuser Anzeiger 3. Oktober 1908, 1. Beilage zu Nr. 233

387 Berndt, Ralph: Bernhard Sehring. Ein Privatarchitekt und Theaterbaumeister des Wilhelminischen Zeitalters. Leben und Werk. Dissertation BTU Cottbus 1997, S. 112-124

388 In der Arbeit von Ralph Berndt wird diese Differenz zwar festgestellt, aber nicht bewertet.

389 o.A.: Die Einweihung des neuen Theaters, in: Cottbuser Anzeiger 3. Oktober 1908, 1. Beilage zu Nr. 233

390 Berndt, 1997, Abb. 147 und 156

391 Berndt, 1997, S. 123 sieht eine Anlehnung in „etwas archaisierender und verfremdender Weise an den Stil „Um 1800". Andere Kunsthistoriker bevorzugen die Zuordnung zum Spätjugendstil, der ebenfalls unter dem Einfluss neuklassizistischer Gestaltungsmuster steht. Linge, Harry: Jugendstiltheater Cottbus. Architektur der DDR 1988, Heft 6, S. 30-35 und Hüter, Karl-Heinz: Reform und Moderne in Brandenburg, in: Baukunst in Brandenburg, Köln 1992, S. 220-221

392 Muthesius, Hermann: Mackintosh's Kunst-Prinzip. Kommentar zum Mappenwerk von Mackintosh, London 1902. Zitiert nach Breuer, Gerda (Hrsg.): Haus eines Kunstfreundes. Mackay Hugh Baillie Scott. Charles Rennie Mackintosh. Leopold Bauer, Stuttgart/London 2002, S. 92-94, siehe auch S. 10, 24, 90-127. 1901 hatte das von Alexander Koch herausgegebene Fachblatt für Innendekoration den Architekturwettbewerb ausgeschrieben.

393 Muthesius, Mackintosh's Kunst-Prinzip (1902), in: Bauer, 2002, S. 92-93

394 Berndt, 1997: Die gleichen Löwen und Putten finden sich bereits am 1889 erbauten Künstlerhaus „St. Lucas" in Berlin und wiederholen sich mit weiteren, am Cottbuser Theater auftretenden Motiven, wie Chimären und Obelisken, an diversen späteren Bauten. Im Park von Sehrings privatem Wohnhaus, der Roseburg bei Ballenstedt, findet sich eine Zusammenstellung der Probegüsse der von Sehring in Auftrag gegebenen Bauplastik.

395 Mit dem Begriff „dionysisch" umschreibt Nietzsche die irrationalen, rauschhaft erlebten Kräfte des Lebens, als Gegenbegriff zu den verstan-

desmäßig geleiteten, geordneten Kräften, die er mit dem Begriff „apollinisch" umschreibt.

396 Friedrich Nietzsche: Die Geburt der Trägödie (1872/1886), in: Kritische Studienausgabe 6 (hrsg. von Giorgio Colli und Mazzino Montinari), München 1988, S. 29

397 Berndt, 1997, S. 120-121

398 In dem zeitgleich zum Theater errichteten Logengebäude mit seinen neubarocken Bauformen und einem unter dem Einfluss des Jugendstils stehenden Dekor finden sich jedoch keine Ägyptizismen.

399 Muthesius, Mackintosh's Kunst-Prinzip (1902), in: Bauer, 2002, S. 92-93. Eine in eine ähnliche Richtung gehende Architekturdefinition findet sich 1908 bei Peter Behrens mit dem Begriff des „Monumentalen" als das „Feierliche, Eherne, Unnahbare, Ewige". Behrens, Peter: Was ist monumentale Kunst?, aus einem Vortrag, in: Kunstgewerbeblatt 1908, Heft 3, S. 46 ff.; Neumeyer, 1986, S. 80-92; Nach Nerdinger, Winfried: Monumentalarchitektur und „neudeutsche Moderne" vor 1914, in: Hermann Billing zwischen Historismus, Jugendstil und Neuem Bauen, Ausstellungskatalog, Karlsruhe 1997, S. 49 geht der Begriff des „Monumentalen" bereits auf Langbehn, Julius: Rembrandt als Erzieher. Von einem Deutschen, Leipzig 1890, S. 35 ff., 107 ff. zurück.

400 o.A.: Die Einweihung des neuen Theaters, in: Cottbuser Anzeiger 3. Oktober 1908, 1. Beilage zu Nr. 233

401 Märkische Volksstimme 2. Oktober 1908: „Das neue Stadt-Theater in Cottbus". Abbildungen des Innenraumes in Ackermann/Cante/Mues, 2002, S. 350, 351

402 Springer, Willy (Hrsg.): Das Gesicht des deutschen Theaters, Oldenburg 1926. Für die vergleichende Betrachtung wurden 111 Theater aus dem deutschsprachigen Raum herangezogen, die hier mit Bild vorgestellt sind.

403 Neuere Theater I. Das neue Stadttheater in Dortmund, in: Deutsche Bauzeitung 1905, Nr. 1, S. 1-2; Abbildung in: Die Architektur des XX. Jahrhunderts. Zeitschrift für moderne Baukunst. Repräsentativer Querschnitt durch die vierzehn erschienen Jahrgänge 1901-1914, Reprint (hrsg. von Peter Haiko), Tübingen 1989, S. 70, Abb. 167 (ehemals Ausgabe 1905, 23)

404 Klein, Dieter: Martin Dülfer. Wegbereiter der deutschen Jugendstilarchitektur (Arbeitsheft des Bayerischen Landesamtes für Denkmalpflege 8), 2. erweiterte Auflage, München 1993, S. 16, 69-79.

405 Hansen, Antje: Oskar Kaufmann. Ein Theaterarchitekt zwischen Tradition und Moderne, Berlin 2001, S. 26-27, 222-228 (Hebbeltheater), sowie S. 241-247: Stadttheater in Bremerhaven (Entwurf 1909-10, Ausführung 1910-11); S. 268-274: Volksbühne in Berlin (Entwurf 1910-11, Ausführung 1913-14); S. 275-80: neues Wiener Stadttheater (Entwurf: 1912, Ausführung 1913-14); S. 281-286: Lichtspieltheater „Cines", Berlin (Entwurf 1912, Ausführung 1912-13).

406 Hansen, 2001, S. 25; Schliepmann, Hans: Lichtspieltheater – Eine Sammlung ausgeführter Kinohäuser in Gross-Berlin, Berlin 1914, S. 46; Bie, Oskar: Der Architekt Oskar Kaufmann, Berlin-Charlottenburg 1928, S. XII

407 Hansen, Kaufmann, 2001, S. 72

408 Frank, Hartmut (Hrsg.): Fritz Schumacher – Reformkultur und Moderne, Stuttgart 1994, S. 56-57, 199, 217.

409 Gössel, Peter und Leuthäuser, Gabriele: Architektur des 20. Jahrhunderts, Köln 1992, S. 79

410 Haiko, Peter (Hrsg.): Die Architektur des XX. Jahrhunderts. Zeitschrift für moderne Baukunst. Repräsentativer Querschnitt durch die vierzehn er-

schienen Jahrgänge 1901-1914, Reprint Tübingen 1989, S. 139, Tafelteil, Abb. 200-201

411 Kabierske, Gerhard: Der Architekt Hermann Billing (1867-1946). Leben und Werk, Karlsruhe 1996, S. 186, 217-220.

412 Gössl/Leuthäuser, 1992, S. 86

413 Frank, 1994, S. 87

414 Andere Institutionen, wie die Religionsgemeinschaften oder das Militär blieben unberücksichtigt. So wurde 2003 eine Ausstellung zur Jüdischen Gemeinde von Cottbus im Stadtmuseum vorbereitet. Die Bauten des Militärs sind teils wenig spektakulär, stark verändert oder zerstört.

415 Schumacher, Fritz: Architektonische Aufgaben der Städte, in: Die deutschen Städte. Geschildert nach den Ergebnissen der ersten deutschen Städteausstellung zu Dresden 1903 (hrsg. von Robert Wuttke), Bd. 1, Leipzig 1904, S. 48-49

416 Tilly, 1990, S. 152; Reulecke, Jürgen: Geschichte der Urbanisierung in Deutschland, Frankfurt a.M. 1985, S. 122

417 Kalwa, 1937, S. 73

418 Silbergleit, 1908, S. 180-181: Auch in Brandenburg, Flensburg, Hildesheim und Trier leistete man sich nur vier bis fünf besoldete Magistratsmitglieder, allerdings schwankte die Zahl der unbesoldeten Magistratsmitglieder zwischen null und zwölf Mitgliedern.

419 Kalwa, 1937, S. 209

420 Silbergleit, 1908, S. 182-183: Damit liegt Cottbus unter den etwa gleich großen Vergleichsstädten im Mittelfeld: Während Hildesheim (195) und Trier (194) mit weniger Angestellten auskamen, leisteten sich Brandenburg (256) und Flensburg (293) eine stärker besetzte kommunale Verwaltung.

421 Kalwa, 1937, S. 77

422 Silbergleit, 1908, S. 180-181: In Cottbus waren es 45 Stadtverordnete. Eine ähnlich hohe Zahl (45) hatte nur Brandenburg. Flensburg (24), Hildesheim (18) und Trier (30) hatten erheblich kleinere Stadtparlamente.

423 Reulecke, 1985, S. 122; Tilly, 1990, S. 152; Matzerath, 1985, S. 110, 350-351

424 Tilly, 1990, S. 151

425 Stadtgeschichtliche Sammlungen Cottbus. Stadtarchiv: B 1207: Protokollbuch der Stadtverordneten-Versammlung zu Cottbus, 1905-1907

426 Märkische Volksstimme 9. November 1909

427 Cottbuser Anzeiger 28. Januar 1910, Beilage zu Nr. 233

428 Wehler, 1995, S. 523; Blotevogel, Hans: Einführung, in: Kommunale Leistungsverwaltung und Stadtentwicklung vom Vormärz bis zur Weimarer Republik (hrsg. von Hans Blotevogel), Köln/Wien 1990, S. XIV; Höffner, C.: Die Gaswerke, in: Die deutschen Städte. Geschildert nach den Ergebnissen der ersten deutschen Städteausstellung zu Dresden 1903 (hrsg. von Robert Wuttke), Bd. 1, Leipzig 1904, S. 220-221

429 Silbergleit, 1908, S. 238

430 Kalwa, 1937, S. 100

431 Höffner, 1904, S. 199

432 Wiedfeldt: Städtische Betriebe, in: Die deutschen Städte. Geschildert nach den Ergebnissen der ersten deutschen Städteausstellung zu Dresden 1903 (hrsg. von Robert Wuttke), Bd. 1, Leipzig 1904, S. 182

433 Wehler, 1995, S. 523; Blotevogel, 1990, S. XIV

434 Escher, 1993, S. 751; Wehler, 1995, S. 523: In den Folgejahren sollte sich die Kommunalisierung verstärken: 1870 war bereits ein Drittel der 340 Gaswerke im deutschen Kaiserreich kommunal. 1913 waren es dann gut

drei Viertel der 1.385 Gasanstalten.

435 Höffner, 1904, S. 209

436 Luxbacher, Günther: „das ausgeprägteste Massenprodukt überhaupt". Zur technischen und wirtschaftlichen Entwicklung der öffentlichen Elektrizitätserzeugung und -versorgung in Deutschland von 1885 bis 1960, in: Kraftwerke in historischen Photographien 1890-1960 (hrsg. von Alexander Kierdorf), Köln 1996, S. 11

437 Wehler, 1995, S. 524

438 Nipperdey, I, 1998, S. 158

439 Blotevogel, 1990, S. XV; o.A.: Verhandlungen der Abtheilung für Ingenieurwesen über die „Reinigung und Entwässerung von Städten" anlässlich der Generalversammlung des Verbandes deutscher Architekten- und Ingenieur-Vereine 1874, in: Deutsche Bauzeitung 1874, S. 353-355

440 Kalwa, 1937, S. 105

441 Kalwa, 1937, S. 73; Silbergleit, 1908, S. 237: 1897 verfügten fast siebzig Prozent der preußischen Städte über eine eigene Wasserversorgung.

442 Kalwa, 1937, S. 106

443 Krabbe, 1983, S. 379; Kalwa, 1937, S. 126

444 Kalwa, 1937, S. 106; Silbergleit, 1908, S. 502-503

445 Silbergleit, 1908, S. 240: Zur Kanalisation: In Berlin seit 1873 von Hobrecht auf Drängen Virchows umgesetzt. Bis 1907 in allen Großstädten und größeren Städten; in Kleinstädten und Landgemeinden dagegen nur ein halbes Prozent. Wehler, 1995, S. 525

446 Die zwischen 1898 und 1902 errichtete Kanalisations-Pumpstation von Cottbus wurde 1903 in Dresden auf der ersten deutschen Städteausstellung mit einer Ansicht aus der Vogelperspektive präsentiert. Wuttke, Robert (Hrsg.): Die deutschen Städte. Geschildert nach den Ergebnissen der ersten deutschen Städteausstellung zu Dresden 1903, Bd. 2, Leipzig 1904, S. 255, Nr. 431 (Kat. 210a), S. 257, Nr. 433 (Kat. 210b)

447 Edelmann: Schlacht- und Viehhöfe, in: Die deutschen Städte. Geschildert nach den Ergebnissen der ersten deutschen Städteausstellung zu Dresden 1903 (hrsg. von Robert Wuttke), Bd. 1, Leipzig 1904, S. 348-349

448 Blotevogel, 1990, S. XVI

449 Edelmann, 1904, S. 350

450 Kalwa, 1937, S. 131

451 Stadtgeschichtliche Sammlungen Cottbus. Stadtarchiv: 557/4405: Erläuterungsbericht zu dem Entwurfe eines Schlachthofes für die Stadt Cottbus 1889; Die Akte XIV. B. 2 Nr. 8 F. 158 H. I: Die Ausführung der städtischen Schlachthofanlage 1888-1892 nicht im Bestand.

452 Kübler, Wilhelm: Über städtische Elektrizitätswerke, in: Die deutschen Städte. Geschildert nach den Ergebnissen der ersten deutschen Städteausstellung zu Dresden 1903 (hrsg. von Robert Wuttke), Bd. 1, Leipzig 1904, S. 240-241; Wehler, 1995, S. 523; Blotevogel, 1990, S. XVI

453 Krabbe, Städtische Wirtschaftsbetriebe, 1990, S. 132

454 o.A.: 25 Jahre Elektrizitätswerk der Stadt Cottbus, Denkschrift zum 25-jährigen Bestehen des Elektrizitätswerkes der Stadt Cottbus (hrsg. von den Städtischen Werken Cottbus), Cottbus 1928, S. 3

455 o.A., 25 Jahre Elektrizitätswerk der Stadt Cottbus, 1928, S. 4-6

456 Die elektrische öffentliche Beleuchtung beschränkte sich 1907 auf 45 Glüh- bzw. achtzehn Bogenlampen. Silbergleit, 1908, S. 366-369

457 o.A., 25 Jahre Elektrizitätswerk der Stadt Cottbus", 1928, S. 9

458 Krabbe, Städtische Wirtschaftsbetriebe, 1990, S. 126-127, dort zitiert nach Mombert, P.: Die Gemeindebetriebe in Deutschland, in: SVSP 128, Leipzig 1908, S. 1-77, hier S. 54 und 58

459 Herzig, Thomas; Fehrenbach, Philipp; Drummer, Michael: Statistik der öffentlichen Elektrizitätsversorgung Deutschlands 1890-1913 (hrsg. von Hugo Ott), St. Katharinen o.D., S. 1, 60

460 Matzerath, 1985, S. 337: 1908 hatten siebzig Prozent der preußischen Städte kommunale Elektrizitätswerke. Wehler, 1995, S. 525, Übersicht 72

461 Günther, Artur: Die kommunalen Straßenbahnen Deutschlands, Jena 1913; Silbergleit, 1908, S. 234

462 König, Wolfgang und Weber, Wolfhard: Netzwerke. Stahl und Strom 1840-1914, in: Propyläen Technikgeschichte (hrsg. von Wolfgang König), Bd. 4, 2. unveränderte Auflage, Berlin 1997, S. 344

463 o.A.: 25 Jahre Elektrizitätswerk der Stadt Cottbus", 1928, S. 4

464 Hein, Wolfgang: Städtische Werke, Cottbus 1999, S. 26

465 Thomsch, Ulrich: 1903-1993. 90 Jahre Straßenbahn Cottbus, Cottbus 1993, S. 1

466 Silbergleit, 1908, S. 234, Tab. 322-327; Kalwa, 1937, S. 122

467 Günther, 1913, S. 115-121

468 Hein, 1999, S. 26

469 Wehler, 1995, S. 527

470 Wehler, 1995, S. 527

471 Kalwa, 1937, S. 147-148

472 Hamann, Bruno: Geschichte des Schulwesens. Werden und Wandel der Schule im ideen- und sozialgeschichtlichen Zusammenhang, 2. überarbeitete und erweiterte Auflage, Bad Heilbrunn 1993, S. 146

473 Ackermann/Cante/Mues, 2001, S. 386

474 Ackermann/Cante/Mues, 2001, S. 163

475 Kalwa, 1937, S. 147; Halbach, Ingrid u.a.: Architekturführer Cottbus. Wanderungen durch Stadt und Umgebung, Berlin/München 1993, S. 33

476 Hamann, 1993, S. 147-148

477 Liersch, Dora: Vor 120 Jahren wurde die Bürger-Töchterschule eingeweiht, in: Cottbuser Zeitung 1995, Heft 2, S. 24f.; Kalwa, 1937, S. 151

478 Rethwisch, C.; Lehmann, R.; Bäumer, G.: Die höheren Lehranstalten und das Mädchenschulwesen im Deutschen Reich (hrsg. von W. Lexis), Berlin 1904, S. 278

479 Kalwa, 1937, S. 147-148

480 Kohlschmidt, Siegfried: Cottbus wie es früher war, Gudensberg-Gleichen 1992, S. 17

481 Ackermann/Cante/Mues, 2001, S. 319; Hamann, 1993, S. 151

482 Hamann, 1993, S. 152

483 Ackermann/Cante/Mues, 2001, S. 408-409

484 Schmidt-Thomsen, Jörn-Peter: Schulen der Kaiserzeit, in: Berlin und seine Bauten Teil V. Band C. Schulen (hrsg. vom Architekten- und Ingenieur-Verein zu Berlin), Berlin 1991, S. 65

485 Renkert, G.: Ereignisse und Zustände im Spiegel des Cottbuser Anzeiger 1.7.1848-1.7.1923, Aus Anlaß des 75jährigen Bestehens des „Cottbuser Anzeigers", Cottbus 1923, S. 255

486 Ackermann/Cante/Mues, 2001, S. 410-411

487 Halbach, 1993, S. 48; Kalwa, 1937, S. 147

488 Kalwa, 1937, S. 147

489 o.A.: Nachruf „Oberbürgermeister i.R. Paul Werner", in: Cottbuser Anzeiger 12. Juni 1927

490 Wuttke, Robert (Hrsg.): Die deutschen Städte. Geschildert nach den Ergebnissen der ersten deutschen Städteausstellung zu Dresden 1903, Bd. 2, Leipzig 1904, S. 332, Nr. 577 und 578 (Kat. 1309)

491 Silbergleit, 1908, S. 186-199

492 Meyer, Henry Theodor Matthias, in: Das Schulhaus 1902, S. 182, zitiert

nach Schmidt-Thomsen, 1991, S. 6

493 Murken, Axel Hinrich: Das kommunale und konfessionelle Krankenhaus in Deutschland von der Biedermeierzeit bis zur Weimarer Republik, in: Kommunale Leistungsverwaltung und Stadtentwicklung vom Vormärz bis zur Weimarer Republik (hrsg. von Hans Blotevogel), Köln/Wien 1990, S. 106; Nipperdey, I, 1998, S. 156

494 Matzerath, 1985, S. 344-345; Silbergleit, 1908, S. 268-273

495 Nipperdey, I, 1998, S. 342-344

496 Stadtgeschichtliche Sammlungen Cottbus. Stadtarchiv: D 013: Festschrift zur Einweihung des neuen städtischen Krankenhauses Cottbus. Vereinigte Städtische und Thiem'sche Heilanstalten, Cottbus 1914

497 Murken, Axel Hinrich: Vom Armenhospital zum Großklinikum. Die Geschichte des Krankenhauses vom 18. Jahrhundert bis zur Gegenwart, 2. Auflage, Köln 1991, S. 204

498 Kalwa, 1937, S. 137

499 Murken, 1990, S. 101

500 Schmaltz: Die Krankenanstalten, in: Die deutschen Städte. Geschildert nach den Ergebnissen der ersten deutschen Städteausstellung zu Dresden 1903 (hrsg. von Robert Wuttke), Bd. 1, Leipzig 1904, S. 507

501 Stadtgeschichtliche Sammlungen Cottbus. Stadtarchiv: D 013: Festschrift zur Einweihung des neuen städtischen Krankenhauses Cottbus. Vereinigte Städtische und Thiem'sche Heilanstalten, Cottbus 1914, S. 2-13

502 Blotevogel, 1990, S. XVII

503 Wehler, 1995, S. 530

504 Stadtgeschichtliche Sammlungen Cottbus. Stadtarchiv: 549/4355: Schriftwechsel verschiedener Art betreffend Neubau Stadttheater 1903

505 Berndt, Ralph: Der Architekt Bernhard Sehring und das Cottbuser Theater, Magisterarbeit an der Universität Leipzig 1994 (unveröffentlicht), S. 40-41

506 o.A.: Preußische Polizei-Bestimmungen für bauliche Anlage und Einrichtung von Theatern, Zirkus-Gebäuden und öffentlichen Versammlungsräumen, in: Deutsche Bauzeitung Nr. 23, 1889, S. 596-597, 599-600

507 Berndt, Ralph: Die Pfosten sind, die Bretter aufgeschlagen. Baugeschichte und Architektur, in: Das Theater am Schillerplatz Cottbus (hrsg. vom Staatstheater Cottbus anlässlich des 90. Jubiläums der Eröffnung des Großen Hauses am Schillerplatz am 1. Oktober 1908), Cottbus 1998, S. 9: Danach entschied sich der Magistrat am 12. Januar 1907 für den Entwurf Sehrings, „und am 16. Januar entschied sich auch die Stadtverordnetenversammlung aufgrund der Einhaltung des Kostenvoranschlages für dessen Entwurf, nachdem Baurat Bachsmann und Oberbürgermeister Werner ausführlich über die Ausführung und Finanzierung berichtet hatten." Berndt, 1994, S. 45

508 Stadtgeschichtliche Sammlungen Cottbus. Stadtarchiv: 549/4355: Schriftwechsel verschiedener Art betreffend Neubau Stadttheater 1903

509 Stadtgeschichtliche Sammlungen Cottbus. Stadtarchiv: B 1208: Protokollbuch der Stadtverordneten-Versammlung zu Cottbus 1906-1912, Sitzung vom 15. Februar 1911, S. 432: Das Protokollbuch vermerkt hier weder Einwände noch das Abstimmungsverhalten; Berndt, 1994, S. 59: Genehmigung des Kostenvoranschlages durch Bachsmann am 29. September 1910.

510 Zuckermann, 1981, S. 137

511 o. A.: Das neue Stadt-Theater in Cottbus, in: Märkische Volksstimme 2. Oktober 1908

512 o. A.: Das neue Stadt-Theater in Cottbus, in: Märkische Volksstimme 2.

Oktober 1908

513 Alexandridis, Christina: ... und jedermann erwartet sich ein Fest. Theatergeschichte seit 1908, in: Das Theater am Schillerplatz Cottbus (hrsg. vom Staatstheater Cottbus), Cottbus 1998, S. 49

514 Kalwa, 1937, S. 170

515 Tilly, 1990, S. 148, 169-171

516 Silbergleit, 1908, S. 246

517 Matzerath, 1985, S. 110, 362

518 Escher, 1993, S. 752

519 Tilly, 1990, S 148

520 Silbergleit, 1908, S. 246

521 Dazu gehörten Städte, wie Charlottenburg (96/110) oder Wiesbaden (90/100). Silbergleit, 1908, S. 451, Auswertung Tabelle XVIII

522 Dazu gehören Städte, wie Allenstein (250/200), Danzig (200/196), Elbing (200/200), Graudenz (200/200), Insterburg (210/230), Königshütte (210/250), Neumünster (200 /200), Solingen (240/200), Viersen (215/195). Silbergleit, 1908, S. 451, Auswertung Tabelle XVIII; Matzerath, 1985, S. 363

523 Silbergleit, 1908, S. 451, Auswertung Tabelle XVIII

524 In allen Städten Steuerpflicht ab 420 Mark, nur Flensburg ab 660 Mark seit 1901. Silbergleit, 1908, S. 450-451

525 Matzerath, 1985, S. 363

526 Tilly, 1990, S. 149-151

527 Wehler, 1995, S. 532

528 Tilly, 1990, S. 151

529 Matzerath, 1985, S. 362; Tilly, 1990, S. 148

530 Silbergleit, 1908, S. 247: „Die Nachweisungen (der städtischen Haushalte, Anm. d. Verf.) sollen vorzugsweise dem historischen Interesse entsprechen, während sie, wie ausdrücklich hervorgehoben wird, auf interlokale Vergleichbarkeit keinen Anspruch erheben können angesichts der Verschiedenheiten der bei Aufstellung des Haushaltsplans in den einzelnen Städten befolgten Grundsätze. Hier bildet beispielsweise die Bauverwaltung einen besonderen Abschnitt, dort wird sie nach der Art der Zweckbestimmung unter die übrigen Abschnitte aufgeteilt, hier werden die Netto-, dort die Brutto-Einnahmen oder –Ausgaben eingesetzt."

531 Matzerath, 1985, S. 363

532 Silbergleit, 1908, S. 470

533 Silbergleit, 1908, S. 464-481, 498-503

534 Weiteres zu kommunalen Schulden bei Wehler, 1995, S. 532; Matzerath, 1985, S. 368

535 Silbergleit, 1908, S. 481, Auswertung Tabelle XIX

536 Silbergleit, 1908, S. 502-503; Matzerath, 1985, S. 368: Bereits am 1. Juni 1891 verfügte das Innenministerium, dass kommunale Anleihen nur für außerordentliche Ausgaben getätigt werden dürfen.

537 Kalwa, 1937, S. 211

538 Wiedfeldt, 1904, S. 182-183

539 Wiedfeldt, 1904, S. 188-189

540 Kalwa, 1937, S. 192

541 Brandenburgisches Landeshauptarchiv: Jahresbericht der Handelskammer für die westliche Niederlausitz in Cottbus pro 1913, S. 64

542 o.A.: Abschiedsfeier für Oberbürgermeister Werner, in: Cottbuser Anzeiger 31. März 1914

543 Stadtgeschichtliche Sammlungen Cottbus. Stadtarchiv: A I 1 g 2; 46/0236: Dienerakte Paul Werner, Oberbürgermeister 1892-1914

544 o.A.: Abschiedsfeier für Oberbürgermeister Werner, in: Cottbuser Anzei-

ger 31. März 1914

545 o.A.: Abschiedsfeier für Oberbürgermeister Werner, in: Cottbuser Anzeiger 31. März 1914

546 o.A.: Abschiedsfeier für Oberbürgermeister Werner, in: Cottbuser Anzeiger 31. März 1914

547 Brandenburgisches Landeshauptarchiv: Rep. 3 B, I. Abteilung: Polizeiwesen Nr. 1901: Acta der Regierung zu Frankfurt/Oder: Die Aufhebung der Bordell-Wirthschaften, Maßregeln gegen die Winkelhurerei und Schutz junger Mädchen gegen Verkuppelung (1901): Als problematisch für die Arbeit der Sittenpolizei erwies sich jedoch, dass die nicht registrierten Frauen schwierig zu fassen waren, zumal Ehemänner nach § 54 der Staatlichen Prozessordnung berechtigt waren, die Aussage zu verweigern und dass „daher eine Weibsperson, welche sich ausschließlich Ehemännern hingibt, mit ziemlicher Sicherheit ihr verwerfliches Gewerbe ungestraft ausüben" könne.

548 Diese Straße existiert heute nicht mehr. Sie liegt im Bereich der heutigen Erich-Weinert-Straße, auf dem Campusgelände der Brandenburgischen Technischen Universität.

549 Brandenburgisches Landeshauptarchiv: Rep. 3 B, I. Abteilung: Polizeiwesen Nr. 1904: Acta der Regierung zu Frankfurt/Oder: Die Bordellwirthschaften, in gleichem Maßregeln gegen die Winkelhurerei, drgl. Schutz junger Mädchen gegen Kuppelung (Februar 1902-November 1913): Bürovorsteher Klausch an Regierungspräsidenten von Frankfurt/Oder 9 Juni 1912

550 Brandenburgisches Landeshauptarchiv: Rep. 3 B, I. Abteilung: Polizeiwesen Nr. 1904: Acta der Regierung zu Frankfurt/Oder: Die Bordellwirthschaften, in gleichem Maßregeln gegen die Winkelhurerei, drgl. Schutz junger Mädchen gegen Kuppelung (Februar 1902-November 1913): Schreiben Nevoigts an Innenminister vom 5. Januar 1913

551 Märkische Volksstimme 7. Juni 1912

552 Oberbürgermeister Werner an Regierungspräsidenten am 11.2.1913: „Außer diesen beiden, von denen die eine bereits 55 Jahre, die andere einige Jahre jünger und häufig sehr krank war, gab es in Cottbus keine Kontrolldirnen mehr. Infolge Fehlens dieses leider notwenigen Übels hatte sich hier eine Winkelunzucht breit gemacht, wie man sie sich kaum vorstellen kann. Die Folge davon war wieder eine höchst bedenkliche Zunahme an Geschlechtskrankheiten, namentlich an Syphilis, und eine Steigerung der Verwahrlosung des weiblichen Geschlechts." zitiert nach Brandenburgisches Landeshauptarchiv: Rep. 3 B, I. Abteilung: Polizeiwesen Nr. 1904

553 Brandenburgisches Landeshauptarchiv: Pr. Br. Rep. 3 B I. Abteilung: Polizeiwesen Nr. 1904: Acta der Regierung zu Frankfurt a.O.: Die Bordellwirthschaften, in gleichem Maßregeln gegen die Winkelhurerei, drgl. Schutz junger Mädchen gegen Kuppelung (Februar 1902-November 1913): Protestschrift der Anwohner, o.D.

554 Stadtgeschichtliche Sammlungen Cottbus. Stadtarchiv: D 196 (39)

555 Cottbuser Anzeiger 17. April 1909 unter Lokales

556 Stadtgeschichtliche Sammlungen Cottbus. Stadtarchiv: A I.13.3.-40: Prozessakten des Cottbuser Theatervereins 1914-15

557 Stadtgeschichtliche Sammlungen Cottbus. Stadtarchiv: A I.13.3.-40: Prozessakten des Cottbuser Theatervereins 1914-15

558 Cottbuser Anzeiger 14. Juni 1912

559 Stadtgeschichtliche Sammlungen Cottbus. Stadtarchiv: A I.13.3.-40: Prozessakten des Cottbuser Theatervereins 1914-15

560 o.A.: Abschiedsfeier für Oberbürgermeister Werner, in: Cottbuser Anzeiger 31. März 1914; o.A.: Nachruf „Oberbürgermeister i.R. Paul Werner", in: Cottbuser Anzeiger 12. Juni 1927

561 Kalwa, 1937, S. 105

562 Stadtgeschichtliche Sammlungen Cottbus. Stadtarchiv: A I 1 g 2; 46/0236: Dienerakte Paul Werner, Oberbürgermeister 1892-1914

563 Stadtgeschichtliche Sammlungen Cottbus. Stadtarchiv: A I 1 g 2; 46/0236: Dienerakte Paul Werner, Oberbürgermeister 1892-1914

564 Kalwa, 1937, S. 168

565 Adressbücher der Stadt Cottbus 1893 und 1895

566 o.A.: Die Einweihung des Neuen Theaters, in: Cottbuser Anzeiger 3. Oktober 1908, Beilage zur Nr. 233

567 Di Bernardo, Giuliano: Die Freimaurer und ihr Menschenbild. Über die Philosophie der Freimaurer, 2. unveränderte Auflage, Wien 1996, S. 13-20, 33-55

568 Holtorf, Jürgen: Die Logen der Freimaurer. Geschichte – Bedeutung – Einfluss, 10. Auflage, München 1996, S. 15-25; Hornung, Erik: Das esoterische Ägypten. Das geheime Wissen der Ägypter und sein Einfluss auf das Abendland, München 1999, S. 121-132, v.a. S. 131

569 Di Bernardo, 1996, S. 53; Lennhoff, Eugen; Posner, Oskar; Binder, Dieter A.: Internationales Freimauerlexikon, Überarbeitete und erweiterte Neuauflage der Ausgabe von 1932, München 2000, S. 310-312

570 Di Bernardo, 1996, S. 28; Lennhoff/Posner/Binder, 2000, S. 217

571 Lennhoff/Posner/Binder, 2000, S. 179-180

572 Krüger, Joachim: Fragmente einer Geschichte der St. Johannis-Loge „Zum Brunnen in der Wüste zu Cottbus. 1797 bis 1997, Essen 1997, S. 143: Die Aufteilung diente der Erwerbung weiterer Grade, die durch die Andreasloge und das Kapitel verliehen wurden.

573 Dunkel, Christian: Viel Feind – viel Ehr (1897). Historischer Überblick zur Cottbuser Logengeschichte von 1897, in: Krüger, 1997, S. 6.

574 Krüger, 1997, S. 72, 75

575 Krüger, 1997, S. 67. Eine ähnliche Vergabepraxis scheint es auch in Halle an der Saale gegeben zu haben. So schreibt Richwien, Gerhard: Logengebäude in Halle/S.: Geschichte, Architektur und Symbolik, Hamburg 2001; S. 64: „Das sich anbahnende Projekt scheint übrigens zu einem „Masseneintritt" im Baugewerk tätiger Unternehmer geführt zu haben, ..."

576 Krüger, 1997, S. 73

577 Ein Hausmeister und Gärtner, sowie ein Ökonom als Betreiber der Restauration wurden für den Betrieb unter Vertrag genommen. Krüger, 1997, S. 72

578 Stadtgeschichtliche Sammlungen Cottbus. Stadtarchiv: Abt. 1 B II FaPa A Nr. 108/ 3/8/105 bis 108/3/8/107, Akte 0271: Entwurfspläne zum Logenneubau; Krüger, Kurt: Häuser der Logen im Kaiserreich, in: Berlin und seine Bauten Teil VIII, Bd. B, Berlin 1980, S. 135

579 Krüger, 1997, S. 23

580 Cottbuser Anzeiger 3. Oktober 1908, 1. Beilage zu Nr. 233

581 Di Bernardo, 1996, S. 28, 52-53

582 Krüger, 1997, S. 23

583 Dies entsprach den Empfehlungen für den Bau von Logen. siehe dazu Wagner, Heinrich: Freimaurerlogen, Handbuch der Architektur, 4. Band, Heft 2, 3. Auflage, Leipzig 1904, S. 99-110

584 Ackermann/Cante/Mues, 2001, S. 365-367

585 Stadtgeschichtliche Sammlungen Cottbus. Stadtarchiv: Abt. 1 B II FaPa A Nr. 108/3/8/106, Akte 0271

586 Derartige Lichteffekte sind auch für andere Logen dokumentiert. Wagner, 1904, S. 109

587 Krüger, 1997, S. 56, 64

588 Stadtgeschichtliche Sammlungen Cottbus. Stadtarchiv: Abt. 1 B II FaPa A Nr. 108/3/8/105, Akte 0271

589 Wagner, 1904, S. 99-110

590 Creutz, Max: Der Schlüterbau der Loge Royal York, in: Berliner Architekturwelt, 1905, S. 353-358: Bereits 1779 hatte die Loge das Haus erworben und erweitert. In den Jahren nach 1900 muss die Loge wohl einen Abriss des Schlüterbaues erwogen haben, der jedoch abgewendet werden konnte. Wagner, 1904, S. 103, 105

591 Krüger, 1997, S. 24-25

592 Krüger, 1997, S. 66

593 Krüger, 1997, S. 41, 45: Unter den Mitgliedern der Cottbuser Loge finden sich übrigens keine Cottbuser Bürger jüdischen Glaubens, denn die „Große Landesloge der Freimaurer von Deutschland" schloss Juden von der Mitgliedschaft aus.

594 Die Wohnverhältnisse von Arbeitern hat Stübben 1890 so beschrieben: "Die Zustände in den großen Miethcasernen für Arbeiterfamilien, wo oft zahlreiche Familien an demselben Flurgang in je einem Zimmer wohnen, sind in vielen Fällen mitleiderregend. Für Licht und Luft, für Reinlichkeit, Entwässerung und Aborte ist häufig schlecht gesorgt. Die Schar der Kinder ist auf die halbdunklen Flurgänge, auf die engen und hoch umbauten Höfe und auf die Straße angewiesen! Die Eltern können sich ihrer Häuslichkeit nicht freuen; Wirthshausleben, Unsittlichkeit, Verbrechen sind die Folgen." Stübben, 1890/1980, S. 25

595 Stübben, 1890/1980, S. 25-26; siehe auch Zimmermann, 1991, S. 129

596 Hafner, Thomas: Kollektive Wohnformen im Deutschen Kaiserreich 1871-1918. Anspruch und Wirklichkeit, Stuttgart 1992, S. 130: Das Gesetz verpflichtete die Genossenschaften zur vollen Haftung. Zudem erlaubte es nur den Erwerb eines Anteilscheines pro Mitglied, was die Verteuerung der Anteilscheine zur Folge hatte, so dass diese für Einkommensschwache unerschwinglich wurden.

597 Die Zahl der Genossenschaften stieg sprunghaft an. Bereits 1901 hatte sich ihre Zahl mit 385 verzehnfacht.

598 Jacobi, Dorothea: Die Gemeinnützige Bautätigkeit in Deutschland, ihre kulturelle Bedeutung und die Grenzen ihrer Wirksamkeit, Dissertation, Berlin 1912, S. 10 und 13. Zitiert nach Hafner, 1992, S. 137

599 Preußischer Ministerialerlass von 1901 und Reichsfond von 1909. Abelsdorff, Walter: „Die Wirksamkeit der Baugenossenschaften in den letzten Jahren". Dokumente des Fortschritts, 1911, S. 411ff.. Zitiert nach Hafner, 1992, S. 138

600 Matzerath, 1985, S. 298

601 Eberstadt, 1917, S. 493

602 1896 hatte die Konjunktur angezogen, die Nachfrage nach Arbeitskräften war größer als das Angebot. Brandenburgisches Landeshauptarchiv: 5007: Jahresbericht der Handelskammer für die westliche Niederlausitz in Cottbus, 1896, S. 7

603 Brandenburgisches Landeshauptarchiv: 5007: Jahresbericht der Handelskammer für die westliche Niederlausitz in Cottbus, 1896, S. 7

604 Silbergleit, 1908, S. 194-198

605 Matzerath, 1985, S. 296

606 Wehler, 1995, S. 531

607 Silbergleit, 1908, S. 194-198; Hafner, 1992, S. 143-144

608 Zilz, Gerhard: 100 Jahre GWG „Stadt Cottbus" e.G.. Geschichte einer Wohnungsbaugenossenschaft, Cottbus 2002, S. 9-15

609 Des weiteren entstanden Häuser in der Vetschauer Straße 14 und in der Wilhelmstraße (5/5a, 6), Calauer Str. 69, 19, 20-21. Nach Zilz, 2002, S. 15.

610 Stadtgeschichtliche Sammlungen Cottbus. Stadtarchiv: Abt. 1 BII FAPa A Nr. 108/5/5/172, Akte 0413: Neubau von Wohnhäusern Räschener Straße 12-19 durch den Wohnungsverein zu Cottbus (Wohnungsverein 1907); Zilz, 2002, S. 15; Hüter, Karl-Heinz: Der Siedlungsbau im Land Brandenburg vom Ende des 19. bis Mitte des 20. Jahrhunderts. Historische Studie und Dokumentation (hrsg. vom Ministerium für Stadtentwicklung, Wohnen und Verkehr des Landes Brandenburg), Potsdam 1996, S. 150

611 Brandenburgisches Landeshauptarchiv: 5007: Jahresbericht der Handelskammer für die westliche Niederlausitz in Cottbus 1912, S. 102

612 Brandenburgisches Landeshauptarchiv: 5007: Jahresbericht der Handelskammer für die westliche Niederlausitz in Cottbus 1913, S. 64

613 Hüter, 1996, S. 150

614 Zilz, 2002, S. 18; In den Häusern des Beamten-Wohnungs-Vereins wohnten nicht ausschließlich Beamte, teils finden sich auch andere Berufszweige hier vertreten. Dies entspricht der bei Eberstadt, 1917, S. 522-525 zu findenden generellen Definition: „Die gemeinnützige Bautätigkeit umfasst diejenige Bautätigkeit unter Gewinnverzicht, die durch private Vereinigungen ausgeübt wird." Danach ging es um den Gewinnverzicht der planenden Vereinigung. Die Gemeinnützigkeit der erstellten Gebäude spielte hier keine Rolle, diese konnten im Besitz der Vereinigung bleiben, aber auch an die Vereinsmitglieder verkauft werden.

615 Zilz, 2002, S. 18: Bei dem bemerkenswerten Preis von fünf Mark pro Quadratmeter kann es sich eigentlich nur um kommunales Gelände gehandelt haben, selbst für ihr Gartenstadtprojekt, das wesentlich weiter vom Zentrum entfernt war, veranschlagte die Stadt einen mehr als doppelt so hohen Preis.; Renkert, 1923, S. 242: „Die neuen Straßen auf dem Terrain des Beamten-Wohnungs-Vereins erhalten die Namen Lützow-, Hohenzollern-, Körner- und Arndtstraße."

616 Hüter, 1996, S. 17-18

617 Zilz, 2002, S. 19

618 Stadtgeschichtliche Sammlungen Cottbus. Stadtarchiv: Abt 1 BII FAPA A Nr. 108/5/7/196: Arndtstr. 23, 1912 für den Redakteur Robert Kalwa nach einem Entwurf der Architekten Schmidt & Arnold erbaut, Adressbücher der Stadt Cottbus 1909-1921.

619 Adressbuch der Stadt Cottbus 1913: In der Arndtstraße 6-7 wohnten vor allem Lehrer.

620 Satzung vom 16. Dezember 1908, A § 1, Abgedruckt bei Zilz, 2002, S. 18

621 Howard, Ebenezer: Tomorrow. A peaceful path to real reform, London 1898

622 1907 erschien die deutsche Ausgabe unter dem Titel: Ebenezer Howard: Gartenstädte in Sicht, Jena 1907; Kampffmeyer, Hans: Die deutsche Gartenstadtbewegung, Berlin-Schlachtensee 1911; Posener, Julius (Hrsg.): Ebenezer Howard. Gartenstädte von morgen. Das Buch und seine Geschichte, Berlin/Frankfurt a.M./Wien 1968

623 Für das in England übliche Erbpachtsystem – also die langfristige Verpachtung von Boden zur Bebauung durch den Pächter – gab es in Deutschland kein Pendant, was die Umsetzung erschwerte. Eberstadt, 1917, S. 417-422

624 Kampffmeyer, Hans: Die Gartenstadtbewegung, in: Jahrbücher für Nationalökonomie und Statistik, III. Folge, Bd. 36, 1908, S. 577-609, hier S. 596, zitiert nach Schollmeier, Axel: Gartenstädte in Deutschland. Ihre Geschichte, städtebauliche Entwicklung und Architektur zu Beginn des 20. Jahrhunderts, Münster 1990, S. 65

625 Schollmeier, 1990, S. 69; Arnold, Klaus Peter: Vom Sofakissen zum Städtebau. Die Geschichte der Deutschen Werkstätten und der Gartenstadt Hellerau, Basel 1993
626 Die Bezeichnung „Ottilienhof" erhielt das zwischen Dresdner und Bautzner Straße gelegene Vorwerk durch Wilhelm Moritz Ruff (1816-1863), der 1850 Friederike Concordia Ottilie Milleville geheiratet hatte und das Vorwerk ab dem 14. Juni 1851 mit behördlicher Genehmigung nach seiner Frau benannte. Nach o.A.: Führer durch Cottbus und Umgebung, 1912, S. 23
627 Kalwa, 1937, S. 49
628 Stadtgeschichtliche Sammlungen Cottbus. Stadtarchiv: 589/4687: Anlegung einer Gartenstadt am Ottilienhof
629 Kalwa, 1937, S. 49: Erwähnt werden der evangelische Arbeiterverein und der Wohnungsverein der Eisenbahnbeamten.
630 Stadtgeschichtliche Sammlungen Cottbus. Stadtarchiv: 589/4687: Anlegung einer Gartenstadt am Ottilienhof
631 Bebauungsstand nach den Adressbüchern der Stadt Cottbus 1911-1921: Joliot-Curie-Straße 36/37, ehemals Sickingenstr. 36/37: Ersterwähnung als bereits bewohnt im Adressbuch von 1913 mit Verweis auf Ottilienhofgelände; Eichenstraße: Die Nummern Nr. 3,4,5 (3er Gruppe, Mitte Ostseite) werden erstmals im Adressbuch von 1913 aufgeführt. Die Nr. 2 (Ostseite) und die Nr. 18/19, 20, 21/22, 23 (Westseite) werden erstmals im Adressbuch von 1921 aufgeführt; Humboldtstraße: in den Adressbüchern von 1911-1921 kein Bau aufgeführt; Huttenplatz: Verweis auf Ottilienhof: 1911 schon bestehend die Nr. 1 (Haus des Gutsbesitzer E. Hemprich); Neue Lutherstraße: Die Nummern 57, 58/59, 63-66 (4er-Reihe) werden erstmals im Adressbuch von 1913 aufgeführt.
632 Durant, Stuart: CFA Voysey, New York 1992
633 Kalwa, 1937, S. 49
634 Brandenburgisches Landeshauptarchiv: 5007: Jahresbericht der Handelskammer für die westliche Niederlausitz in Cottbus 1912, S. 101 und 1913, S. 64
635 Stadtgeschichtliche Sammlungen Cottbus. Stadtarchiv: 589/4687: Anlegung einer Gartenstadt am Ottilienhof
636 Stadtgeschichtliche Sammlungen Cottbus. Stadtarchiv: 589/4687: Anlegung einer Gartenstadt am Ottilienhof
637 Schollmeier, 1990, S. 69
638 Hüter, 1996, S. 16
639 Preußisches Rentengutgesetz vom 27. Juni 1890 und vom 7. Juli 1891; Erlass des Ministeriums für Landwirtschaft, Domänen und Forsten vom 8. Januar 1907: Danach waren auch kleinere Rentengüter mit einer Mindestgröße von 12,5 Ar zulässig, um den Umfang der Rentengütergründung auszuweiten. Das Ziel war, „ländlichen und industriellen Arbeitern den Erwerb kleiner Stellen zu erleichtern, um der in immer bedrohlicherem Umfange zunehmenden Abwanderung der arbeitenden Bevölkerung in die Städte durch ihre Ansiedlung auf eigener Scholle tunlichst entgegenzuwirken."
640 Waldhecker, Paul: Gartenrentengüter (Reihe Staatsbürgerbibliothek Heft 11), Mönchengladbach 1911
641 Waldhecker, 1911, o.A.
642 Hüter, 1996, S. 16
643 Brandenburgisches Landeshauptarchiv: Pr. Br. Rep. 69: Landgesellschaft Eigene Scholle Frankfurt (Oder)
644 Hüter, 1996, S. 16
645 Stadtgeschichtliche Sammlungen. Stadtarchiv: B 1208: Protokollbuch Stadtverordneten-Versammlung zu Cottbus 1906-1912, Sitzung vom 31. Januar 1912, S. 10
646 Stadtgeschichtliche Sammlungen Cottbus. Stadtarchiv: 589/4688: Akten des Stadtbauamtes zu Cottbus betreffend die Ansiedlungen der „Eigenen Scholle"
647 Baurat Siebold zu Bethel in seiner Schrift „Viventis Satis". Zitat nach Waldhecker, 1911
648 Stadtgeschichtliche Sammlungen Cottbus. Stadtarchiv: 589/4688: Akten des Stadtbauamtes zu Cottbus betreffend die Ansiedlungen der „Eigenen Scholle"
649 Stadtgeschichtliche Sammlungen Cottbus. Stadtarchiv: 589/4688: Akten des Stadtbauamtes zu Cottbus betreffend: die Ansiedlungen der „Eigenen Scholle"
650 Waldhecker, Gartenrentengüter, 1911, S. 28
651 Stadtgeschichtliche Sammlungen Cottbus. Stadtarchiv: 589/4688: Akten des Stadtbauamtes zu Cottbus betreffend: die Ansiedlungen der „Eigenen Scholle"
652 Brandenburgisches Landeshauptarchiv: 5007: Jahresbericht der Handelskammer für die westliche Niederlausitz in Cottbus 1912, S. 102
653 Kampffmeyer, Paul: Die Baugenossenschaften im Rahmen eines nationalen Wohnungsreformplanes. Die Wohnungsfrage und das Reich, (hrsg. vom Verein Reichs-Wohnungsgesetz), Heft 3, Göttingen 1900, S. 17, zitiert nach Hafner, 1992, S. 155
654 Hafner, 1992, S. 153-155
655 Hinkeldeyn, J.: Die Notwendigkeit weiträumiger Bebauung bei Stadterweiterung und die rechtlichen und technischen Mittel zu ihrer Ausführung, in: DVÖG 1895, S. 111-118, hier S. 117. Zitat nach Zimmermann, 1991, S. 135
656 Berichte zur Wanderversammlung in Mannheim betreffend die Aktualisierung der 1874 aufgestellten Grundzüge für Stadterweiterungen 1906, in: Deutsche Bauzeitung 1906, S. 348, 570: 1906 wurde in den aktualisierten Grundsätzen des Städtebaus gefordert: „Von den drei Wohnformen: Einfamilienhäuser, Bürgerhäuser, Mietkasernen sind die beiden ersteren zu begünstigen, die letztere ist nur in älteren Stadtteilen, unter Milderung ihrer Überstände, zu erhalten, in neueren dagegen zu bekämpfen." Wie weitgehend diese Forderungen waren zeigt die Bestimmung des Begriffes „Bürgerhaus" als „kleineres Miethaus ... mit einer mäßigen Anzahl", etwa 2 bis 4 Wohnungen" sei es „wohl zu berücksichtigen", da als „Ideal des Einfamilienhauses" „wirtschaftlich nicht überall erreichbar sei".
657 Tilly, 1990, S. 131, 143-146; Zimmermann, 1991, S. 138: Durch das 1900 in Kraft getretene Hypothekenbankgesetz, das den Beleihungsrahmen auf fünfzig bis sechzig Prozent des Grundstückswertes beschränkte, wurde die bisherige spekulationsfördernde Beleihungspraxis begrenzt.
658 Matzerath, 1985, S. 288
659 Eberstadt, 1917, S. 101-135
660 Voigt, Andreas: Zum Streit um Kleinhaus und Mietkaserne, Dresden 1907, S. 5, 8: Voigt hatte 1901 „Kleinhaus und Mietkaserne" veröffentlicht und hatte hier Eberstadts These: „Je höher der Bau, desto höher die Mieten" in Frage gestellt. Die im Verlauf der Diskussion aufgeführten Argumente zeigen auch, dass es Eberstadt und auch Stübben um die Zurückdrängung der Großunternehmen ging, die sich auf den Bau von großen Miethäusern spezialisiert hatten. Zimmermann, 1991, S. 134; Dass neben der Spekulation noch andere Kriterien, wie Einkommensrelationen und das

Verhältnis von Angebot und Nachfrage, die Miethöhe beeinflussten, haben neuere Forschungen gezeigt: Bernhardt, Christoph: Bauplatz Groß-Berlin. Wohnungsmärkte, Terraingewerbe und Kommunalpolitik im Städtewachstum der Hochindustrialisierung (1871-1918), Berlin 1997, S. 35f.

661 Zimmermann, 1991, S. 137

662 Voigt, 1907, S. 5

663 Brandenburgisches Landeshauptarchiv: 5007: Jahresbericht der Handelskammer für die westliche Niederlausitz in Cottbus 1913, S. 66

664 Kalwa, 1937, S. 12.

665 o.A.: Die Einweihung des Stadttheaters in Cottbus, in: Hie gut Brandenburg allewege!, 4. Oktober 1908

666 Bednarek, 1991, S. 62

667 Baumeister, 1876, S. 83-84; Stübben, 1924, S. 53-60; Schwippe, 1983, S. 243

668 o.A.: Die Einweihung des neuen Theaters, in: Cottbuser Anzeiger 3. Oktober 1908, 1. Beilage zu Nr. 233

669 Behrens, Peter: Feste des Lebens und der Kunst. Eine Betrachtung des Theaters als höchsten Kultursymbols, Leipzig 1900

Literaturverzeichnis

Ackermann, Ingrid; Cante, Marcus; Mues, Antje: Stadt Cottbus, Teil 1: Altstadt und innere Stadtteile, Reihe Denkmaltopographie Bundesrepublik Deutschland. Denkmale in Brandenburg Bd. 2.1., Worms 2001

Adamy, Kurt und Hübener, Kristina: Die preußische Provinz Brandenburg im Deutschen Kaiserreich (1871-1918), in: Brandenburgische Geschichte (hrsg. von Ingo Materna und Wolfgang Ribbe), Berlin 1995, S. 504-507

Adressbücher der Stadt Cottbus 1876-1940
(Bestand der Stadtgeschichtlichen Sammlungen Cottbus. Stadtarchiv)

Albers, Gerd:
— Vom Fluchtlinienplan zum Stadtentwicklungsplan, in: Archiv für Kommunalwissenschaften 1967, S. 192-197
— Entwicklungslinien im Städtebau. Ideen, Thesen, Aussagen 1875-1945: Texte und Interpretationen, Düsseldorf 1975
— Der Städtebau des 19. Jahrhunderts im Urteil des 20. Jahrhunderts, in: Beiträge zur Rezeption der Kunst des 19. und 20. Jahrhunderts (hrsg. von Wulf Schadendorf), München 1975, S. 63-71

Alexandridis, Christina: ... und jedermann erwartet sich ein Fest. Theatergeschichte seit 1908, in: Das Theater am Schillerplatz in Cottbus (hrsg. vom Staatstheater Cottbus), Cottbus 1998, S. 38-57

Arnold, Klaus Peter: Vom Sofakissen zum Städtebau. Die Geschichte der Deutschen Werkstätten und der Gartenstadt Hellerau, Basel 1993

Backemeier, Sylvia (Hrsg.): W. R. Lethaby 1857-1931. Architectur, design and education, Ausstellungskatalog, London 1984

Baron, Alfred: Der Haus- und Grundbesitzer in Preussens Städten, Jena 1911

Baumeister, Reinhard:
— Grundzüge für Stadterweiterungen nach technischen, wirtschaftlichen und polizeilichen Beziehungen, in: Deutsche Bauzeitung 1874, Nr. 67, S. 265
— Stadt-Erweiterungen in technischer, baupolizeilicher und wirthschaftlicher Beziehung, Berlin 1876

Bednarek, Andreas: Die städtebauliche Entwicklung von Görlitz im 19. Jahrhundert, Schriftenreihe des Ratsarchivs der Stadt Görlitz Bd. 15 (hrsg. von der Stadtverwaltung Görlitz), Görlitz 1991

Behrens, Peter:
— Was ist monumentale Kunst?, aus einem Vortrag, in: Kunstgewerbeblatt 1908, Heft 3, S. 46 ff.
— Feste des Lebens und der Kunst. Eine Betrachtung des Theaters als höchsten Kultursymbols, Leipzig 1900

Bernatzky, Aloys: Von der mittelalterlichen Stadtbefestigung zu den Wallgrünflächen von Heute. Ein Beitrag zum Grünflächenproblem deutscher Städte, Berlin/Hannover/Sarstedt 1960

Berndt, Ralph:
— Der Architekt Bernhard Sehring und das Cottbuser Theater, Magisterarbeit an der Universität Leipzig 1994 (unveröffentlicht)
— Bernhard Sehring. Ein Privatarchitekt und Theaterbaumeister des Wilhelminischen Zeitalters. Leben und Werk. Dissertation BTU Cottbus 1997, Selbstverlag 1998
— Die Pfosten sind, die Bretter aufgeschlagen. Baugeschichte und Architektur, in: Das Theater am Schillerplatz Cottbus, hrsg. vom Staatstheater Cottbus anlässlich des 90. Jubiläums der Eröffnung des Großen Hauses am Schillerplatz am 1. Oktober 1908, Cottbus 1998, S. 7-37

Bernhardt, Christoph: Bauplatz Groß-Berlin. Wohnungsmärkte, Terraingewerbe und Kommunalpolitik im Städtewachstum der Hochindustrialisierung

(1871-1918), Berlin 1997

Bertram: Die deutsche Gartenkunst in den Städten, in: Die deutschen Städte. Geschildert nach den Ergebnissen der ersten deutschen Städteausstellung zu Dresden 1903 (hrsg. von Robert Wuttke), Bd. 1, Leipzig 1904, S. 151 180

Bie, Oskar: Der Architekt Oskar Kaufmann, Berlin-Charlottenburg 1928

Blotevogel, Hans: Einführung, in: Kommunale Leistungsverwaltung und Stadtentwicklung vom Vormärz bis zur Weimarer Republik (hrsg. von Hans Blotevogel), Köln/Wien 1990, S. XIII-XXIV

Böhm, Hans:
— Rechtsordnung und Bodenpreise als Faktoren städtischer Entwicklung im Deutschen Reich zwischen 1870 und 1937, in: Urbanisierung im 19. und 20. Jahrhundert. Historische und geographische Aspekte (hrsg. von Hans Jürgen Teuteberg), Köln/Wien 1983, S. 214-240
— Stadtplanung und städtische Bodenpolitik, in: Kommunale Leistungsverwaltung und Stadtentwicklung vom Vormärz bis zur Weimarer Republik (hrsg. von Hans Blotevogel), Köln/Wien 1990, S. 139-157

Börsch-Supan, Eva: Berliner Baukunst nach Schinkel 1840-1870, München 1977

Bodenschatz, Harald und Seifert, Carsten: Stadtbaukunst in Brandenburg an der Havel, Berlin 1992

Boldt, Max: Deutschlands Städtebau. Cottbus (hrsg. vom Magistrat der Stadt Cottbus), Berlin 1923

Breuer, Gerda: Ästhetik der schönen Genügsamkeit oder „Arts and Crafts" als Lebensform. Programmatische Texte, Braunschweig 1998

Breuer, Gerda (Hrsg.): Haus eines Kunstfreundes. Mackay Hugh Baillie Scott. Charles Rennie Mackintosh. Leopold Bauer, Stuttgart/London 2002

Breuer, Rüdiger: Der Niederschlag der Wohnungs- und Städtebau-Reform in der Gesetzgebung, insbesondere im Sächsischen Allgemeinen Baugesetz von 1900, in: Städtebaureform 1865-1900. Von Licht, Luft und Ordnung in der Stadt der Gründerzeit. Bauordnungen, Zonenplanung und Enteignung (hrsg. von Juan Rodriguez-Lores und Gerhard Fehl), Hamburg 1985, S. 511-537

Brönner, Wolfgang: Die bürgerliche Villa in Deutschland 1830-1890, 2. leicht verbesserte Auflage, Worms 1994

Bruch, Ernst: Berlin's bauliche Zukunft und der Bebauungsplan, in: Deutsche Bauzeitung 1870, S. 69-71, 77-80, 93-95, 101-104, 121-122, 129-130, 151-154, 159-163, 167-168, 183-186, 191-193, 199-202

Buch, Felicitas: Studien zur Preußischen Denkmalpflege am Beispiel konservatorischer Arbeiten Ferdinand von Quasts, Worms 1990

Buddensieg, Tilmann:
— Das Wohnhaus als Kultbau. Zum Darmstädter Haus von Behrens, in: Peter Behrens und Nürnberg. Geschmackswandel in Deutschland. Historismus, Jugendstil und die Anfänge der Industrieform, München 1980, S. 37-48
— Zur Frühzeit von August Endell. Seine Münchener Briefe an Kurt Breysig, in: Festschrift für Eduard Trier zum 60. Geburtstag, Berlin 1981, S. 223-250

Buttlar, Florian von (Hrsg.): Lebenslauf, in: Peter Joseph Lenné. Volkspark und Arkadien, Ausstellungskatalog Berlin 1989, S. 69-82

Campbell, Joan: Der deutsche Werkbund 1907-1934 (1978), deutsche Übersetzung München 1989

Cante, Marcus: Stadt Brandenburg an der Havel, Teil 1: Dominsel, Altstadt, Neustadt, Reihe Denkmaltopographie Bundesrepublik Deutschland, Denkmale in Brandenburg Bd. 1.1, Worms 1994

Christl, Andreas: Die Ur- und Frühgeschichte des Naturraumes um die Stadt bis zum 12. Jahrhundert, in: Geschichte der Stadt Cottbus, Berlin 1994, S. 9-18

Christl, Gundula und Andreas: Die mittelalterliche Stadt von ihrer Entstehung bis zum Ende des 15. Jahrhunderts, in: Geschichte der Stadt Cottbus, Berlin 1994, S. 19-34

Cottbuser Anzeiger. Zeitung für Politik und Unterhaltung (Bestand der Stadtgeschichtlichen Sammlungen Cottbus, Stadtarchiv)

Creutz, Max: Der Schlüterbau der Loge Royal York, in: Berliner Architekturwelt, 1905, S. 353-358

Croon, Helmuth: Staat und Städte in den westlichen Provinzen Preußens 1817-1875. Ein Beitrag zum Entstehen des preußischen Bau- und Fluchtliniengesetzes von 1875, in: Stadterweiterungen 1800-1875 (hrsg. von Gerhard Fehl und Juan Rodriguez-Lores) Hamburg 1983, S. 55-79

Cullen, Michael S. und Kieling, Uwe: Berlin in Plänen. Berliner Stadtkarten von 1798 bis 1990, Berlin 1991

Curdes, Gerhard und Oehmichen, Renate (Hrsg.): Künstlerischer Städtebau um die Jahrhundertwende. Der Beitrag von Carl Henrici, Köln u.a. 1981

Davey, Peter: Arts-and-Crafts-Architektur (1995), deutsche Übersetzung Stuttgart 1996

Dehio, Georg: Denkmalschutz und Denkmalpflege im 19. Jahrhundert, Straßburg 1905

Dehio, Georg (Begr.): Handbuch der deutschen Kunstdenkmäler. Rheinland-Pfalz und Saarland, 2. bearbeitete und erweiterte Auflage, Berlin 1984

Dernie, David und Carew-Cox, Alastair: Victor Horta, London 1995

Di Bernardo, Giuliano: Die Freimaurer und ihr Menschenbild. Über die Philosophie der Freimaurer, 2. unveränderte Auflage, Wien 1996

Dohme, Robert: Das englische Haus. Eine kultur- und baugeschichtliche Skizze, Braunschweig 1888

Dolgner, Dieter: Historismus. Deutsche Baukunst 1815-1900, Leipzig 1993

Donner, Helmut: Von der Reichsgründung bis zum Ende des I. Weltkrieges (1871-1918), in: Geschichte der Stadt Cottbus, Cottbus 1994, S. 101-130

Drangosch, Walter: Bibliographie zur Geschichte der Stadt Cottbus. Gedrucktes Schrifttum vom 17. Jh. bis zum Jahr 1968, in: Geschichte und Gegenwart des Bezirkes Cottbus (Niederlausitzer Studien), Sonderheft, Cottbus 1974

Dunkel, Christian: Viel Feind - viel Ehr (1897). Historischer Überblick zur Cottbuser Logengeschichte von 1897, in: Krüger, Joachim: Fragmente einer Geschichte der St. Johannis-Loge „Zum Brunnen in der Wüste" zu Cottbus. 1797 bis 1997, Essen 1997

Durant, Stuart: CFA Voysey, New York 1992

Eberstadt, Rudolf: Handbuch des Wohnungswesens und der Wohnungsfrage, 3. umgearbeitete und erweiterte Auflage 1917

Edelmann: Schlacht- und Viehhöfe, in: Die deutschen Städte. Geschildert nach den Ergebnissen der ersten deutschen Städteausstellung zu Dresden 1903 (hrsg. von Robert Wuttke), Bd. 1, Leipzig 1904, S. 345-369

Eicke, Karl:
– Aus dem alten Cottbus. Beitrag zur Geschichte des Cottbuser Bauhandwerks vom Jahre 1671 ab, Cottbus 1913 (Sonderabdruck aus dem Cottbuser Anzeiger)
– Das bürgerliche Wohnhaus in Cottbus, Cottbus 1917

Escher, Felix: Brandenburg und Berlin 1871 bis 1914/18, in: Verwaltungsgeschichte Ostdeutschlands 1815-1945. Organisation-Aufgaben-Leistungen der Verwaltung, (hrsg. von Gerd Heinrich, Friedrich-Wilhelm Henning, Kurt G.A. Jeserich), Stuttgart/Berlin/Köln 1993

Ettrich, Berthold: Park und Schloss Branitz im Wandel der Geschichte, in: 150 Jahre Branitzer Park. Garten-Kunst-Werk. Wandel und Bewahrung, Berlin 1998, S. 36-53

Evert, Georg: Die Staats- und Gemeindewahlen im preussischen Staate, Ergänzungsheft XVII der Zeitschrift des Königlich Preussischen Statistischen Bureaus, Berlin 1895, S. XXIV-XXX

Fahr-Becker, Gabriele: Jugendstil, Köln 1996

Fechter, Paul: Nietzsches Bildwelt und der Jugendstil (1935), in: Jugendstil (hrsg. von Jost Hermand), Darmstadt 1979, S. 347-357

Fehl, Gerhard:
– Camillo Sitte als „Volkserzieher" - Anmerkungen zum deterministischen Denken in der Stadtbaukunst des 19. Jahrhunderts, in: Städtebau um die Jahrhundertwende. Materialien zur Entstehung der Disziplin Städtebau (hrsg. von Gerhard Fehl und Juan Rodriguez-Lores), Köln u.a. 1980, S. 172-222
– Stadtbaukunst contra Stadtplanung. Zur Auseinandersetzung Camillo Sittes mit Reinhard Baumeister, in: Stadtbauwelt 65, 1980, S. 451-461

Fehl, Gerhard und Rodriguez-Lores, Juan:
– Die „gemischte Bauweise". Zur Reform von Bebauungsplan und Bodenaufteilung zwischen 1892 und 1914, in: Bauwelt 36 – Stadtbauwelt 71, 1981, S. 1577-1588
– Aufstieg und Fall der Zonenplanung. Städtebauliches Instrumentarium und stadträumliche Ordnungsvorstellungen zwischen 1870 und 1905, in: Bauwelt 12 – Stadtbauwelt 72, 1982, S. 443-450

Fiedler, Emil: Die Entwicklung der Tuchindustrie in Cottbus, in: Die Provinz Brandenburg in Wort und Bild, 2, 1912, S. 260

Findeisen, Peter: Bezirk Cottbus, in: Eckhardt, Götz: Schicksale deutscher Baudenkmale im Zweiten Weltkrieg. Eine Dokumentation der Schäden und Totalverluste auf dem Gebiet der DDR, Berlin 1980, Bd. 1. S. 201-212

Frank, Hartmut (Hrsg.): Fritz Schumacher – Reformkultur und Moderne, Stuttgart 1994

Frank, Joachim W.: Hamburg in historischen Stadtplänen. Die Entwicklung der Stadt seit dem 16. Jahrhundert (hrsg. von Ernst Christian Schütt), Berlin 1995

Frenzel, Ivo: Prophet, Wegbereiter, Verführer. Friedrich Nietzsches Einfluss auf die Kunst, Literatur und Philosophie in Deutschland, in: Deutsche Kunst im 20. Jahrhundert. Malerei und Plastik 1905-1985, Ausstellungskatalog Stuttgart 1986, S. 76

Führ, Eduard und Stemmrich, Daniel: „Nach gethaner Arbeit verbleibt im Kreise der Eurigen". Arbeiterwohnen im 19. Jahrhundert, Wuppertal 1985

Geist, Johann Friedrich und Kürvers, Klaus: Das Berliner Mietshaus 1862-1945, München 1984

Geßner, Albert: Das deutsche Miethaus, München 1909

Giessler, Gabriele: Grünanlagen und Gärten in Flensburg, Flensburg 1988

Gössel, Peter und Leuthäuser, Gabriele: Architektur des 20. Jahrhunderts, Köln 1992, S. 79

Gröning, Gert und Schneider, Uwe: Cottbus. Ein englischer Landschaftsgarten von Hermann Muthesius, in: Brandenburgische Denkmalpflege 1995, Heft 2, S. 70-77

Gruner: Die Baupolizei, in: Die deutschen Städte. Geschildert nach den Ergebnissen der ersten deutschen Städteausstellung zu Dresden 1903 (hrsg. von Robert Wuttke), Bd. 1, Leipzig 1904, S. 67-93

Grunert, Heino: Ein Volkspark in Hamburg. Der Hamburger Stadtpark als Objekt der Gartendenkmalpflege, in: www.kunsttexte.de 2/2002, S. 1-7

Grützner, Felix: Gartenkunst zwischen Tradition und Fortschritt. Walter Baron von Engelhardt (1864-1940), Bonn 1998

Günther, Artur: Die kommunalen Straßenbahnen Deutschlands, Jena 1913

Günther, Harri und Harksen, Sibylle (Bearb.): Peter Joseph Lenné. Katalog der Zeichnungen, Tübingen/Berlin 1993

Gurlitt, Cornelius:
— Geschichte des Barockstiles und des Rococo in Deutschland, Stuttgart 1889
— Der deutsche Städtebau, in: Die deutschen Städte. Geschildert nach den Ergebnissen der ersten deutschen Städteausstellung zu Dresden 1903 (hrsg. von Robert Wuttke), Bd. 1, Leipzig 1904, S. 23-45

Haberland, Max: Altes und Neues über die Klosterkirche zu Kottbus. Zur Wiedereröffnung derselben am 1. November 1908, Kottbus 1908

Haenel, Erich und Tscharmann, Heinrich: Das Mietwohnhaus der Neuzeit, Leipzig 1913

Haenel, Erich und Tscharmann, Heinrich (Hrsg.): Das Einzelwohnhaus der Neuzeit, o.A. 1909

Hafner, Thomas: Kollektive Wohnformen im Deutschen Kaiserreich 1871-1918. Anspruch und Wirklichkeit. Stuttgart 1992

Haiko, Peter (Hrsg.): Die Architektur des XX. Jahrhunderts. Zeitschrift für moderne Baukunst. Repräsentativer Querschnitt durch die 14. erschienen Jahrgänge 1901-1914, Reprint Tübingen 1989

Halbach, Ingrid u.a.: Architekturführer Cottbus. Wanderungen durch Stadt und Umgebung, Berlin/München 1993

Hamann, Bruno: Geschichte des Schulwesens. Werden und Wandel der Schule im ideen- und sozialgeschichtlichen Zusammenhang, 2. überarbeitete und erweiterte Auflage, Bad Heilbrunn 1993

Hammerschmidt, Valentin W.: Anspruch und Ausdruck in der Architektur des späten Historismus in Deutschland (1860-1914), Frankfurt/Main 1985

Hansen, Antje: Oskar Kaufmann. Ein Theaterarchitekt zwischen Tradition und Moderne, Berlin 2001

Härtel, Ricardo: Vom Beginn des 19. Jahrhunderts bis zur Reichsgründung (1800-1871), in: Geschichte der Stadt Cottbus, Berlin 1994, S. 69-100

Hartog, Rudolf: Stadterweiterungen im 19. Jahrhundert, Stuttgart 1962

Haslam, Malcolm: Jugendstil. Seine Kontinuität in den Künsten, Stuttgart 1990

Hein, Wolfgang: Städtische Werke, Cottbus 1999

Heise, Karl-August: Die alte Stadt und die neue Zeit. Stadtplanung und Denkmalpflege Triers im 19. und 20. Jahrhundert, Trier 1999

Helfert, Joseph Alexander von: Denkmalpflege. Öffentliche Obsorge für Gegenstände der Kunst und des Altertums nach dem Stande der neuen Gesetzgebung in den verschiedenen Culturstaaten, Wien und Leipzig 1897

Hennebo, Dieter: Öffentliche Park- und Grünplanung als kommunale Aufgabe in Deutschland, in: Kommunale Leistungsverwaltung und Stadtentwicklung vom Vormärz bis zur Weimarer Republik (hrsg. von Hans Blotevogel), Köln/Wien 1990, S. 169-181

Henning, Friedrich-Wilhelm: Der wirtschaftliche Wandel im Zeitalter der Industrialisierung (1800-1914), in: Verwaltungsgeschichte Ostdeutschlands 1815-1945. Organisation-Aufgaben-Leistungen der Verwaltung, (hrsg. von Gerd Heinrich, Friedrich-Wilhelm Henning, Kurt G.A. Jeserich), Stuttgart/Berlin/Köln 1993

Henrici, Karl:
— Gedanken über das moderne Städte-Bausystem, in: Deutsche Bauzeitung 1891, Nr. 14, S. 81-82 und Nr. 15, S. 86-91
— Individualismus im Städtebau, in: Deutsche Bauzeitung 1891, Nr. 49, S. 295-298 und Nr. 50, S. 301-302
— Langweilige und kurzweilige Straßen, in: Deutsche Bauzeitung 1893,
Nr. 44, S. 271-274, 326
— Moderne Architektur, in: Deutsche Bauzeitung 1897, Nr. 3, S. 14-15, 18-20

Hermand, Jost: Vorwort, in: Jugendstil (hrsg. von Jost Hermand), 3. unveränderte Auflage, Darmstadt 1992, S. IX-XII

Herzig, Thomas; Fehrenbach, Philipp; Drummer, Michael: Statistik der öffentlichen Elektrizitätsversorgung Deutschlands 1890-1913 (hrsg. von Hugo Ott), St. Katharinen o.D., S. 1

Hilpert, Richard: John und William Cockerill. Die Wollspinnerei auf dem Schloß in Cottbus 1816-1857, Maschinenschrift, Cottbus 1964

Hinz, Gerhard: Peter Joseph Lenné. Landschaftsgestalter und Städteplaner, Göttingen/Zürich/Frankfurt a.M. 1977

Hirsch, Paul und Lindemann, Hugo: Das kommunale Wahlrecht (Sozialdemokratische Gemeindepolitik. Kommunalpolitische Abhandlungen, Heft 1), Berlin 1905

Hitchmough, Wendy: C. F. A. Voysey, London 1997

Höffner, C.: Die Gaswerke, in: Die deutschen Städte. Geschildert nach den Ergebnissen der ersten deutschen Städteausstellung zu Dresden 1903 (hrsg. von Robert Wuttke), Bd. 1, Leipzig 1904, S. 220-221

Holtorf, Jürgen: Die Logen der Freimaurer. Geschichte – Bedeutung – Einfluss, 10. Auflage, München 1996

Hornung, Erik: Das esoterische Ägypten. Das geheime Wissen der Ägypter und sein Einfluss auf das Abendland, München 1999

Howard, Ebenezer:
— Tomorrow. A peaceful path to real reform, London 1898
— Gardencities of Tomorrow, being the second edition of "Tomorrow: A peaceful path to real reform", London 1902
— Gartenstädte in Sicht, deutsche Übersetzung von „Gardencities of Tomorrow", Jena 1907

Hüter, Karl-Heinz:
— Reform und Moderne in Brandenburg, in: Baukunst in Brandenburg, Köln 1992, S. 220-221
— Der Siedlungsbau im Land Brandenburg vom Ende des 19. bis Mitte des 20. Jahrhunderts. Historische Studie und Dokumentation (hrsg. vom Ministerium für Stadtentwicklung, Wohnen und Verkehr des Landes Brandenburg), Potsdam 1996

Jahresberichte der Handelskammer für die westliche Niederlausitz in Cottbus 1881-1913 (Brandenburgisches Landeshauptarchiv 5007)

Jork, Otto:
— Brandenburg in der Vergangenheit und Gegenwart, Brandenburg 1880, 2. Auflage 1903
— Baufluchtlinien und Bebauungspläne, in: Die Entwicklung Brandenburgs unter Oberbürgermeister Dreifert 1905-1914. Sonderabdruck aus dem Brandenburger Anzeiger vom 30. April 1914, 4. Blatt, Nr. 100
— Die öffentlichen Gartenanlagen, in: Die Entwicklung Brandenburgs unter Oberbürgermeister Dreifert 1905-1914. Sonderabdruck aus dem Brandenburger Anzeiger vom 30. April 1914, 4. Blatt, Nr. 100

Kabierske, Gerhard: Der Architekt Hermann Billing (1867-1946). Leben und Werk, Karlsruhe 1996

Kalwa, Robert: Cottbus 1914-1936. Aus dem Entwicklungsgang einer Mittelstadt, Cottbus 1937

Kampffmeyer, Hans: Die deutsche Gartenstadtbewegung, Berlin 1911

Karg, Detlef: Vor 150 Jahren: Bestallung des ersten Konservators in Preußen. Ferdinand von Quast, in: Brandenburgische Denkmalpflege 1993, Heft 1, S. 5-8

Karnau, Oliver: Hermann Josef Stübben. Städtebau 1876-1930, Braunschweig/ Wiesbaden 1996

Kayser, H.: Nordamerikanische Parkanlagen, in: Der Städtebau 1905, Heft 9, S. 113-123

Kieß, Walter: Urbanismus im Industriezeitalter. Von der klassizistischen Stadt zur Garden City, Berlin 1991

Kirchner, Richard: Kritische Beleuchtung der von dem Landbauinspektor Dr. ing. Muthesius in seinen kürzlich zu Dresden, Berlin und Breslau gehaltenen Vorträgen entwickelten Ansichten über die deutsche Gartenkunst, in: Gartenkunst 1904, Heft 3, S. 52-54

Klein, Dieter: Martin Dülfer. Wegbereiter der deutschen Jugendstilarchitektur (Arbeitsheft des Bayerischen Landesamtes für Denkmalpflege 8), 2. erweiterte Auflage, München 1993

Kneer, August: Die Denkmalpflege in Deutschland mit besonderer Berücksichtigung der Rechtsverhältnisse, Mönchengladbach 1915

Koch, Alexander:
– Großherzog Ernst Ludwig und die Ausstellung der Künstlerkolonie in Darmstadt von Mai bis Oktober 1901 (hrsg. von Alexander Koch) mit Texten von Georg Fuchs, Kurt Breysig, Felix Commichau und Benno Rutenauer, Darmstadt 1901
– Vorwort zum IV. Jahrgang, Deutsche Kunst und Dekoration, 7, 1900/01, S. II f.
– Alexander Koch, in: Der deutsche Buchhandel in Selbstdarstellungen (hrsg. von Gerhard Menz), Leipzig 1925, S. 32-70

König, Wolfgang und Weber, Wolfhard: Netzwerke. Stahl und Strom 1840-1914, in: Propyläen Technikgeschichte (hrsg. von Wolfgang König), Bd. 4, 2. unveränderte Auflage, Berlin 1997

Kohlschmidt, Siegfried:
– Cottbus wie es früher war, Gudensberg-Gleichen 1992
– Chronik der Stadt Cottbus, in: Cottbus und Umgebung, Bad Soden-Salmünster 1994

Kohte, Julius: Ferdinand von Quast (1807-1877). Konservator der Kunstdenkmäler des Preußischen Staates, in: Deutsche Kunst und Denkmalpflege 1977, S. 114-131

Krabbe, Wolfgang R.:
– Die Entfaltung der kommunalen Leistungsverwaltung in deutschen Städten des späten 19. Jahrhunderts, in: Urbanisierung im 19. und 20. Jahrhundert. Historische und Geographische Aspekte (hrsg. von Hans Jürgen Teuteberg) Köln/Wien 1983, S. 373-392
– Die deutsche Stadt im 19. und 20. Jahrhundert, Göttingen 1989
– Städtische Wirtschaftsbetriebe im Zeichen des „Munizipalsozialismus". Die Anfänge der Gas- und Elektrizitätswerke im 19. und frühen 20. Jahrhundert, in: Kommunale Leistungsverwaltung und Stadtentwicklung vom Vormärz bis zur Weimarer Republik (hrsg. von Hans Blotevogel), Köln/ Wien 1990, S. 117-135
– Die Lenkungsverwaltung: Eine Sonderform der Leistungsverwaltung, in: Kommunale Leistungsverwaltung und Stadtentwicklung vom Vormärz bis zur Weimarer Republik (hrsg. von Hans Blotevogel), Köln/Wien 1990, S. 159-167

Krüger, Joachim: Fragmente einer Geschichte der St. Johannis-Loge „Zum Brunnen in der Wüste" zu Cottbus. 1797 bis 1997, Essen 1997

Krüger, Kurt: Häuser der Logen im Kaiserreich, in: Berlin und seine Bauten, Teil VIII, Bd. B, Berlin 1980

Kruft, Hanno-Walter:
– Die Arts-and-Crafts-Bewegung und der deutsche Jugendstil, in: Von

Morris zum Bauhaus. Eine Kunst gegründet auf Einfachheit, Hanau 1977, S. 25-40
– Geschichte der Architekturtheorie. Von der Antike bis zur Gegenwart, 2. unveränderte Auflage, München 1986

Kübler, Wilhelm: Über städtische Elektrizitätswerke, in: Die deutschen Städte. Geschildert nach den Ergebnissen der ersten deutschen Städteausstellung zu Dresden 1903 (hrsg. von Robert Wuttke), Bd. 1, Leipzig 1904, S. 240-241

Kuhfahl: Verfassung und Verwaltung der deutschen Städte, in: Die deutschen Städte. Geschildert nach den Ergebnissen der ersten deutschen Städteausstellung zu Dresden 1903 (hrsg. von Robert Wuttke), Bd. 1, Leipzig 1904, S. 1-22

Kunze, Peter: Die Sorben/Wenden in der Niederlausitz. Ein geschichtlicher Überblick, 1996, S. 3-17

Laudel, Heidrun: Im Spannungsfeld zwischen Tradition und Neuschaffen. Fritz Schumachers Dresdner Jahre, in: Fritz Schumacher – Reformkultur und Moderne (hrsg. von Hartmut Frank), Stuttgart 1994, S. 66-89

Laux, Hans-Dieter: Demographische Folgen des Verstädterungsprozesses. Zur Bevölkerungsstruktur und natürlichen Bevölkerungsentwicklung deutscher Städtetypen 1871-1914, in: Urbanisierung im 19. und 20. Jahrhundert. Historische und geographische Aspekte (hrsg. von Hans Jürgen Teuteberg), Köln/Wien 1983, S. 65-93, vor allem 71-73

Lehmann, Rudolf: Geschichte der Niederlausitz, Berlin 1963

Lennhoff, Eugen; Posner, Oskar; Binder, Dieter A.: Internationales Freimaurerlexikon, überarbeitete und erweiterte Neuauflage der Ausgabe von 1932, München 2000

Lesser, Ludwig: Volksparke heute und morgen, Berlin-Zehlendorf 1927

Lezius, H.: Das Recht der Denkmalpflege in Preußen. Begriff, Geschichte und Organisation der Denkmalpflege, Berlin 1908

Liersch, Dora: Vor 120 Jahren wurde die Bürger-Töchterschule eingeweiht, in: Cottbuser Zeitung 1995, Heft 2, S. 24f.

Liersch, Dora und Heinrich: Geschichtliches und das Neueste vom Spremberger Turm, in: Cottbuser Zeitung 2000, Heft 3, S. 4-6

Linge, Harry: Jugendstiltheater Cottbus, in: Architektur der DDR 1988, Heft 6, S. 30-35

Loyer, Francois: Jugendstil in Katalonien, Köln 1997, S. 56-61

Lübke, Wilhelm: Geschichte der Renaissance in Deutschland, Bd. 1, Stuttgart 1873

Luxbacher, Günther: „das ausgeprägteste Massenprodukt überhaupt". Zur technischen und wirtschaftlichen Entwicklung der öffentlichen Elektrizitätserzeugung und -versorgung in Deutschland von 1885 bis 1960, in: Kraftwerke in historischen Photographien 1890-1960 (hrsg. von Alexander Kierdorf), Köln 1996, S. 11

Maaß, Harry: Der deutsche Volkspark der Zukunft. Laubenkolonie und Grünfläche, Frankfurt a. d. Oder 1913

Mäckelt, Arthur: Die Oberkirche in Cottbus, in: Geschäftsbericht der Brandenburgischen Provinzialkommission für Denkmalpflege und des Provinzialkonservators 1911-1913, S. 139-159

Märkische Volksstimme. Das sozialdemokratische Organ der Provinz Brandenburg (Bestand der Stadtgeschichtlichen Sammlungen Cottbus, Stadtarchiv)

Matzerath, Horst: Urbanisierung in Preußen 1815-1914, Stuttgart 1985

Mebes, Paul: Um 1800. Architektur und Handwerk im letzten Jahrhundert ihrer traditionellen Entwicklung, Bd. 1, München 1908

Methling, Harry: Die Entwicklung des Eisenbahnnetzes in der ehemaligen Provinz Brandenburg bis zum Jahre 1939, in: Jahrbuch für brandenburgische Landesgeschichte 1959, S. 62-80

Michalski, Ernst: Die entwicklungsgeschichtliche Bedeutung des Jugendstils, Repetitorium für Kunstwissenschaft 46, 1925, S. 133-149: Neuabdruck in: Jugendstil (hrsg. von Jost Hermand), 3. unveränderte Auflage, Darmstadt 1992, S. 8-26

Milde, Kurt: Neorenaissance in der deutschen Architektur des 19. Jahrhunderts. Grundlagen, Wesen und Gültigkeit, Dresden 1981

Mohr de Pérez, Rita: Die Anfänge der staatlichen Denkmalpflege in Preußen. Ermittlung und Erhaltung alterthümlicher Merkwürdigkeiten (hrsg. vom Brandenburgischen Landesamt für Denkmalpflege und Archäologisches Landesmuseum), Worms 2001

Moeller, Gisela: Peter Behrens in Düsseldorf – Die Jahre von 1901-1907, Bonn/Weinheim 1991

Mönninger, Michael: Vom Ornament zum Nationalkunstwerk. Zur Kunst- und Architekturtheorie Camillo Sittes, Braunschweig/Wiesbaden 1998

Murken, Axel Hinrich:
— Das kommunale und konfessionelle Krankenhaus in Deutschland von der Biedermeierzeit bis zur Weimarer Republik, in: Kommunale Leistungsverwaltung und Stadtentwicklung vom Vormärz bis zur Weimarer Republik (hrsg. von Hans Blotevogel), Köln/Wien 1990, S. 98-109
— Vom Armenhospital zum Großklinikum. Die Geschichte des Krankenhauses vom 18. Jahrhundert bis zur Gegenwart, 2. Auflage, Köln 1991

Muthesius, Hermann:
— Die englische Baukunst der Gegenwart. Beispiele neuer englischer Profanbauten mit Grundrissen, Textabbildungen und erläuterndem Text, 4 Bde., Leipzig/Berlin 1900-1903
— Stilarchitektur und Baukunst. Wandlungen der Architektur im XIX. Jahrhundert und ihr heutiger Standpunkt, Mühlheim a. d. Ruhr 1901
— Mackintosh's Kunst-Prinzip. Kommentar zum Mappenwerk von Mackintosh, (1902), in: Haus eines Kunstfreundes. Mackay Hugh Baillie Scott. Charles Rennie Mackintosh. Leopold Bauer, (hrsg. von Gerda Breuer), Stuttgart/London 2002
— Erwiderung des Dr. Muthesius auf vorstehenden Artikel (Kirchner, Richard: Kritische Beleuchtung der von dem Landbauinspektor Dr. ing. Muthesius in seinen kürzlich zu Dresden, Berlin und Breslau gehaltenen Vorträgen entwickelten Ansichten über die deutsche Gartenkunst, S. 52-54), in: Gartenkunst 1904, Heft 3, S. 54-56
— Das englische Haus. Entwicklung, Bedingungen, Anlage, Aufbau, Einrichtung und Innenraum, 3 Bde. (1904/05), 2. Auflage 1908-1911
— Kultur und Kunst, 2. unveränderte Auflage, Jena 1909
— Landhäuser. Abbildungen und Pläne ausgeführter Bauten mit Erläuterungen des Architekten, München 1912
— Kleinhaus und Kleinsiedlung, München 1918

Muthesius, Stefan: Das englische Vorbild. Eine Studie zu den deutschen Reformbewegungen in Architektur, Wohnbau und Kunstgewerbe im späteren 19. Jahrhundert, München 1974

Nerdinger, Winfried: Monumentalarchitektur und „neudeutsche Moderne" vor 1914, in: Hermann Billing zwischen Historismus, Jugendstil und Neuem Bauen, Ausstellungskatalog Karlsruhe 1997

Neumeyer, Fritz: Mies van der Rohe. Das kunstlose Wort. Gedanken zur Baukunst, Berlin 1986, S. 80-92

Niederlausitzer Studien seit 1967; von 1971-1989 (Heft 5-23) unter dem Titel: Geschichte und Gegenwart des Bezirkes Cottbus

Niemann, Alexander: Cottbus. Die historischen Grünanlagen und die Bundes-

gartenschau 1995, in: Brandenburgische Denkmalpflege 1995, Heft 1, S. 138-157

Nietzsche, Friedrich:
— Die Geburt der Tragödie (1872/1886), in: Kritische Studienausgabe 6 (hrsg. von Giorgio Colli und Mazzino Montinari) München 1988
— Vom Nutzen und Nachtheil der Historie für das Leben (1874). Unzeitgemäße Betrachtungen II, in: Kritische Studienausgabe 1 (hrsg. von Giorgio Colli und Mazzino Montinari) München 1988
— Götzendämmerung 11 (1888) in: Kritische Studienausgabe 6 (hrsg. von Giorgio Colli und Mazzino Montinari) München 1988

Nipperdey, Thomas:
— Deutsche Geschichte 1866-1918, Bd. I, Arbeitswelt und Bürgergeist, München 1998
— Deutsche Geschichte 1866-1918, Bd. II, Machtstaat vor der Demokratie, München 1998

o.A. (ohne Angabe des Autors: Titel chronologisch geordnet)
— Berichte zur ersten General-Versammlung des Verbandes deutscher Architekten- und Ingenieurvereine 1874, in: Deutsche Bauzeitung 1874, S. 321-323, 329-332, 337-339, 345-346, 348, 353-356
— Preußische Polizei-Bestimmungen für die bauliche Anlage und Einrichtung von Theatern, Zirkus-Gebäuden und öffentlichen Versammlungsräumen, in: Deutsche Bauzeitung 1889, Nr. 23, 596-597, 599-600
— Verhandlungen auf der XVII. Wanderversammlung des Verbandes deutscher Architekten- und Ingenieurvereine in Mannheim 1906, in: Deutsche Bauzeitung 1906, S. 442, 462, 485, 495-497, 503-507, 519-520, 524-525, 536-538, 547-548, 556-558, 568-573, 577-582, 604-605
— Neuere Theater I. Das neue Stadttheater in Dortmund, in: Deutsche Bauzeitung 1905, Nr. 1, S. 1-2
— Wohnhaus Carstens in Guben (!), in: Deutsche Bauzeitung 1907, Nr. 12, S. 81
— Das Einzelwohnhaus der Neuzeit. Wohnhaus Carstens in Guben (!), in: Der Baumeister 1907, Heft 4, S. 48
— Das neue Stadttheater, in: Cottbuser Anzeiger 2. Oktober 1908, S. 1-2
— Das neue Stadt-Theater in Cottbus, in: Märkische Volksstimme 2. Oktober 1908
— Die Einweihung des neuen Theaters, in: Cottbuser Anzeiger 3. Oktober 1908, 1. Beilage zu Nr. 233
— Die Einweihung des Stadttheaters in Cottbus, in: Hie gut Brandenburg allewege!, 4. Oktober 1908
— Das neue Amtsgericht und Gefängnis in Kottbus, in: Zentralblatt der Bauverwaltung 1909, 45, S. 309-311
— Führer durch Cottbus und Umgebung (hrsg. vom Magistrat der Stadt Cottbus), Cottbus 1912
— Abschiedsfeier für Oberbürgermeister Werner, in: Cottbuser Anzeiger 31. März 1914
— Festschrift zur Einweihung des neuen städtischen Krankenhauses Cottbus. Vereinigte Städtische und Thiem'sche Heilanstalten, Cottbus 1914
— Nachruf „Oberbürgermeister i.R. Paul Werner", in: Cottbuser Anzeiger 12. Juni 1927
— 25 Jahre Elektrizitätswerk der Stadt Cottbus. Denkschrift zum 25-jährigen Bestehen des Elektrizitätswerkes der Stadt Cottbus (hrsg. von den Städtischen Werken Cottbus), Cottbus 1928
— Hundert Jahre deutsche Eisenbahn. Jubiläumsschrift zum hundertjährigen Bestehen der deutschen Eisenbahnen (hrsg. von der Hauptverwaltung der Deutschen Reichsbahn) (1935), Nachdruck München 1988

– Das Theater am Schillerplatz Cottbus, hrsg. vom Staatstheater Cottbus anlässlich des 90. Jubiläums der Eröffnung des Großen Hauses am Schillerplatz am 1. Oktober 1908, Cottbus 1998

– 2000 Jahre Koblenz. Stadtatlas (hrsg. vom Landesvermessungsamt Rheinland-Pfalz und der Stadt Koblenz), Koblenz 2000

Oertel, O.: Die Städteordnung für die östlichen Provinzen der Preußischen Monarchie vom 30. Mai 1853, 3. Auflage, Liegnitz 1900

Ompteda, Ludwig von: Rheinische Gärten von der Mosel bis zum Bodensee. Bilder aus alter und neuer Gärtnerei, Berlin 1886, S. 9-23 (zu den Rheinanlagen bei Koblenz)

Ostendorf, Friedrich: Sechs Bücher vom Bauen, 3 Bde., Berlin 1914-1920

Ostermann, Patrick: Stadt Trier. Altstadt, Reihe Denkmaltopographie Bundesrepublik Deutschland. Kulturdenkmäler in Rheinland-Pfalz, Band 17.1, Worms 2001

Pevsner, Nikolaus: Pioneers of Modern Design (1960), deutsche Übersetzung unter dem Titel „Wegbereiter moderner Formgebung von Morris bis Gropius", Köln 1983

Posener, Julius (Hrsg.): Ebenezer Howard. Gartenstädte von morgen. Das Buch und seine Geschichte, Berlin/Frankfurt a.M./Wien 1968

Posener, Julius: Berlin auf dem Weg zu einer neuen Architektur. Das Zeitalter Wilhelms II. (1979), 2. Auflage, München/New York 1995, S. 319-362

Potente, Georg: Der Ausflug nach Kottbus und Branitz am 19. Juli 1906, in: Gartenflora 1906, S. 427

Renkert, G.:
– Ereignisse und Zustände im Spiegel des Cottbuser Anzeigers 1. Juli 1848-1. Juli 1923. Aus Anlaß des 75jährigen Bestehens des „Cottbuser Anzeigers" aus dessen Jahrgängen zusammengetragen, Cottbus 1923
– Ereignisse und Zustände im Spiegel des Cottbuser Anzeigers 1924-1934, Cottbus 1934

Reck, Hans-Hermann: Die Stadterweiterung Triers. Planung und Baugeschichte vom Beginn der preußischen Zeit bis zum Ende des Ersten Weltkrieges (1815-1918), Trier 1990

Reißmann, Kurt: Die Kunstdenkmäler des Stadt- und Landkreises Cottbus, Berlin 1938

Rethwisch, C.; Lehmann, R.; Bäumer, G.: Die höheren Lehranstalten und das Mädchenschulwesen im Deutschen Reich (hrsg. von W. Lexis), Berlin 1904

Reulecke, Jürgen: Geschichte der Urbanisierung in Deutschland, Frankfurt a.M. 1985

Richart, Winfried: Vom Naturideal zum Kulturideal. Ideologie und Praxis der Gartenkunst im deutschen Kaiserreich, 2. Auflage, Berlin 1987

Richter, Hugo: Breslau als Gartenstadt, in: Breslau. Deutschlands Städtebau (bearbeitet von Georg Hallama), 2. Auflage 1924, Reprint Bindlach 1996

Richwien, Gerhard: Logengebäude in Halle/S.: Geschichte, Architektur und Symbolik, Hamburg 2001

Rubens, Godfrey: William Richard Lethaby. His life and work 1857-1931, London 1986

Ruskin, John:
– Die sieben Leuchter der Baukunst (1849), 3. leicht veränderte Auflage 1880, dtsche. Übersetzung Dresden 1900, Reprint Dortmund 1994
– Steine von Venedig, Bd. II (1853), deutsche Übersetzung Jena 1904

Saldern, Adelheid von: Im Hause, zu Hause. Wohnen im Spannungsfeld von Gegebenheiten und Aneignungen, in: Geschichte des Wohnens, Bd. 3: 1800-1918. Das bürgerliche Zeitalter (hrsg. von Jürgen Reulecke), Stuttgart 1997, S. 145-332

Scharabi, M.: Architekturgeschichte des 19. Jahrhunderts, Tübingen/ Berlin 1993

Schliepmann, Hans: Lichtspieltheater – Eine Sammlung ausgeführter Kinohäuser in Gross-Berlin, Berlin 1914, S. 46

Schmalenbach, Fritz:
– Jugendstil. Ein Beitrag zu Theorie und Geschichte der Flächenkunst, Würzburg 1935
– Jugendstil und neue Sachlichkeit, in: Das Werk 24, 1937, S. 129-134, abgedruckt in: Jugendstil (hrsg. von Jost Hermand), 3. unveränderte Auflage, Darmstadt 1992, S. 68-77

Schmaltz: Die Krankenanstalten, in: Die deutschen Städte. Geschildert nach den Ergebnissen der ersten deutschen Städteausstellung zu Dresden 1903 (hrsg. von Robert Wuttke), Bd. 1, Leipzig 1904, S. 504-530

Schmidt, Erich: Unsere Oberkirche. Aus vergangenen Tagen und neuerer Zeit vorhandene Nachrichten, Cottbus 1938

Schmidt, Erika: Stadtparks in Deutschland, Varianten aus der Zeit von 1860 bis 1910, in: Die Gartenkunst 1989, Heft 1, S. 104-124

Schmidt, Fritz:
– Schloss Cottbus und seine Bewohner, Cottbus 1920
– Die Entwicklung der Cottbuser Tuchindustrie, Cottbus 1928

Schmidt, Leo:
– Straßenkreuzer der Kaiserzeit. Mechanismen der Spekulationsarchitektur am Beispiel Freiburg-Wiehre, in: Denkmalpflege in Baden-Württemberg, Nachrichtenblatt des Landesdenkmalamtes 1986, Heft 1, S. 30-41
– Stadtcharakter und Architektur. Freiburger Baugeschichte seit 1800, in: Geschichte der Stadt Freiburg i. Br., Bd. 3: Von der Badischen Herrschaft bis zur Gegenwart (hrsg. von Heiko Haumann und Hans Schadek), Stuttgart 1992, S. 561-586

Schmidt-Thomsen, Jörn-Peter: Schulen der Kaiserzeit, in: Berlin und seine Bauten Teil V. Band C. Schulen (hrsg. vom Architekten- und Ingenieur-Verein zu Berlin), Berlin 1991, S. 1-120

Schollmeier, Axel: Gartenstädte in Deutschland. Ihre Geschichte, städtebauliche Entwicklung und Architektur zu Beginn des 20. Jahrhunderts, Münster 1990

Schultze-Naumburg, Paul: Kulturarbeiten, 9 Bde., München 1901-1917

Schumacher; Fritz:
– Studien, Leipzig 1900
– Architektonische Aufgaben der Städte, in: Die deutschen Städte. Geschildert nach den Ergebnissen der ersten deutschen Städteausstellung zu Dresden 1903, (hrsg. von Robert Wuttke), Bd. 1, Leipzig 1904, S. 48-49
– Strömungen in deutscher Baukunst seit 1800 (1935), Reprint der 2. Auflage von 1955, Braunschweig/Wiesbaden 1982

Schwippe, Heinrich Joh.: Zum Prozess der sozialräumlichen innerstädtischen Differenzierung im Industrialisierungsprozess des 19. Jahrhunderts. Eine faktorialökologische Studie am Beispiel der Stadt Berlin 1875-1910, in: Urbanisierung im 19. und 20. Jahrhundert. Historische und Geographische Aspekte (hrsg. von Hans Jürgen Teuteberg) Köln/ Wien 1983, S. 241-308

Semper, Gottfried:
– Entwurf eines Systems der vergleichenden Stillehre (1853), in: Kleine Schriften (hrsg. von Hans und Manfred Semper) Berlin und Stuttgart 1884, Reprint Mittenwald 1979, S. 259-291
– Der Stil in den technischen und tektonischen Künsten oder praktische Ästhetik. Ein Handbuch für Techniker, Künstler und Kunstfreunde, 2 Bde., Frankfurt 1860, München 1863, Reprint mit Einführung von Adrian von Buttlar, Mittenwald 1977

— Über Baustile (1869), in: Kleine Schriften (hrsg. von Hans und Manfred Semper) Berlin und Stuttgart 1884, Reprint Mittenwald 1979, S. 395-426

Silbergleit, Heinrich: Preussens Städte. Denkschrift zum 100jährigen Jubiläum der Städteordnung vom 19. November 1808, Berlin 1908

Sitte, Camillo:
— Der Städtebau nach seinen künstlerischen Grundsätzen (1889), vermehrt um „Großstadtgrün", Reprint der 4. Auflage von 1909, Braunschweig/Wiesbaden 1983
— Großstadt-Grün, in: Der Lotse. Hamburgische Wochenschrift für deutsche Kultur 1, 1900/1901, S. 139-163 (Wiederabdruck als Anhang in den späteren Auflagen von „Der Städtebau nach seinen künstlerischen Grundsätzen")
— Enteignungsgesetz und Lageplan, in: Der Städtebau 1904, Heft 1, S. 5-8, Heft 2, S. 17-19, Heft 3, S. 35-39
— Der Städtebau nach seinen künstlerischen Gründsätzen, Wien 1924

Springer, Willy (Hrsg.): Das Gesicht des deutschen Theaters, Oldenburg 1926

Steitz, Walter: Kommunale Wohnungspolitik im Kaiserreich am Beispiel der Stadt Frankfurt am Main, in: Urbanisierung im 19. und 20. Jahrhundert (hrsg. von Hans-Jürgen Teuteberg), Köln/Wien 1983, S. 393-428

Sternberger, Dolf: Jugendstil. Begriff und Physiognomik, in: Die neue Rundschau, 2, 1934, S. 255-271, Neuabdruck in: Jugendstil (hrsg. von Jost Hermand), 3. unveränderte Auflage, Darmstadt 1992, S. 27-46

Streiter, Richard: Architektonische Zeitfragen. Eine Sammlung und Sichtung verschiedener Anschauungen mit besonderer Beziehung auf Professor Otto Wagners Schrift „Moderne Architektur", Berlin 1898

Stübben, Hermann Josef:
— Der Städtebau, Handbuch der Architektur 4. Teil, 9. Halbband, Reprint der 1. Auflage von 1890, Braunschweig/Wiesbaden 1980
— Über einige Fragen der Städtebaukunst, in: Deutsche Bauzeitung 1891, Nr. 21, S. 122-128
— Über einige Fragen der Städtebaukunst, in: Deutsche Bauzeitung 1891, Nr. 25, S. 150-155
— Die Einseitigkeit im Städtebau und ihre Folgen, in: Deutsche Bauzeitung 1893, Nr. 57, S. 349-350, Nr. 61, S. 373-374, Nr. 68, S. 415-418
— Zur schönheitlichen Gestaltung städtischer Straßen, in: Deutsche Bauzeitung 1893, Nr. 48, S. 294-296
— Der Städtebau, Handbuch der Architektur 4. Teil, 9. Halbband, 3. Auflage, Leipzig 1924

Sutcliffe, Anthony: Urban planning in Europe and North America before 1914: International aspects of a prophetic movement, in: Urbanisierung im 19. und 20. Jahrhundert. Historische und Geographische Aspekte (hrsg. von Hans Jürgen Teuteberg) Köln/Wien 1983, S. 441-474

Sutthoff, Ludger J. (Hrsg.): Historische Theater in Deutschland. Ein Katalog, Teil 2: Östliche Bundesländer (Berichte zur Forschung und Praxis der Denkmalpflege in Deutschland 4, hrsg. von der Vereinigung der Landesdenkmalpfleger in der Bundesrepublik Deutschland), Hannover 1994

Thienel-Saage, Ingrid: Städtische Raumplanung 1850-1920: Der Bebauungsplan von den Umgebungen Berlins, in: Kommunale Leistungsverwaltung und Stadtentwicklung vom Vormärz bis zur Weimarer Republik (hrsg. von Hans Blotevogel), Köln/Wien 1990, S. 183-201

Thomsch, Ulrich: 1903-1993. 90 Jahre Straßenbahn Cottbus, Cottbus 1993

Tilly, Richard H.: Vom Zollverein zum Industriestaat. Die wirtschaftlich-soziale Entwicklung Deutschlands 1834 bis 1914, München 1990

Vogel, Werner: Brandenburgische Verwaltungsgeschichte im 19. Jahrhundert (1815-1871), in: Verwaltungsgeschichte Ostdeutschlands 1815-1945. Organisation-Aufgaben-Leistungen der Verwaltung, (hrsg. von Gerd Heinrich, Friedrich-Wilhelm Henning, Kurt G.A. Jeserich), Stuttgart/Berlin/Köln 1993, S. 727

Voigt, Andreas: Zum Streit um Kleinhaus und Mietkaserne, Dresden 1907

Voss, Kaija: Mittelalterliche Stadtbefestigungen im Land Brandenburg. Ein Beitrag zu Denkmalpflege und Stadtgestaltung, Weimar 1999, S. 243-248

Wagner, Heinrich: Freimaurerlogen, Handbuch der Architektur, 4. Band, Heft 2, 3. Auflage, Leipzig 1904

Wagner, Otto: Moderne Architektur. Seinen Schülern ein Führer auf diesem Kunstgebiete (1895), 3. wenig veränderte Auflage, Wien 1902

Waldhecker, Paul: Gartenrentengüter (Reihe Staatsbürgerbibliothek Heft 11), Mönchengladbach 1911

Wehler, Hans Ulrich:
— Das Deutsche Kaiserreich 1871-1918 (Reihe Deutsche Geschichte, Bd. 9), 6. bibl. ern. Auflage, Göttingen 1988
— Deutsche Gesellschaftsgeschichte Bd. 3: Von der „Deutschen Doppelrevolution" bis zum Beginn des Ersten Weltkrieges 1849-1914, München 1995

Weiland, Andreas: Die Frankfurter Zonenbauordnung von 1891 - eine „fortschrittliche" Bauordnung? Versuch einer Entmystifizierung, in: Städtebaureform 1865-1900, Bd. II (hrsg. von Juan Rodriguez-Lores und Gerhard Fehl), Hamburg 1985, S. 382

Weller, Christian: Reform der Lebenswelt durch Kultur. Die Entwicklung zentraler Gedanken Fritz Schumachers bis 1900, in: Fritz Schumacher – Reformkultur und Moderne (hrsg. von Hartmut Frank), Stuttgart 1994, S. 40-65

Wiedfeldt: Städtische Betriebe, in: Die deutschen Städte. Geschildert nach den Ergebnissen der ersten deutschen Städteausstellung zu Dresden 1903 (hrsg. von Robert Wuttke), Bd. 1, Leipzig 1904, S. 181-197

Wischermann, Clemens: Mythen, Macht und Mängel. Der deutsche Wohnungsmarkt im Urbanisierungsprozeß, in: Geschichte des Wohnens, Bd. 3: 1800-1918. Das bürgerliche Zeitalter (hrsg. von Jürgen Reulecke), Stuttgart 1997, S. 335-502

Wölfflin, Heinrich: Renaissance und Barock. Eine Untersuchung über Wesen und Entstehung des Barockstils in Italien, Basel 1888, 8. Auflage, Basel/Stuttgart 1986

Wuttke, Robert (Hrsg.): Die deutschen Städte. Geschildert nach den Ergebnissen der ersten deutschen Städteausstellung zu Dresden 1903, Bd. 1 und 2, Leipzig 1904

Zilz, Gerhard: 100 Jahre GWG „Stadt Cottbus" e.G. Geschichte einer Wohnungsbaugenossenschaft, Cottbus 2002

Zimmermann, Clemens:
— Von der Wohnungsfrage zur Wohnungspolitik. Die Reformbewegung in Deutschland 1845-1914, Göttingen 1991
— Wohnen als sozialpolitische Herausforderung. Reformerisches Engagement und öffentliche Aufgaben, in: Geschichte des Wohnens, Bd. 3: 1800-1918. Das bürgerliche Zeitalter (hrsg. von Jürgen Reulecke), Stuttgart 1997, S. 503-636

Zuckermann, Brigitta: Standortentwicklung und Standortverteilung der Tuchindustrie im Bezirk Cottbus in der Zeit von 1870 bis 1967 – eine historisch-geographische Analyse, Sonderheft der Reihe Geschichte und Gegenwart des Bezirkes Cottbus (Niederlausitzer Studien), Cottbus 1981

Archivverzeichnis

Die nicht publizierten Quellen – aber auch speziellere Publikationen – sind in den Fußnoten unter Angabe des Archivstandorts und der entsprechenden Signatur aufgeführt.

Brandenburgisches Landeshauptarchiv, Zum Windmühlenberg, 14469 Potsdam

Stadtgeschichtliche Sammlungen Cottbus. Stadtarchiv und Stadtmuseum, Bahnhofstraße 52, 03046 Cottbus

Firmenarchiv des Baugeschäftes Hermann Pabel & Co. Karl-Liebknecht-Str. 4, 03046 Cottbus: Bestand in den Stadtgeschichtlichen Sammlungen Cottbus. Stadtarchiv, Bahnhofstraße 52, Cottbus

Archiv der Gebäudewirtschaft Cottbus GmbH, Werbener Straße 3, 03046 Cottbus

Archiv der Superintendentur Cottbus Gertraudtenstraße 1, 03046 Cottbus

Abbildungsnachweis

Stadtgeschichtliche Sammlungen Cottbus. Stadtarchiv und Stadtmuseum, Bahnhofstr. 52, Cottbus: 1, 3-5, 7, 10-12, 14-16, 20-22, 26, 29, 31, 63, 66, 68, 74, Farbabb. 1 und 4

Firmenarchiv des Baugeschäftes Hermann Pabel & Co., Cottbus (Einsichtnahme in Stadtgeschichtliche Sammlungen Cottbus. Stadtarchiv und Stadtmuseum, Bahnhofstr. 52, Cottbus: 32-33, 70-71

Roland Wieczorek, Fotostelle des Institutes für Denkmalpflege, Bau- und Kunstgeschichte der Brandenburgischen Universität Cottbus: 2, 6, 8-9, 13, 17-19, 23-25, 27-28, 30, 34-47, 50-51, 54-55, 58-62, 64-65, 67, 69, 72-73, 75

Ackermann, Ingrid; Cante, Marcus; Mues, Antje: Stadt Cottbus, Teil 1: Altstadt und innere Stadtteile, Reihe Denkmaltopographie Bundesrepublik Deutschland. Denkmale in Brandenburg Bd. 2.1., Worms 2001, S. 346 (Registratur und Fotosammlung des Brandenburgischen Landesamtes für Denkmalpflege und Archäologisches Museum): 52

Antje Mues (Überarbeitung einer Planvorlage aus den Stadtgeschichtlichen Sammlungen Cottbus): Farbabb. 2-3

Muthesius, Hermann: Landhäuser. Abbildungen und Pläne ausgeführter Bauten mit Erläuterungen des Architekten, München 1912, S. 111-112: 48

Haenel, Erich und Tscharmann, Heinrich (Hrsg.): Das Einzelwohnhaus der Neuzeit, o.A. 1909, S. 58-59: 49

Jones, Anthony: Charles Rennie Mackintosh, London 1994, S. 50, Abb. 44: 53

Hansen, Antje: Oskar Kaufmann. Ein Theaterarchitekt zwischen Tradition und Moderne, Berlin 2001, S. 223, Abb. 5-2: 56

Frank, Hartmut (Hrsg.): Fritz Schumacher – Reformkultur und Moderne, Stuttgart 1994, S. 57: 69 und S. 87: 57

Boldt, Max: Deutschlands Städtebau. Cottbus (hrsg. vom Magistrat der Stadt Cottbus), Berlin 1923: 76-77

Dank

Zum Schluss möchte ich allen danken, die zur Entstehung der vorliegenden Arbeit beigetragen haben. Diese Arbeit entspricht meiner Dissertation, die von der Brandenburgischen Technischen Universität Cottbus – in Kooperation mit der Universität Potsdam – angenommen wurde. Besonders gefreut hat mich die großzügige finanzielle Unterstützung durch den Förderverein der Brandenburgischen Technischen Universität Cottbus, für die ich mich nochmals ganz herzlich bedanken möchte.

Für Rat und konstruktive Kritik während der Konzeption und Ausarbeitung dieser Arbeit möchte ich Prof. Dr. Leo Schmidt, meinem Doktorvater, danken, aber auch für seine Unterstützung bei anderen parallel laufenden Projekten. Für ihr Entgegenkommen im Rahmen des Promotionsverfahrens als Gutachter mitzuwirken, danke ich Prof. Dr. Andreas Köstler, Potsdam und Prof. Dr. Eduard Führ, Cottbus.

Mein Dank für die Unterstützung bei den Recherchen gilt den Mitarbeiterinnen und Mitarbeitern der genutzten Archive. In den Stadtgeschichtlichen Sammlungen Cottbus sind das Steffen Krestin, Steffen Kober und Udo Bauer, sowie ganz besonders Brigitte Bullmann und Evelyn Hentschel, die mir bei der Durchsicht von hunderten Akten und historischen Fotografien halfen. Dank auch an Bernd Pabel für die Möglichkeit der Einsichtnahme in sein Firmenarchiv, das zu meinen wichtigsten Quellen gehörte. Auch bei der Besichtigung meines „Untersuchungsgegenstandes" wurde mir großzügig Zugang zu Grundstücken, Häusern und Wohnungen gewährt, hierfür möchte ich den Mitarbeiterinnen und Mitarbeitern der Gebäudewirtschaft Cottbus und der Cottbuser Stadtverwaltung, sowie zahlreichen privaten Eigentümern danken.

Die qualitätvollen aktuellen Fotografien dieser Arbeit verdanke ich Roland Wieczorek, dem Fotografen des Instituts für Bau- und Kunstgeschichte der Brandenburgischen Technischen Universität Cottbus. Satz und Layout lagen in der Hand von Christian Reher. Beiden möchte ich für die konstruktive Zusammenarbeit danken.

Nicht zuletzt gilt mein Dank meiner Familie, vor allem meiner Mutter, Helga Mues, die mich vielfach beim Korrekturlesen unterstützte, sowie Freunden und Kollegen, die manches gedankliche „Abtauchen" mittrugen, aber auch für willkommene Abwechslung sorgten.